后聖帝

武則天

出家還俗、宮鬥立后

垂簾聽政、建周稱帝，蓋棺無字碑

山陽，郭艷紅 編著

正史唯一承認的女皇帝
即位年齡最大的皇帝

上承貞觀之治，下啟開元盛世

· 她是中國歷史上一位集超凡魅力與無限非議於一身的皇帝

· 她在被視為男人領地的政治漩渦中，
  以強硬的作風和驚人的膽魄駕馭天下

· 她最終到達夢想中的權力之巔，
  登基稱帝並建立了武周將李唐江山取而代之

日月當空，她是武曌

目錄

目錄

序

武則天（624～705）本名武照，稱帝后改為武曌。初唐并州文水人。初唐時期的皇帝、政治家和詩人。她是中國歷史上唯一的正統女皇帝，也是即位年齡最大、壽命最長的皇帝之一。她於西元655年被唐高宗李治立為皇后，開始參與朝政，唐高宗駕崩後，她於西元690年自立為皇帝，定都洛陽，改稱神都，建立武周王朝，國號大「周」。

武則天14歲時被唐太宗召入宮，後在太宗駕崩後入感業寺為尼。李治即位後，復召她入宮，拜昭儀，進號宸妃。永徽六年，李治立武則天為皇后。武則天聰明過人，兼涉文史，在656～661年末起，她趁高宗體弱多病之機，開始處理朝政，威勢日重。

上元元年，高宗稱「天皇」，武后稱「天后」，宮中稱為「二聖」。武則天成為皇后以後，把反對她做皇后的人都貶到邊疆，把他們趕出了政治舞臺。弘道元年，高宗去世，中宗李顯即位，武則天臨朝稱制。嗣聖元年，武則天廢中宗為廬陵王，立睿宗李旦，繼續臨朝稱制。後武則天於天授元年稱帝，國號周，自以「曌」字為名。並廢睿宗為皇嗣，改東都洛陽為神都。

武則天對教育十分重視，她發展科舉，重用寒門子弟。她任用了很多賢臣來治理天下，在歷史上以知人善任著稱。她善於用人還展現在用人制度的改革和創新上，她改革科舉，提高進士科的地位。舉行殿試，開創武舉、自舉、試官等多種制度，選拔了一大批賢才，如狄仁傑、李昭德、姚崇、宋璟及張柬之等人，讓大批出身寒門的子弟有一展才華的機會。

在經濟方面，高宗在位時，武則天曾上疏建言十二事，其中有勸農桑、薄賦斂等進步主張，高宗應允，促進了農業的發展。武則天掌權後，加強了對地主官吏的監察。對於土地兼併和逃亡農民，採取比較寬容政策。因此，

她當政時期，社會相當安定，農業、手工業和商業都長期很穩定，極大促進了經濟的快速發展。

在軍事上，由於武則天稱帝前後誅殺了許多能征慣戰的將帥，加之均田制的瓦解，導致兵將匱乏，國防較弱，使得當時對外戰爭頻頻失利。但隨著政治的穩定，武則天逐漸挽回了頹勢。在東北，發生了營州之亂，契丹也不斷崛起，武則天多次派兵討伐，損兵折將，最後在突厥幫助下得以平定。武則天感到西域遼闊，不易管轄，便在長安二年重新規劃了天山以北地區，另置北庭都護府，治理庭州。安西四鎮被吐蕃占領後，長壽元年，她派遣王孝傑等大破吐蕃，恢復了四鎮。

武則天非常重視著述，召集學士先後撰成《玄覽》、《古今內範》、《青宮紀要》、《少陽政範》、《維城典訓》、《紫樞要錄》、《鳳樓新誡》、《孝子傳》、《列女傳》、《內範要略》、《樂書要錄》、《百寮新誡》、《兆人本業》、《臣軌》等書。她另有《垂拱集》、《金輪集》等著述。

在武則天主政期間，國家政策穩定、兵略妥善、文化復興、百姓富裕，社會經濟發展很快，國庫豐盈、國家欣欣向榮，故有「貞觀遺風」的美譽，也為其孫唐玄宗在鼎盛時期的開元盛世奠定了基礎，對歷史做出了巨大的貢獻。

神龍元年，就是西元 705 年，武則天病重，宰相張柬之等人趁機發動兵變，迫使武則天讓位與李顯，這次兵變史稱神龍革命。武則天在禪位後，於西元 705 年辭世，時年 82 歲。唐中宗恢復唐朝後，上尊號武則天為「則天大聖皇帝」，後遵武氏遺命改稱「則天大聖皇后」，並以皇后身分入葬乾陵。唐玄宗開元四年，改諡號為則天皇后。天寶八年，加諡則天順聖皇后。

武氏普通家世

唐王朝的武德七年，就是西元 624 年，在并州的文水，就是後來的山西文水，有一個武氏家族出生了一個女子。傳說，這個女子在出生時與其他嬰兒的啼哭聲不同，她是笑著來到人世間的。因為這個女孩子排行老二，父母就給她取了一個小名叫「二囡」。

隨著二囡的不斷長大，她千嬌百媚的柔弱外表下，卻隱藏著異於常人的剛毅性格，表現出非同一般的男子性格特點。但是，她的父母一點都沒有覺得奇怪。

武氏家族祖祖輩輩都不是小戶人家，當然也不是十分顯赫的門庭。二囡的父親叫武士彠，武士彠先祖曾居住在安徽宿縣。

六代祖名洽，是魏國的平北將軍，曾封為晉陽公，因此遷徙到了文水。五代祖名神龜，曾當過國子祭酒。高祖名克己，官至本州大中正、越王長史。曾祖名居常，曾任北齊鎮遠將軍。祖父名儉，曾任後周永昌王諮議參軍。武士彠父親名華，曾任隋東郡丞，是管理工程和水利之類的官員，不是什麼顯耀的職位。

到了武士彠這一代，就只能以經商為主，主要經營木材，他也就是一個庶族子弟。因此，二囡出生在一個並不顯赫，但也絕不貧窮的家庭中。

二囡的家族因為祖輩都是作官的，所以在當地也有些名望。她的父親武士彠排行老四，有 3 個哥哥，3 個哥哥都是踏實本分的農民。可是，這個四弟卻有著一些野心與抱負。武士彠想換一種方式生活，於是他決定經商。當時正是隋煬帝大興土木的時期，武士彠看到有利可圖，便做了木材商人。

這時，正是隋煬帝統治時期。隋煬帝好大喜功，喜歡大搞基礎建設，到

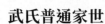

處修建離宮別館。特別是他修建東都洛陽,對建築木材的需求量特別大。武士彠是個精明的人,他看準了這個商機,便開始做起了長途販運木材的生意,並借此發了家,可以說是一夜暴富。

在那時,富有家庭並不一定就擁有尊貴的地位。人們根據所從事的行業被分成4個等級,分別是士、農、工和商,而商人是最低下的階層。因為,人們都認為商人是靠著投機取巧過生活的,是沒有道義和責任感的,所以商人在那個時候是絕對受到歧視的。

尤其是在魏晉南北朝時期,商人出門都不能騎馬,不可坐車,穿鞋時兩隻也不能穿一樣顏色的。這就是為了告訴大家,此人是商人,是狡詐卑賤的下等人。

在漫長的古代社會裡,商人雖然可以過錦衣玉食的生活,但是卻無法擺脫社會的歧視。即使因為巧合得以進入政界,那也會受到排擠,根本就沒有施展才能的空間。就算得到了軍功,可以晉級顯位,仍會受到他人的輕視。

武氏一族生長在以晉商聞名的晉中地區,這裡山清水秀,養育出了具有商業頭腦的武士彠。他酷愛學習,雖然沒有上過幾年私塾,卻讀了不少的書,尤其對兵書極為喜愛。

武士彠由於喜歡讀書和擅做生意的原因,他逐漸養成了沉穩、剛毅和善謀的性格。因為家裡比較富裕、出手也比較大方,所以武士彠的人緣極好。

武士彠也是個有理想的人,他不願意一輩子都遭到別人的鄙視,因此,他不滿足於只當一個富翁,他還想要改變自己的身分,提高自己的地位。

經過考慮,武士彠決定走從軍的道路。從軍大概是清貧子弟在科舉制實行以前最主要的起家途徑了。首先,從軍不需要家世背景,只要勇敢和身強體壯就可以了。另外,從軍的週期短,如果能夠打一場勝仗的話,那就可以得到提拔了。

武士彠有錢，所以他不用從一名普通的士兵做起。在從軍的開始，他就當了一個小小的武官，也就是隋朝府兵制體系下所有常任軍官中最低級的官員了。

武士彠當官的地方，就是他的家鄉文水。也就是在任職時，他結識了影響自己一生的人，那就是山西河東慰撫大使。西元615年，李淵奉隋煬帝之命討伐反叛，在路過文水時，武士彠一看有大官經過，於是便好酒好肉地進行款待，賓主盡歡，雙方都留下了極為深刻的印象。

李淵高大威猛、儀表堂堂，而武士彠則是溫文爾雅、沉靜從容。兩個不平凡的人相見後，必然要衍生出不平凡的事情來。李淵知道武士彠的身分後，又對他的背景有了進一步的了解和掌握。

身為一個政治人物，李淵能一眼看出哪些人是對自己有用的。武士彠家大業大，必要時能夠為自己提供足夠的後方供給。同時，武士彠擁有的人脈關係也能夠幫助自己打通各種環節，使自己的目的更容易實現。

武士彠也不是個等閒之輩，他擁有商人的敏銳嗅覺，對機遇的把握非常敏捷。當他見到李淵後，便知道這就是他未來要結交的人，這個人很有可能會給他帶來無盡的好處與機會。

隨著進一步接觸和了解，武士彠知道李淵是世家豪門，與隋朝宗室有著密切的關聯。隋煬帝繼位後，曾封李淵為衛尉少卿。隋煬帝征討遼東時，曾命令李淵運送糧草，對他也是十分的信任。

在禮部尚書楊玄感謀反時，李淵向隋煬帝舉報了此事，在隋煬帝平亂後，就給立了大功的李淵起兵的成本，這就是弘仕郡和關右谷軍隊的指揮權，這個時候的李淵可以說是大權在握了。於是，基於一些對自己有利方面考慮，兩人都有結交下去的意願。

隋煬帝是個具有妒忌心的人，有時，他看誰不順眼就要處罰他一下，搞

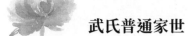

得大臣和地方官員們沒有不害怕的。後來，隋煬帝的疑心越來越重，大臣們小心提防、人人自危，連見都不敢見他。

有一天，隋煬帝叫人去召李淵前來見他。李淵怕生出事端，於是便把生病當成了說辭。可是，誰知隋煬帝居然跟李淵較上了勁。他問李淵的外甥王氏，怎麼還不見李淵來見呢？

王氏告訴隋煬帝說道：「舅舅生病了，他騎不了馬了。」

隋煬帝聽到王氏這麼一說，頓時有些生氣地說道：「該不會是死了吧？」

身為一個君王，竟然說出這樣的話來，也著實令人感到氣憤。隨後，王氏便把這句話傳給了李淵，李淵沒有辦法，只好硬著頭皮來見隋煬帝。李淵知道隋煬帝是因為自己沒有來見他心裡有氣，於是便想著平息怨氣的辦法。他知道隋煬帝最愛玩樂，便找來良馬鷹犬進獻給他，果然贏得了隋煬帝的讚揚。

大業十三年，由於隋煬帝荒淫無道，加之濫用民力，致使民變頻頻發生，各地不斷地出現了農民起義。天下大亂，群雄蜂起的局面隨即發生，都想推翻隋煬帝的統治。

在當時，隋煬帝正在江都（今揚州）巡遊，他是故都難回。於是，他便任命李淵為太原留守，防守整個北方地區。李淵到了太原後，想起了當年武士彠對他的熱情款待。於是，他想趁此機會提拔一下武士彠。在李淵的提拔下，武士彠當上了行軍司鎧參軍，掌管武器兵仗等。

此時，農民起義的戰火並未因為隋朝的鎮壓而熄滅。各地軍閥紛紛起兵，自立門戶，隋王朝處於風雨飄搖之中。武士彠看到眼前的局面，料定隋朝的統治不會長久了。於是，他認真研究了兵書，並寫成了《兵書典要》，希望能夠以此來說服李淵起兵反隋。

其實，李淵也正在為是否起兵而猶豫。如果起兵不成，就要落個亂臣賊子的惡名，所以起兵也要在時機成熟之時。可以說李淵是個識時務的人，他對當時的局勢持觀望態度不是沒有道理的。群雄並起並非就是絕好的機會，好機會是在鷸蚌相爭、兩敗俱傷，而自己卻毫髮無傷之時。李淵非常明白這一點，此時，他正在為自己的大計蓄積著力量。

隨後，李淵交給武士彠一個重要的使命，那就是讓他積蓄糧草，以備將來的不時之需。武士彠接到命令後，便回去準備糧草。當李淵經過了一次有驚無險的牢獄之災後，他下定了起兵的決心。

也許人只有在經歷生死的時候才會有重大感悟，當想明白了後，李淵便不願再在不冒險的等待中耗費時間了。於是，在隋大業十三年，也就是西元617年，李氏父子以3萬兵眾從太原起兵，利用群雄牽制隋軍主力的機會，借人心厭隋之勢頭，乘虛而入長安。第二年五月建立了唐朝，李淵成了唐朝的第一代皇帝，並改年號為武德。

由於李淵太原起兵後，武士彠一直都追隨著他，並且全心全意地為李淵效命。於是，在李淵稱帝後，他下詔敕封包括武士彠在內的14名開國元勳。武士彠被封為光祿大夫，加封太原郡公，還封他為長安城的城防將軍。

正是由於武士彠的際遇，不僅使他出人頭地了，也使他與大唐帝國的帝王將相結下了不解之緣。同時，也奠定了武氏家族名滿天下的好兆頭。

武家女兒成長

當武家一躍成了新朝的顯貴後，同時，還成了并州文水老家街頭巷尾人們議論的話題。武士彠是個能幹事業的人，他勤於王事，公而忘私。就在原配妻子相里氏病危時，他正在跟隨李淵在并州視察，雖然離家也只是半天的路程，但是他也仍然沒有回家看望，他忠誠地守護著皇上。後來，這件事情被皇上得知後，感慨不已。於是，他特地詔表武士彠，提拔他為三品工部尚書，封為應國公。

不僅如此，唐高祖還在操心武士彠的婚事。於是，他打算為武士彠娶一位有貴族血統的老婆，以此來提高武家的社會地位。唐高祖翻閱了《氏族誌》，並向周圍的皇親國戚詢問商議，後來，經過了再三的斟酌之後，選中了前隋朝皇族的宗室即曾經擔任過宰相的楊達的女兒。

在隋朝滅亡後，楊達就已經過世了，楊姓的社會地位也大不如從前，但畢竟還是位列《氏族誌》前幾名，乃天下名門、血統高貴，也正是寒門新貴期待的擇偶對象。

但是，美中不足的是，此時的楊氏已經年過 40 了，不再是個 20 歲左右的黃花閨女了。唐高祖想到這裡便召見了武士彠，將楊氏的情況給他介紹了一番。武士彠聽到皇帝為了自己的事情，竟然是如此的費心，十分感動。於是，他連忙跪地磕頭謝恩。

那是在武德三年，也就是西元 620 年，由唐高祖親自做媒，李世民的同母妹妹桂陽公主主婚，44 歲的武士彠和楊氏結了婚，結婚費用也全部是由國庫來支付的。

透過這場婚姻，武家血統和社會地位煥然一新，身上的窮酸味和商人的

銅臭味也淡化了許多。從此，武家完成了從富有到高貴的重大人生飛躍。婚後的楊氏是十分幸福的，兩人的性情和脾氣都較為契合，因此也使得兩個人的感情特別好。

西元 620 年，唐高祖李淵封武士彠為工部尚書，並賞賜他 800 戶。不久，李淵又封武士彠為應國公。武士彠雙喜臨門，楊氏又為他添了一女。又過了兩年，楊氏再有身孕，楊氏希望自己能夠生個男孩，將來也有個依靠。武士彠也希望有個男孩，可以繼承自己的爵位。夫妻兩個人都誠心誠意地為添個男丁而祈禱。

可是，誰知當楊氏經歷了劇烈疼痛之後，卻聽到了一陣連自己都感到詫異的咯咯的笑聲。她細尋聲源，竟然是自己所生下的女嬰發出的。武士彠也感到大為驚奇，他覺得這個女兒必然會是與眾不同的，不管是福是禍總歸是投在了我武家門下，這是上天給的緣分，不能不遵從。

丫鬟們忙著給武士彠道喜，說夫人生了個喜氣的漂亮女兒。當武士彠接過這個笑著的女孩，心裡不禁感嘆：這個孩子可真是不一般哪！她真是個美人坯子呀！

這時，武士彠看出楊夫人的失望之情，便寬慰她說，這是上天給我們的厚禮。你看她多漂亮啊！將來一定會是個大富大貴之人，這個女兒我很喜歡。楊夫人也是個知書達理之人，聽到老爺這樣說也頗感欣慰了一些。後來，夫妻二人又給她了個小名叫「二囡」。

在二囡出生幾個月後，武士彠就被調到了揚州做官。由於孩子還小行動起來不方便，於是他便沒帶家眷去赴任，而是將楊氏母女留在了長安，住在平康坊府邸。4 年後，武士彠才將母女接到了自己的身邊。

就在武士彠剛到揚州上任時，長安城內發生了一件驚天動地的大事。這個事件就是「玄武門之變」。

太原起兵本是李世民的謀略，李淵曾答應他在事成之後立他為太子。

武家女兒成長

　　但是，李淵建立了唐朝後，便立了李建成為太子。天下平定之後，李世民功名日盛，李建成隨即聯合李元吉共同來排擠李世民。此外，李淵的優柔寡斷也使朝中政令相互衝突，從而也加速了諸子的兵戎相見。

　　武德九年，也就是西元 626 年，李淵退位稱太上皇，禪位於李世民。李世民登基為帝，稱為唐太宗，第二年改元貞觀。

　　正所謂一朝天子一朝臣，李世民即位後當然希望自己的政權能夠鞏固。因此，他特別重視前朝元老的態度。為了探明前朝舊臣的態度，李世民將李淵派到外地的舊臣全部召回，武士彠也在召回之列。

　　武士彠的大智若愚得到了李世民的信任，李世民將他派往四川廣元做都督，還兼職處理廣元的軍政要務。這可是個既有權又有名的高等職位，這也使得武士彠對李氏王朝更加感恩圖報了。

　　隨著二囡逐漸長大，武士彠便教她學習各種技藝，令他感到十分欣慰的是二囡琴棋書畫樣樣精通。但是，她卻與其他女孩子有些不同，她不僅精通琴棋書畫，還十分喜歡騎射和追問天下大事。武士彠覺得這個女兒很有從政的天賦，可惜她卻是個女兒身，是不可能涉足政壇的。

　　武士彠原本就是一個武官，因此，他也不反對女兒騎馬駕車，這也就使得二囡從小便養成了好勝和任性的個性。由於父母的悉心培養，她的才藝進步神速，詩詞歌賦、書法馬術沒有一樣是不出色的。

　　貞觀五年，唐朝內部對官吏制度進行了改革，除了 4 個督府外，其他都督都被裁減。武士彠被調到了荊州出任都督，二囡也與父親一起去了荊州。她在荊州那個物產富饒、人才薈萃的地方又度過了 4 年的美好時光。可是，就在二囡一天比一天大的時候，一件不幸的事情發生了。李淵死了，李淵的死對武士彠的打擊很大，因為在他們之間已經產生了一種深厚的情誼。武士彠很傷心，導致哮喘病發作，隨後便一發不可收拾，最終吐血而死，扔下了年僅 11 歲的二囡與母親相依為命。

在武士彠下葬之後，楊氏母女的命運陡然直轉。沒有了武士彠的庇護，楊氏只好帶著孩子們回到了并州文水老家生活。但是，在這時，身為武家後人的武元爽和武元慶等人又開始合力排擠楊氏母女。

沒有辦法，楊氏只好帶著孩子們來到了長安，投奔自己的娘家人。宮中的楊妃知道姑姑在外面受苦受難，心裡也十分不好受，於是便伸出了援手。緊接著，楊氏帶著女兒們，由堂兄和侄女安排在長安住了下來。一直到二囡被選入宮中為止，她們一家都是在接濟之下生活著。

自古以來美麗就是女人改變命運的重要資本，當楊氏看著女兒美麗漂亮的臉龐時，也不禁開始動起了重振家業的念頭。自從她有了這個念頭之後，整個楊氏家族就開始行動起來了。

當時，在楊氏一族中有幾個姑娘都已經當上了唐太宗的妃嬪，鑒於擁有這樣的優勢，這些人便開始在宮裡宣傳起二囡的美貌來。這樣一來二去，當然就傳到了唐太宗的耳朵裡。於是，唐太宗就決定徵召二囡進宮當才人。那可真是：武家有女初長成，一朝選在君王側。

由於家庭的變故，讓年紀尚小的二囡初次體會到了世間的現實和世態的炎涼。她不想屈服於自己的命運之下，但是，此時的她也沒有能力去改變這樣的命運，她為此也在苦惱著。

初入宮廷日子

　　二囡想透過進宮的機會來改變自己的人生，可是誰又能保證宮廷之中就一定是美好的呢？

　　在楊家人的籌劃下，二囡邁進宮廷的步伐也就不遠了。其實，楊氏是不太願意送二囡進皇宮的，如果能夠得到皇帝的垂青還好，若是得不到，那一輩子就會被埋沒在宮廷之中，寂寞地老去，這對一個女子來說是最最不幸的事情了。況且以女兒剛烈的性格，又怎麼能夠適應後宮的生活呢？

　　可是，轉念一想，對一個14歲的小姑娘來說，剛進宮就被封為五品才人，這確實是件很榮耀的事情呢！因此，是否進宮的這件事情，在楊氏的內心中也是十分矛盾的。

　　在送二囡入宮的時候，母親撫摸著她的頭，默默地流下了淚水。二囡看到母親這個樣子，對她說道：「我這是要去見天子啊！您怎麼知道這就不是一件好事呢？」

　　其實，此時的二囡已經有自己的想法，她覺得家裡的生活前景已經十分暗淡了，如果進了宮，也許還會有新的機會出現。因此，她願意為此去冒險試一下。於是，二囡在貞觀十一年，帶著改變命運的夢想，正式走進了宏偉壯麗的大唐宮殿。

　　在皇宮中，也是有著高低貴賤之分的。皇帝的嫡妻，也被稱為皇后，是後宮中眾妃之主。在皇后之下，也就是那些妃嬪們，她們也是分等級的，並且在每個等級中還有著固定的名額。

　　第一等級叫妃，有4個人，為一品；妃之下是二品的嬪，共有9個人；嬪之下，就是三品的婕妤，共有9個人；婕妤之下便是四品的美人，也是9

個人；再往下就是五品的才人，共有 9 個人。

　　唐朝後宮在吸納新人入宮時，都要對她們進行培訓。在皇宮中有兩個培訓新人的地方：一個是宮教館，主要是培訓宮女算術、書法、美術和音樂等方面的技能；而另一個則是文學館，主要是培訓宮女詩詞歌賦的造詣。當然，還會有人來專門教授她們禮儀課程。

　　二囡年紀輕輕，卻是個爭強好勝的人，學習時樣樣都不會落人之後。進入皇宮後，她一邊被宮中的富麗堂皇吸引著，一邊又為能夠學習到新的東西而感到欣慰。她曾經模仿《詩經》寫了一些祭祀和宴飲的宮廷詩詞，後來，樂師們配上了樂曲將這些傳唱了出去，結果大受歡迎，宮中人都傳說她十分有才華。久而久之，這些話就傳到了唐太宗的耳朵裡。唐太宗是個愛才之人，於是，便接見了她。

　　唐太宗看到眼前的女孩子竟是如此的嫵媚動人，於是，便封了個武才人給她，並賜給她一個名字叫武媚娘。唐太宗喜歡武媚娘一段時間後，由於忙著軍國大事就把她給忘記了。武媚娘怎麼能夠容忍皇帝把自己給忘記了呢？她要尋找機會，在皇帝面前好好地表現自己。

　　其實，唐太宗極為欣賞武媚娘的才華，便將她留在身邊做了近身侍女，主要是給唐太宗端茶倒水、伺候筆墨。也因為如此，武媚娘同唐太宗接觸的機會多了起來。

　　不可否認，武媚娘是個爭強好勝、表現欲極強的人。怎樣能夠得到她所崇敬之人的賞識，這也是她一直都在思考的問題。她希望能夠引起唐太宗的注意，並非完全出於想得到晉升的機會。她愛表現的性格決定了她不甘心被眾多妃嬪所埋沒，她決心贏得他人的尊重。只是她沒有想到她的表現欲沒有給她帶來她想像中的聲響，反而失去了得到唐太宗寵愛的機會。

　　這個事件就是獅子驄事件。獅子驄是一匹馬的名字，由於鬃毛長得像獅

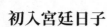

子，所以被叫做獅子驄。這匹馬長得高大威猛，神駿異常，但是，性子卻是十分的暴烈，因此沒有人能夠馴服得了牠。獅子驄是極為驕傲的，它總是會擺出一副傲視群雄的樣子。

唐朝之所以在歷史上享有如此高的聲譽，不光是因為它封建經濟的輝煌，也因為它全面開放的政策。唐朝的統治者有北方胡人的血統，也因為受此前北方民族的影響，對婦女的束縛比較少。婦女不纏足，並且還經常參加戶外活動，比如像狩獵、踏青和馬球等。特別是宮廷婦女，常常需要陪伴皇帝一起去狩獵，因此她們對馬並不陌生。

唐太宗是個極其愛馬的人，越是特別的馬他就越是有興趣，他希望看到有人能夠馴服這匹烈馬。有一天，唐太宗想看看那匹獅子驄被馴服得怎麼樣了。於是，他便帶著嬪妃們來到了跑馬場。

唐太宗圍著獅子驄轉了一圈，不由得一聲嘆息：這可真是一匹好馬呀！可惜就是沒有人能夠馴服得了牠。妃嬪們都是默不作聲，一片寂靜。

武媚娘作為唐太宗的貼身侍女也在隨從之中，她想引起唐太宗的注意，得到賞識。於是，她便挺身而出走到唐太宗的面前，深施一禮說道：「皇上，我能夠制服牠。但是，需要皇上能夠給我準備幾樣東西。」

唐太宗上下打量了武媚娘一番，急忙問道：「妳需要準備什麼東西呢？」

武媚娘十分胸有成竹地說道：「鐵鞭、鐵楇和匕首。」

唐太宗聽武媚娘說完後當即就是一愣，心想：這些可都是利器啊！她要這些要幹什麼呢？於是，他有些不解地問道：「這些都不是馴馬用的東西，你拿牠來要做什麼呢？」

武媚娘興高采烈地說道：「皇上您不知道，這匹馬的性子是如此的剛烈，所以要用特殊的手段才能夠制服牠。我先用鐵鞭抽牠，牠要是不服我就用鐵楇打牠的頭，再不行的話我就用匕首捅了牠。」

唐太宗聽到武媚娘這麼一說，心裡頓時涼了半截，他倒吸了一口冷氣，心想：這個嬌弱如花的小姑娘，心腸怎麼會是如此的狠呢？一下子他都不知道該說些什麼了。

可是，唐太宗畢竟是身經百戰的聖君，他既沒有責怪武媚娘的殘忍，也沒有盛讚她的勇敢，只是淡淡地說了一句：「以後再說吧！」獅子驄事件也就此結束了。但是，它留給唐太宗和武媚娘的記憶卻沒有因此而消失。從此，唐太宗便很少再去接近武媚娘了，武媚娘對此也感覺有些困惑。

從獅子驄事件可以看出，此時的武媚娘還不具備宮廷爭鬥的經驗。如果她真的有很重的心機，那麼就應該能夠觀察得出唐太宗推行的是寬厚的仁政，很少會採用暴力的手段去對待下臣。她要迎合唐太宗的想法，就不應該採用這麼極端的方式來表現自己，因而也暴露出了她不成熟的一面，也由此一直不被唐太宗所喜愛。

宮中深不得寵

　　武媚娘對朝中之事是特別熱衷的，後來，經過唐太宗一段時期的觀察，他發覺武媚娘是個爭強好勝的女子，如果她是個男人的話，或許他們會是很好的一對君臣。但是，現在作為自己的女人，唐太宗還是搖了搖頭。他覺得，這樣的女子一旦得了勢，必定會攪亂宮廷的。

　　武媚娘本身就是一個極有眼光和謀略的人，她說出的話自然就會與唐太宗接觸過的其他女子有所不同。有時，嬌小、嫵媚的武媚娘竟然能夠站在一個統治者的高度，分析出事情的態勢和利弊。這身為一個女子來說，是多麼的不簡單啊！

　　自從獅子驄事件後，唐太宗便很少再去親近武媚娘了。因為，唐太宗實在是不喜歡她的性格。她在唐太宗的眼裡太過強悍了，同時，也太過於智慧了。武媚娘在 14 歲時就進了宮，到了 22 歲還是個才人。由此可見，唐太宗是多麼的不喜歡她。

　　其實，在唐太宗一生中，最敬重的女人就是長孫皇后，他對長孫皇后的愛是刻骨銘心的。長孫皇后從小就知書達理，在 13 歲時就嫁給了李世民，並且與他同甘苦度過他們最為青澀的年齡，一路陪伴李世民由秦王做到了皇上。

　　長孫皇后是李世民的賢內助，在李世民發動玄武門之變之前，長孫皇后為李世民在唐宮中建立起了偌大一張關係網。這也是後來玄武門之變爆發後，沒有引發大規模騷動的原因之一。

　　此外，長孫皇后還能夠幫李世民在宮中安插耳目，因此知道了一些他人無法獲悉的情報。當玄武門之變爆發時，這位大智大勇的皇后便親自在自己的家中安排護院，從而免去了李世民的後顧之憂。

士兵們在平日裡受到了兩位主子的愛護，深感報效的時刻已經到來，並且在長孫皇后的激勵下，將士們個個都是鬥志昂揚。有了長孫皇后，李世民的後院就相當於安了一道保險閥，可以讓他沒有後顧之憂地去打仗。可是，這位賢德的皇后在三十六歲時就撒手人寰了。就在長孫皇后病入膏肓時，她對唐太宗說不要重用外戚，因為自古由於外戚干政，都沒有什麼好結果。

此外，長孫皇后還對唐太宗說道：「我死之後，千萬不要厚葬。我活著時，作為一個女人，無益於天下；死了，怎麼能夠讓國家浪費資財在我的葬禮上呢？」長孫皇后是一個多麼簡樸又識大體的皇后典範呀！

其實，長孫皇后並不是真的對政治漠不關心，她對政治深諳：其道，所作所為也是極其到位，並且還十分有分寸。所以當她閉上眼睛時，唐太宗簡直是悲痛欲絕，說道：「我在內宮失去了一位好幫手啊！」此後，唐太宗再也沒有立過皇后。由此可見，長孫皇后在唐太宗心中的位置是無人能及的。

長孫皇后死後，唐太宗還特地在宮內建造了一座塔，登塔瞭望，便可以看到皇后所葬之地昭陵。唐太宗想用這種方式，來寄託他對長孫皇后的哀思。

徐惠也是個較為賢惠的女人，她是個才女，身上也有著大家閨秀的書卷氣。當她看到唐太宗因為大唐的國勢蒸蒸日上而有些飄飄然時，便對太宗說道：「皇上您一定要保持一顆平常心啊！得志、失志都要保持冷靜的頭腦，要像當初一樣用謹慎、減少過錯來增加自己的功德，要不斷地吸收經驗教訓來避免一些閃失的出現。」這樣的話一說出來，唐太宗立即注意起她來，因為他覺得徐惠太像長孫皇后了。

此時，唐太宗也需要一個可以在他背後給他一些意見的女人。於是，他漸漸對徐惠產生了喜愛，並且對她的喜愛遠遠超過了武媚娘。

不久之後，徐惠就被封為婕妤，連升了兩級。此後，唐太宗經常會與婕

好討論一些國家大事。其實，如果換作武媚娘，同樣也會與唐太宗討論國家大事。可是，唐太宗實行的是德政，與武媚娘的兇狠形成了鮮明的對比。所以，武媚娘再也沒有機會與唐太宗共論國事了。

後來，徐婕妤又榮升為充容，這也就進入了嬪的行列。武媚娘有些羨慕，但是也沒有辦法，唐太宗不喜歡她。所以，武媚娘只好繼續當才人。每當在夜深人靜的時候，武媚娘也會想起當初進宮時，母親哭著送她的情形。現在想想母親所說的話是對的，大半個青春都過去了，自己卻沒有任何起色，到現在還是個才人。楊氏家族指望著她能夠復興家業，誰知自己卻是這樣的不爭氣，這麼些年連個婕妤都沒有當上。

想當初，徐惠和自己同為才人，自己的才華又不比她差，憑什麼會是如此的落寞呢？此時，在武媚娘的心中充滿了不甘和憤恨。她責怪命運的不公平，責怪皇室的深宅大院，同時也在責怪唐太宗的有眼無珠。一晃10多年過去了，對一個女人來說是何等的寶貴啊？難道自己要一直這樣荒廢青春嗎？武媚娘為自己的命運暗自慨嘆著。

然而，事情並沒有因為武媚娘的落寞而停止，更不幸的命運還在等著她呢！到了貞觀末年，宮內外開始流傳起「女主武王」的說法。武媚娘聽到這個傳聞後，簡直是被嚇壞了。從此，她便提心吊膽地在宮中生活著，真怕哪一天唐太宗會因為此事而遷怒於她。

當唐太宗知道了這件事情時，就祕密地找來了袁天罡的徒弟李淳風來問話。李淳風來到唐太宗的面前煞有介事地說：「臣夜觀天象，發現太白經天，這說明有女子要執掌大唐的朝政啊！」

緊接著，李淳風又神祕地說道：「我仔細地推算了一下，結果發現這個女子已經在皇帝您的宮中了。用不了30年，她就會接替您的位置，執掌大唐江山，而且還會誅殺您的子孫。但是，到最後她還是會把江山還給李氏的。」

唐太宗一聽十分震撼，自己辛辛苦苦打下來的江山，怎麼可以落到旁人手裡，而且還是個女人。於是，他便將與「武」字沾邊的人都召集來，讓李淳風進行辨認。可是，李淳風卻對唐太宗說：「此是天機，不可洩露。況且王者是不可殺的。」唐太宗聽後又垂頭喪氣地將包括武媚娘在內的一群人給解散了，武媚娘提到嗓子眼的心終於落了下來。

　　其實，武媚娘在唐太宗時期的生活是不如意的，她在宮中經歷了驚濤駭浪。宮廷爭鬥以及朝中的變故，是她不能夠忽視的。這個時候的她或許已經萌生了改變命運的想法，因為她已經厭倦了這種萬事不由己的生活。武媚娘希望生活能夠有些轉機，而這個轉機在不久後便到來了。

爭奪太子風雲

　　唐太宗晚年，宮廷之中出了一件震驚朝野的大事，這就是立太子之事。因為這是個關係到後繼統治者的大事件，所以這個問題也成了千百年來困擾皇室家族的最棘手的問題。

　　唐太宗一生共有 14 個兒子，他與長孫皇后生有 3 個兒子：長皇子李承乾、次皇子李泰和三皇子李治。太宗對這 3 個兒子，一直都是寵愛有加。尤其是對皇長子承乾，更是十分的疼愛。

　　皇子們為了成為太子，可以不惜代價地進行著爭奪，根本就不會念及骨肉親情。唐太宗深知立太子的利害關係，所以，他早早地便立了長子承乾為太子，並且還認真地按照皇帝的標準來培養他。可見，唐太宗對承乾寄予了多麼大的期望。

　　可是，即便是這樣，也還是沒有辦法避免皇位的爭奪。由於唐太宗十分疼愛長孫皇后，因此他對長孫皇后生的 3 個兒子也是愛屋及烏，十分疼愛他們，並且還把他們帶在身邊親自撫養教育。

　　李承乾天資聰慧，機敏過人，深得唐太宗的喜愛。唐太宗一直以為李承乾是個治國的人才，好好培養一定會有所成就。於是，他便給李承乾請了最好的老師教他讀書識禮和經世治國；並且還讓太子處理政務，以此來鍛鍊他處理政務的能力。

　　太子李承乾也竭盡全力地完成了父親交給他的各種任務，唐太宗對太子的表現很滿意。當唐太宗出巡時，便把太子留下來看管國家，同時，他還在大臣面前誇獎太子有自己的樣子，以此來樹立太子的威信，也使得朝中大臣對太子頗為敬重。

太子看到父親這樣地看重自己，朝中大臣對自己又是敬重有加，以為自己的太子之子已經坐穩了，於是就飄飄然起來。在以後的日子中，他便整日地遊手好閒，吃喝玩樂也是樣樣精通。

太子有個怪癖，就是喜歡突厥文化。於是他便叫人修建了突厥人住的帳篷和房屋，並且還命手下的人穿著突厥人的服飾。更離譜的是，他還一個人直挺挺地躺在地上，讓穿了突厥衣服的手下為裝死的自己哭喊、號叫，因而把唐宮搞得烏煙瘴氣。唐太宗知道這件事後，對太子失望至極，便派東宮的大學問家孔穎達、于志寧和張玄素等人前去勸導太子。

太子這種有失儲君風範的品行，使得太宗皇帝十分失望。之所以沒有馬上廢黜他，是看在他年少無知，又是長皇子的份上。同時太宗也希望他能夠悔過自新，所以才只是教訓了太子一番，而沒有立即廢除他。

但是，太子非但沒有領會父王的心意，反而以為太子之位是板上釘釘的事，父王也不會輕易易儲。所以，對於之前的教誨太子早已經拋之腦後，當他一回東宮就又被身邊的人引入歧途了。

李承乾表面上裝作認真悔改的樣子，暗地裡卻將勸導之人打得半死。唐太宗對太子的所作所為十分惱怒，但一時間也沒有辦法。唐太宗對太子承乾抱的希望很大，所以太子的墮落給他的打擊也很大。

見此情形，在貞觀十年前後，太宗皇帝開始產生了易儲的念頭。他又把目光停留在魏王李泰的身上。唐太宗的二兒子魏王李泰，看到哥哥這樣不爭氣，認為機會來了，於是便動起了歪腦筋。此時，他已經對太子之位有些虎視眈眈了。

在此時，李泰做了兩件事，第一件就是不斷地去討好唐太宗，他知道唐太宗喜愛文學，於是，便認真地學習文學以及治國方略，唐太宗看了很是歡喜。

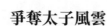
　　第二件事就是禮賢下士。唐太宗對人才極為愛惜，魏徵反覆地頂撞唐太宗，唐太宗卻也總是接受他的建議，並稱他是自己的一面鏡子。李泰把父親的這些愛好看在眼裡，記在心上。

　　此外，為了博取唐太宗的好感和信任，李泰還網羅了天下有才之士編寫了《括地誌》呈獻給唐太宗。唐太宗高興極了，認為二兒子是個可造之才，將來有希望接替太子的位子。於是，便在朝廷裡不斷地提高李泰的聲望，想以此取代大兒子承乾。

　　此時，魏徵認為唐太宗這樣做是不對的。李泰在平日裡就結黨營私，還不斷地排除異己，這樣的一個人怎麼能夠做太子呢？於是，魏徵和褚遂良一商量，決定聯合起來對唐太宗進諫，希望唐太宗能夠停止對李泰的提拔。冷靜下來的唐太宗也回想起太子承乾的種種好，便又寄希望於承乾，希望他能夠改掉惡習，恢復到原來的樣子。

　　當李泰看到唐太宗對自己的態度不如之前好了，就知道事情已經起了變化，於是，他便加緊了奪位的步伐。李泰拉攏駙馬柴令武、房遺愛、黃門侍郎韋挺、工部尚書杜楚客做自己的幕僚。此後，他還威逼利誘大臣，企圖逼迫唐太宗立他為太子。

　　這個時候的武媚娘，已經把這些都看在眼裡了，她的心涼了。宮廷裡的明爭暗鬥將她最初進入唐宮的喜悅與憧憬沖刷得蕩然無存，她明白皇宮中將會出現一場廝殺。而這場廝殺是否有硝煙她不知道，但是她知道它一定會發生。目前，她所能做的也只有靜觀其變。此時，太子承乾並沒有因為唐太宗對他的容忍而有所改變。他沒有改掉胡作非為的行為，依然是終日飲酒作樂。唐太宗對承乾也由失望轉為了絕望。

　　唐太宗遙望昭陵，對死去的長孫皇后頻頻問道：「面對這樣一個不爭氣的兒子，我該怎麼辦啊？我如果廢了承乾，是對不起皇后你啊！我如果不廢

他，那是對不起大唐江山社稷啊！我該何去何從啊？」說著說著，唐太宗便老淚縱橫了。

武媚娘看到唐太宗這樣的難過，也不知如何是好，因為，她知道在唐太宗心裡，她什麼都不是。唐太宗從來都不肯多看她一眼，因此，她根本就沒有說話的份。

後來，經手下人的提醒，承乾終於意識到了問題的嚴重性。於是，他便串通了自己的叔叔李元昌、吏部尚書侯君集、中郎將李安儼等官員打算謀反，直接取代自己的父親稱帝。當然，此時的李泰也一直沒有閒著，更是緊鑼密鼓地進行著他的奪位計劃。由此可見，一場宮廷政變一觸即發。

然而，最為可笑的是，還沒等到承乾和李泰動手，齊王李祐便率先造起反來。李祐與李承乾差不多，也是個遊手好閒的人。當唐太宗得知消息後，十分氣憤，將李祐關進了大牢，並交由刑部進行審問。

後來，當唐太宗知道了李承乾要謀反的事情後，他簡直不敢相信自己的耳朵。於是，他趕緊將案子交給了最信任的老臣長孫無忌和房玄齡來進行審理。結果，證據確鑿，由不得唐太宗不信。

唐太宗氣癱在龍椅上，你們既然起了謀反之心，我就要給你們點兒顏色看看。一氣之下，唐太宗廢了太子李承乾。這個時候，武媚娘也為唐太宗感到寒心，同時也更加佩服他的果斷與堅決。同時，她也更加清醒地認識到宮廷之戰就是你死我活，一旦鬥爭就只能是鬥到底，沒有任何回頭路可走。

後來，唐太宗想立二兒子李泰為太子。但是，老臣長孫無忌卻堅決反對。因為李泰是長孫無忌看著長大的，這孩子從小就愛耍心眼、捉弄人，對下人總是橫挑鼻子豎挑眼。李泰長大後，表面上對長輩們畢恭畢敬，事實上卻在朝中安插自己的勢力，排擠元老。長孫無忌認為李泰陰險狡詐，不可以立為儲君，一旦李泰得勢必定會使朝廷大亂。

可是，唐太宗卻不這麼認為。他對大臣們說：「昨天李泰在我的懷裡說

爭奪太子風雲

『我能成為父皇您的孩子，是我的福氣啊！我有一個孩子，等到我死的時候，就將他殺死，讓位給我的弟弟晉王。』有誰不疼愛自己的孩子呢？我看他也實在可憐啊！」

這時，褚遂良一聽，便對唐太宗說道：「皇上啊！您覺得他可憐，微臣倒覺得他可怕呢！您試想一下，等到皇上您駕鶴西去了，魏王就會占據天下，他還會殺了他的愛子，傳位給晉王嗎？以魏王的言行來看，你要先立魏王就要先妥善安排好晉王。不然，魏王恐怕會先向晉王下手啊！」這話一語中的，長孫無忌憋了很久的話終於被褚遂良說了個痛快。

唐太宗不是不知道這裡面的利害關係，只是他不願意去接受這個現實。就在唐太宗商量著怎麼處理李泰的時候，李泰也沒閒著，他怕唐太宗立李治為太子，就去找弟弟李治，威脅他說道：「你和李祐的關係不錯，現在太子和李祐都因為謀反被處決了，你難道就不害怕嗎？」

李治本來就是個膽小怕事的人，聽到哥哥這麼一說，大氣都不敢出了。之後，李治就終日愁眉緊鎖，悶悶不樂。唐太宗覺得李治有些奇怪，便詢問起他來。

李治將實情和盤托出後，唐太宗愣了好半天，心想：李泰竟然跑到弟弟那裡去威脅他，真是太讓我失望了。後來，唐太宗想來想去，還是立了李治為太子。

其實，李治對於做太子的事情想都沒想過，他不像其他皇子那樣對權位感興趣，他更加喜歡舞文弄墨。在李治的身上，文人的氣質太濃郁了，他善良、敏感、柔弱、不喜爭功。作為自己的接班人，可以說唐太宗對李治並不太滿意。他太了解這個兒子了，他寬厚、仁愛，但是不夠果決，他滿腹經綸卻缺少雄韜偉略。但是，他是長孫皇后的兒子，只有這一點就夠了，其他是可以慢慢培養的，唐太宗也只能這樣來安慰自己。

唐太宗知道李治在朝中沒有兩個哥哥有聲望，平日裡他又很少與大臣交往，因此大臣們多半是不願意臣服於他的。於是，唐太宗想了一個辦法，讓大臣們臣服於李治。

　　這一天，唐太宗將大臣們召到了兩儀殿中。在兩儀殿內，唐太宗對大臣們說：「我的兒子做出這樣荒唐的事來，我實在沒有臉見諸位愛卿了。」說著便拔出劍來就要自裁。

　　這下可嚇壞了左右的大臣，他們急忙跑上前去阻攔。其實，這是唐太宗能夠想到的。當時，長孫無忌就在唐太宗的身邊，他握著唐太宗的手腕不讓他動。於是，唐太宗便將劍指向了李治，長孫無忌是何等聰明的人，立即知道了唐太宗的意思，於是就說道：「皇上，請您明示吧！我們都聽從您的吩咐。」

　　這時，唐太宗放下劍對大臣說道：「我想立李治為太子，你們看怎麼樣啊？」長孫無忌一聽這也沒什麼不好，反正也是自己的親外甥；雖然李治沒有唐太宗的英明，但總歸還是有些德行的；況且他雖沒有治國之智，卻有用人之明。長孫無忌第一個就表示了贊成，其他大臣見唐太宗決心已定，也就沒什麼話可說了。

　　唐太宗見狀，對李治說：「大臣們都願意擁護你，你還不拜謝？」李治這才急急地叩頭。幸運之神就這樣降臨到了李治的身上，一個沒有想過要當皇帝的人，卻在「鷸蚌相爭」之下，坐享了「漁翁得利」的碩果。

含淚入尼姑庵

當李治成了太子之後，已經年老的唐太宗急切地希望他能夠撐起大唐的江山。於是，便加緊了對他進行帝王式的良好訓練。唐太宗整天把他拴在自己的身邊，教他治世之道以及駕馭百官之術。無論大事小情，也都要叫李治來問一問，不會放過任何一個教導他如何做好一個君王的機會。

由於李治頻繁地往來於唐太宗的宮殿，便引起了一個人的注意，她就是武媚娘。李治擁有著文人的儒雅氣質，他對宮裡的人一向都是以禮相待，即使是侍女也不會有所輕視。

武媚娘在唐太宗的宮中伺候筆墨，因而與李治也能夠經常見面。李治看見武媚娘也是以禮相待，不會菲薄她的才人身分。而武媚娘也在李治這裡找到了一份尊重，這也許是武媚娘願意接近李治的原因之一。

在李治眼裡的武媚娘是有些特別的。她不像其他女人那樣端腔拿調，而是很麻利地做著事。話不多說，臉上也不堆笑。見慣了女子逢迎的李治對武媚娘產生了一種莫名的情愫，因而總是很渴望見到她。於是，他也總是往父王的宮裡跑。此時，唐太宗還以為李治已經走入了正軌，一邊為他高興，一邊也放鬆了對他的監督。因此，武媚娘和李治之間才會有更多的獨處機會。

李治是長孫皇后的小兒子，又深得唐太宗的疼愛，因此他的依賴心理也是比較強的。此外，他本人的感情又極為細膩，對粗獷、剛強的人物較為倚重。

可以說，正是由於武媚娘身上的野性和強悍對李治產生了致命的吸引。而李治對武媚娘的一份尊重，也讓她有一種得到榮耀的快感。隨著兩人接觸的增多，各自心裡都渴望接近對方。只是礙於倫理，不能如願，但是，兩人

眼神的交會卻從未少過。

在貞觀十八年時，高句麗派兵襲擊了大唐的藩邦新羅，唐太宗很生氣，便決定親自帶兵去攻打高句麗。大臣們覺得唐太宗的年齡大了，路途遙遠，都勸他不要去。可是，唐太宗也是個好勝之人，他沒有聽從眾人的勸告，執意帶著兵出發了。

就在餞行的時候，太子李治害怕唐太宗這一去就再也見不到他了，便不由自主地哭了起來。唐太宗看到他這個樣子十分生氣，於是，便厲聲阻止李治哭下去，隨後揚鞭而去。

這時，武媚娘見到李治這樣失態，又被痛罵，不免有些同情。因為她知道李治是個感性的人，見不得生離死別，此時的她心疼李治的成分則是更多一些。

在這之後不久，被廢掉的太子李承乾在被流放黔州時死了。李治聽到這個消息後，又是一陣感傷。武媚娘覺得李治是個重情重義之人，於是，她對李治便多了一些信任與關愛。因為唐太宗在外征戰，用不著侍女，所以武媚娘便成了太子的侍女。

也就是在這一段時間，武媚娘對李治多了些了解。她在李治身邊好言相勸，李治也深感到武媚娘在他身邊的重要性，於是就更加喜愛她。因此，兩個人的感情急劇升溫。

在貞觀十九年的冬天，唐太宗終於肯班師回朝了，與高句麗的戰爭沒有多大進展，唐太宗灰心喪氣地回到了長安。經過戰爭，再加上風寒與勞累，唐太宗累病了。

只見唐太宗躺在病榻上，情況時好時壞。此時，又是禍不單行，這時他最喜愛的小女兒又不幸死去了。唐太宗很傷心，一個多月都吃不進去東西，整日以淚洗面。也許當人到老了的時候，感情也會變得更加脆弱吧！

含淚入尼姑庵

從此以後，唐太宗對周圍發生的事情經常會感到悲觀，也常常會叨念自己是不是時日不多了。每次聽到這裡，李治和武媚娘就會忍不住地難過起來。

唐太宗十分渴望自己能夠多活些時日，於是便找來人給他煉丹，希望能透過吃丹藥來延長自己的壽命。結果卻是適得其反，丹藥越吃越多，而精神卻越來越萎靡了，使得唐太宗整天都是心神不寧，他變得十分的焦慮。

在貞觀二十三年的時候，又發生了一件不幸的事情。和唐太宗一起出生入死，也是唐太宗最為倚重的愛將李靖離他而去了。聽到這個消息後，唐太宗悲痛不已。

後來，唐太宗覺得在長安城的太極宮住著很不舒服，因為太極宮地勢低窪，讓人感覺氣悶。為了養病，他在地勢比較高敞開闊的終南山修建了翠微宮，作為療養的行宮。此時，唐太宗並沒有停止服用丹藥，在療養期間，他還是在吃著丹藥，結果導致上吐下瀉，病情也愈加嚴重。

在這段時間，武媚娘與李治每天都會在宮中服侍唐太宗。李治終日憂心著父親的病情，一方面他的確是個孝子，而另一方面，他也是個依賴性極強的人，他怕父親一死，這偌大個王朝就要靠他自己來支撐，他沒有信心能夠像父親那樣撐起李氏江山，這也是他比較擔心的地方。

其實，在這個時候心情憂慮的又何止李治一個人呢，武媚娘也是極為難過的。此時的她心裡十分清楚，一旦唐太宗駕崩，那自己的前途就會變得更加渺茫了，她也無法得知自己將來命運的走向。

在唐太宗病危期間，也是李治最為無助的時候，武媚娘一直都陪在他的身邊，時刻都在寬慰著他。武媚娘說：「太宗是治世的英才，會萬世留名的，他還留給你這麼多大臣，你不用擔心自己不能勝任，而且我也相信太子你會像太宗一樣做個好皇帝。」

李治聽了武媚娘的話很是感動，這時的武媚娘較之前已經成熟了許多，她已經知道如何去揣摩他人的心理了。而李治看到嬌媚的武媚娘竟有如此強勁的生命力，他是越看越喜歡，不知不覺便將她攬在了自己的懷中。

然而，有些事情是不可逆轉的，唐太宗最終還是以他的步伐走向了另一個世界，在病危之際，他召見了自己的老臣長孫無忌和褚遂良，將後事做了一番交代。

唐太宗對老臣說：「太子是仁慈之人，你們要好好輔佐他，不要辜負了我的囑託。」

隨後，唐太宗又對太子李治說道：「有這兩位賢臣來輔佐你，你不必杞人憂天，時刻都要想著當好一國之君啊！」接著，唐太宗又召見了自己的妃嬪以及太子妃，對她們也進行了一番交代。

當唐太宗把要說的話說完後，便慢慢地闔上了眼，大家痛哭了起來。此時，武媚娘也為自己將來的去向感到有些迷茫，她曾經為自己所設想的美好，好像也在這一瞬間變得異常灰暗了。

皇帝病死在宮城之外，對政治可能會產生非常不利的影響，並且還容易引發動亂。所以，在唐太宗去世後，長孫無忌和褚遂良立刻安排了禁軍護送太子李治回到了長安，以此先來穩定局勢。同時，他們帶領其他隨行人員護送唐太宗的靈柩返回長安。當兩批人馬會合之後，才昭告天下，宣布皇帝駕崩的消息。

那是在貞觀二十三年，也就是西元 649 年，22 歲的太子李治在長安太極殿即位，是為唐高宗。李治即位後，頒布命令大赦天下，對文武百官加官晉爵。長孫無忌被封為太衛兼任中書令，並立太子妃王氏為皇后。封皇后的父親為魏國公，母親為魏國夫人。所有的一切，都在有序地進行著。

在唐太宗駕崩後，武媚娘對於自己將來的何去何從，也不知如何是好

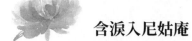

含淚入尼姑庵

了。其實，根據北朝以往的慣例，死去皇帝的妃嬪有 3 種安置方式。

第一種，妃嬪自己育有子女的，就可以跟隨自己的孩子到宮外居住，安享晚年。當然，這也是最好的情況了。

第二種，如果妃嬪沒有子女，但是卻具備了某種特殊的才能。這樣的人會繼續留在宮中，來為新皇帝服務。

第三種，就是妃嬪既沒有子女，也沒有任何的特殊才能的人。那麼，這些人或者是被安排到為故去的皇帝修建的別廟裡，或者是被安排到國家指定的尼姑庵或道觀之中，去當尼姑或者是道姑。當然，這也是大多數人的命運。

此時，武媚娘也知道了自己的命運走向。她還清晰地記得，她與太子在老皇帝病中時的私下談話，這是她和其他出家的妃嬪所不同的地方。當然這種心思，使她得以壓抑恥辱和仇恨。

有一天，病中的唐太宗突然問侍候湯藥的武媚娘，說道：「朕當不久於人世，以後你將作如何打算呢？」

武媚娘兩眼含淚，她怎麼會不知道皇帝身邊侍女的將來呢？於是，她答道：「妾將削髮為尼，為陛下念經求福。」唐太宗聽了點了點頭。

這時，太子李治聽了卻是神色一變。事後，他問武媚娘：「你怎麼在父皇面前說這樣說呢？難道你就忍心離開我嗎？」

武媚娘苦笑著說：「我也不願意離開殿下，但是，皇上只要我侍候你，並沒有將我賜給你呀。我怎麼會不顧名義去求皇上呢？我還不過是皇上身邊的侍女而已，如果有一天皇帝駕崩，我也只有削髮為尼，這誰又能違抗呢？殿下還是忘了我吧！」

這時，太子急忙說道：「那我去求見皇上，我不願意讓你就這樣走了。」但是，當太子見到父皇病成那樣的時候，又怎麼敢在這種時候去求父皇賜給

他一個侍女呢？

在守靈的長夜裡，皇帝的靈柩停放在大殿裡邊，武媚娘以先皇侍女的身分守候在這裡，並侍候著新君，陪著這位軟弱的新君哭泣著。在單獨的場合，這對戀人依依不捨。武媚娘說：「皇上現在捨不得我，將來我身處尼姑庵，皇上若能記得今天，心裡還有我，我已經是感恩不盡了。」

此時的李治並沒有想出挽留武媚娘的辦法，他為即將到來的分離肝腸寸斷，流著淚說道：「我是不會忘記你的，我會時常來看你，你要相信我啊！」

武媚娘再也控制不住感情了，她大放悲聲，哭著說道：「皇上千萬不要忘了我啊！如果忘了我，我只有死在陛下面前了。」

李治對武媚娘一再發誓，說道：「我一定會去看你，你就放心吧！」

在武媚娘出宮的那天，李治悄悄地來看她。只見武媚娘一邊擦拭著眼淚，一邊小聲地叮嚀道：「皇上答應我的事，一定要辦到啊！」

李治深深地向她點了點頭，說道：「等服喪期滿後，我就會來接你入宮。」說完後，便解下了身上的九龍玉環，偷偷交給了武媚娘，說，「以此為證，誓不相負。」武媚娘看到李治對自己的一片痴心，感動得熱淚盈眶。

那是在貞觀二十三年，武媚娘入感業寺為尼。當時，她還不到 26 歲。感業寺依山傍水而建，這裡風景秀麗，空氣清新，是個修身養性的好地方。但是，對於生命力旺盛的武媚娘來說，那裡簡直就如同牢籠一般。

在感業寺中沒有了往日的喧鬧，只有木魚的噹噹聲；沒有了平日的華衣美食，只有粗茶淡飯相伴。此時此刻，當武媚娘望著眼前的生活時，竟有些不知所措了。

武媚娘聽著老尼姑嘴裡念的經，心頭就感到一陣陣的煩亂，這樣的生活比宮中還寂寞。雖然有了相對的人身自由，但是卻根本沒有打發時間的辦法，這樣清淡的生活真的不適合武媚娘。

含淚入尼姑庵

武媚娘需要的是驚濤駭浪、濃墨重彩的繁華生活，而現在的生活簡直讓她極度地崩潰，她時刻都在盼望著趕快離開這裡。對現實生活的不滿和對唐高宗的思念，將武媚娘的心絞揉得亂七八糟。

可是，武媚娘是個十分聰明的人。雖然她對當今的新皇帝懷有滿心的希冀，但是，她對自己的前途卻是迷惘得很。因為，武媚娘不能肯定唐高宗會真的來看她，並且會接她入宮。在未來的漫長歲月中將要怎樣度過呢？自己是否還會有出頭之日呢？這也許是她始終都在思考的一個問題吧！

在武媚娘初入寺院時，她整天都是以淚洗面，痛不欲生。但是，在她漸漸冷靜下來後，她想起了唐高宗對她說的話：皇上曾經答應過她會來看她，會來接她進宮。因此，她決不能灰心喪氣，自輕自賤，而是要振作起來，等待新皇上的到來。如果自己一味悲觀失望，摧殘自己，那可能就堅持不到見到高宗的那一天了。她必須要相信皇上，因為這也是她唯一的希望。

武媚娘在感業寺住的這幾年，使她成熟了許多。哪些事能做，哪些事不能做，哪些話應該說，哪些話不應該說，說話、做事要怎樣達到自己想要的結果，她在心中不斷地在總結著。

此後，武媚娘為了打發孤寂痛苦的相思歲月，開始燒香禮佛，面壁打坐，誦讀和研究佛經。對佛門之地，她並不陌生，母親楊氏就是一個信佛之人。

在西蜀利州時，母親經常會帶她到利州古寺拜佛，因此她早就已經略懂一些佛教知識了。而今在感業寺中，她卻要整天都與佛和佛教經典打交道了。

武媚娘有著深厚的文字功底，對佛經的誦讀理解無師自通。所以，與其他入寺的妃嬪們相比，武媚娘對佛教的理解和領悟是最為深邃的。

儘管對佛教研習有了濃厚的興趣，但是，武媚娘卻並沒有因此而遵守佛門的清規戒律。她的人雖然出了家，但是心卻沒有出家，對唐高宗的思念與

期盼從來都沒有中斷過。

　　在漫漫長夜裡，武媚娘曾經寫下了悱惻動人的相思詩句，以此來表達她的心境。冬去春來，相思難熬，命運不卜，武媚娘卻時刻都在隱忍著，她的確可以稱得上是一個非凡的女人。已經有著極高的抱負、學養和政治才能，懷抱著熾熱的愛情，對生活充滿熱愛和追求的武媚娘，而此時卻深陷於佛門之中，面對如此痛楚的處境卻也沒能把她給壓垮，她是一個多麼堅強的女人啊！

　　可是，這種隱忍和克制，卻更加磨礪了武媚娘這個 20 多歲就歷經磨難的女人的性格和意志，有自強不息、敢作敢當，當然也有殘忍兇狠和不擇手段的一面。

　　有一天，一個天大的好機會降臨到了武媚娘的頭上。感業寺的老尼告訴武媚娘，唐高宗要來感業寺為唐太宗祭奠了。當武媚娘聽到了這個消息時，她簡直不敢相信。但是，在她冷靜下來之後，她覺得這是一個好機會，必須得抓住它，否則自己就將永無出頭之日了。

　　唐高宗終於來感業寺了。其實在武媚娘入寺的兩年時間裡，唐高宗的日子過得也並不暢快。在後宮中，皇后王氏以出眾的淑靜賢德而聞名，從未有失於一個國母的身分。

　　皇后恭順依從，從來都不會違背皇帝的意願，但是，由於她太過於拘泥，高宗並不愛她。而且王皇后還是關隴大族的後代，是關隴在朝堂上的勢力向後宮的延伸，高宗無形中成了被監視的對象，因此，他也是不得不小心翼翼，否則就會有人來勸諫他、引導他，直到說得他厭煩透了為止。

　　在朝堂之上，唐高宗依賴著舅父長孫無忌等顧命大臣，這些人對唐太宗一直都是忠心耿耿的，因此在幫助、勸諫、指教唐高宗時也都盡心盡力。高宗生活得小心謹慎，不敢隨心所欲。

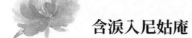

含淚入尼姑庵

　　唐高宗本不是一位英明有才能的君主，但是，作為一國之君他又不能不去處理朝政，以此來不辜負死去的父皇對他的期望。可是，高宗對朝政事務也很難有自己的主張，他不得不事事都得聽命於大臣，這又使他感覺到羞愧自卑。長孫無忌等大臣並不了解他這種軟弱無助的心理，都還在誇讚他從善如流、一言一行毫無過失呢！

　　當唐高宗感到無處傾訴時，有一個女人讓他暫時忘記了種種煩惱，那就是蕭淑妃。美麗動人的蕭淑妃，由於受到了高宗寵愛，變得任性驕縱。其實，高宗深知與蕭淑妃只可共享玩樂，而不能夠談及心聲。

　　蕭淑妃被唐高宗寵愛，王皇后便有些嫉妒了，於是，兩個人都在高宗面前彼此攻訐，喋喋不休。唐高宗既不袒護王皇后，也不袒護蕭淑妃，因此令他感到心煩意亂。

　　每當在這個時候，唐高宗便思念起武媚娘來。武媚娘善解人意，往往能夠體諒他的心思，那種既嫵媚又堅毅的神態，簡直讓他如醉如痴。經過這兩年的時間，忙亂和心煩幾乎使他忘了這個曾讓他有些痴迷的女人了。

　　在唐高宗服喪屆滿之時，他履行了諾言，前往感業寺去燒香，並藉機去看望武媚娘。禮完佛事之後，高宗覺察到侍立的尼姑中有一個人在低聲啜泣，哭得特別的傷心，簡直令人心碎，仔細一看，正是他日夜想念的武媚娘。

　　眼前的武媚娘雖然身著緇衣，但還是那樣的光彩照人，唐高宗心裡頓時感到十分的驚喜。隨後，他便以「龍體勞累」為藉口，停駕寺中廂房歇腳並派人祕密召見了武媚娘。

　　兩人一見面，武媚娘百感交集，哭泣著把滿腹哀怨與痛楚說了出來：「陛下位登九五，竟忘了九龍玉環的舊約嗎？」

　　唐高宗看著武媚娘，也落下淚來，說道：「朕何曾忘記過你我的約定

呢？只因喪服未滿，不便傳召。今天特到此，名是悼祭先帝，實際上是來看望你的呀！」

武媚娘非常感動，便向高宗傾訴了這兩年來對他的思念之苦。唐高宗自恨失約，其間沒有來看望過她。

隨後，武媚娘將《如意娘》讀給唐高宗聽：

看朱成碧思紛紛，憔悴支離為憶君。
不信比來長下淚，開箱驗取石榴裙。

唐高宗聽完後深為感動，原來武媚娘在這裡時刻都在思念著他。宮廷裡的女人多是為了爭寵才在他面前曲意逢迎，而武媚娘卻是在這荒涼的寺院裡一心想著他，這是多麼厚重的情誼啊！

此時，唐高宗已經感受到了莫大的幸福。只是他還不知道，此時的武媚娘已經不是之前的武媚娘了。經過多年的磨礪，在武媚娘的心裡，也許曾經的愛現在卻變成藉以攀緣權力的階梯。

從此以後，唐高宗總會找機會來偷偷地看望武媚娘。在一次相聚之後，武媚娘告訴唐高宗她已經懷有身孕了。唐高宗一聽，又喜又愁，喜的是要添一個龍子了，愁的卻是武媚娘在寺中已經不能安身了，可是卻無法把她接回宮裡。

當武媚娘看到唐高宗這種為難而猶豫的表情時，她感到失望極了。可是不管武媚娘有多失望，在她的內心深處都是希望唐高宗接她回宮的。

帶心願返皇宮

在唐高宗承諾將武媚娘接回宮中後，他也感到有些為難，因為這畢竟不是一般的事情。首先武媚娘的身分是最大的障礙；其次，便是王皇后。因為後宮之事都是由皇后進行管理的，如果武媚娘想要進宮，那就必須經過王皇后的同意。

俗話說得好：「好事不出門，壞事傳千里。」當唐高宗與尼姑有染之事被傳得沸沸揚揚時，王皇后也知道了此事，她勃然大怒，覺得皇帝太不像話了，怎麼能夠與一個尼姑情投意合呢？

可是，在憤怒之餘，王皇后心裡又打起了算盤。她想：如果不答應，有悖恭順之後德，皇上對自己就會更加不喜歡了，而且她也不一定就能阻止得了皇上；如果答應了，那將會添加勁敵，這顯然是在自找苦吃。

思來想去，王皇后想出了一個好主意：現在對自己威脅最大、自己最恨的就是蕭淑妃，那就把武媚娘接進宮來，既送個順水人情，迎合了皇上的心思，又可以讓武媚娘籠住皇上的心，以此來疏遠蕭淑妃。到了那個時候，再與武媚娘一結盟，就可以輕而易舉地除去蕭淑妃了。

此時的王皇后的確是太輕視武媚娘了，她覺得武媚娘是個出家的尼姑，又是先皇的侍妾，地位十分卑下，諒她也不敢像蕭淑妃那樣放肆。

王皇后想：如果武媚娘太放肆的話，那再去除掉她也是很容易的事。何況我又有恩於她，她也會因為感恩而服從於我的，並且還會甘願受我的控制。這麼一想，王皇后便釋然了許多。

由此可以看出，其實，上天待武媚娘還是不薄的，讓她在回宮的這一問題上得到了轉機。也正是由於王皇后與蕭淑妃之間存在著的不合因素，使武媚娘有了再次進入皇宮的希望。

隨後，王皇后便將她的想法告訴了母親柳氏，柳氏也很贊同。為了謹慎行事，她又找來舅父進行商量。由於他的陞遷是與當今皇后緊密相關的，所以當皇后遭到蕭淑妃的為難後，他當然不能坐視不管了。

在舅父聽了王皇后與柳氏的離間之計後，權衡再三，也覺得這一方法可行：武媚娘出身寒微，在朝廷上也沒有任何可依靠的人，又曾為先皇妃嬪，即便今後得寵，其威脅也比蕭淑妃小得多。因此，他主張速行此計。

當王皇后要將在感業寺的武媚娘接回宮的事情告訴唐高宗時，高宗高興壞了，他沒有想到王皇后竟然是這麼的深明大義，願意成全自己。

同時，唐高宗又覺得往日對王皇后太過於冷落了。此外，王皇后還安排下了武媚娘的住處，並把這一安排告訴了唐高宗。唐高宗果然欣喜，對王皇后的態度也熱情了許多。

緊接著，王皇后便派人到感業寺吩咐武媚娘蓄髮。武媚娘得到皇后要接她進宮的消息後，既高興又震驚，她沒想到皇后是一個非常寬厚的人。

但是，武媚娘也感到這中間似乎有著某種特殊的意味。因為，武媚娘從高宗當時要接她進宮的為難表情裡可以看出，皇后這一關應該是很難通過的，而現在卻是這麼輕而易舉地就過了這一關，她也為此而感到意外。

武媚娘身為尼姑，又是先皇下層侍女，自己的命運太不容易受自己的控制了，因此即便進了皇宮，自己也得多加小心。她對後宮的鬥爭曾是熟悉而又厭惡的。

武媚娘告誡自己，為了使自己和腹中的胎兒能夠安全，要對皇后百依百順，力求透過皇后先站住腳跟，等到了解了宮中的形勢，自己就好自處了。

不久之後，宮中果然來了人，把武媚娘打扮了一番，用小轎悄悄地把她接回了皇宮。在正宮，王皇后笑臉相迎，武媚娘急忙跪下行禮：「臣妾叩見皇后娘娘。」

王皇后答禮不迭，噓寒問暖：「起來，起來。姐姐在寺裡受委屈了。皇

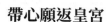

上早先並沒有對哀家提到過姐姐，要不哀家早就要勸皇上接你進宮了，就不會讓姐姐受到這麼多的苦了。」

武媚娘連忙謝道：「臣妾勞動娘娘心神，不勝感愧，娘娘的大恩大德，臣妾永生難忘。」說著，武媚娘又拜見了魏國夫人柳氏。柳氏不發一言，面容冷漠，因為她根本就瞧不起這個先皇的侍女。

王皇后見此，立即打破了尷尬，說道：「姐姐不必拘禮，今後以姐妹相處，有姐姐陪伴，哀家就多個說知心話的人了。」

武媚娘感動地說道：「臣妾甘願侍候娘娘左右，報效娘娘的大恩大德。」

王皇后扶起武媚娘，親熱地說道：「哀家已經替姐姐安排好了。」於是，便令侍妾送武媚娘到左房去歇息。

當高宗得知武媚娘已經被接到正宮的消息後，便急匆匆地前往正宮。武媚娘與高宗相聚後，恩愛有加，高宗喜不自勝。每日下了朝，高宗立刻就會回到正宮。但是，武媚娘卻力勸皇上要多加禮遇皇后，不要再到她這裡來。

皇后得知後非常滿意，就在高宗面前多次稱讚武媚娘，並且還勸高宗給武媚娘一個名分，以此來籠絡武媚娘，讓蕭淑妃坐冷板凳。

這個時候的蕭淑妃，已經坐了一段時間的冷板凳了，現在她有些坐不住了。有時，蕭淑妃見到了皇后，見她已不像往日那樣酸溜溜和惱怒的樣子，而是一副得意滿足的神情，對自己一臉的嘲弄和蔑視，她十分不解。

後來，經過打聽，蕭淑妃才知道皇后把一個叫武媚娘的尼姑接進了正宮，而且與自己一樣有了身孕。怪不得皇上每晚都會留宿在正宮，原來皇后找了個人合夥整我呀！蕭淑妃要看看這個武媚娘是個什麼妖媚模樣兒，於是便決定到正宮去看個究竟。

皇后聽到蕭淑妃來了，便也想看看她落魄失魂的樣子。武媚娘入宮後，已漸知后妃爭寵之究竟，也知道了自己在其中的用處。她是偏向皇后的，因為如果不是皇后，她是進不了皇宮的。但是，她還沒弄清蕭淑妃這個人，暫

時還不想貿然觸犯她。

王皇后出外迎接蕭淑妃，就用以前蕭淑妃對她說過的話譏笑道：「哎呀！什麼風把淑妃吹來了，在家坐不住了吧！如果淑妃記掛皇上，何須親自來呢？哀家會跟皇上說的。」

淑妃冷冷一笑，說道：「臣妾今天特意來看娘娘，聽說娘娘從尼姑庵裡找了個女人來，我想看看是隻鳳凰還是隻野雞呢？」

這時，武媚娘腆著肚子走了出來，她知道此時是免不了一場交鋒了，從這個女人的嘴裡她便知道了其陰毒厲害。但是，她身分低，便隱忍著羞恥，先施禮道：「妾拜見淑妃。」

蕭淑妃打量了她片刻，並不答禮，哈哈大笑地說：「噢，果然齊整，怪不得能讓皇上入迷，專門從尼姑庵裡撿回來呢！」又說，「瞧你這樣恭謹有禮，本妃怎麼受得起呀？」

武媚娘不軟不硬地說道：「知禮乃人道，非禮乃禽獸之道耳。淑妃在皇后娘娘面前非禮，妾卻不能不知禮也。」

一句文雅清冷的話竟是這樣有理有力，無形中又回敬了淑妃先說的「野雞」的侮罵，讓淑妃一愣，竟無話可答，惹得王皇后嬌笑不止。蕭淑妃討不到便宜，悻悻而去。

蕭淑妃回去後，並沒有善罷甘休。有一天，皇上下朝回駕，忽聽路邊亭榭裡傳出嬌嫩清脆的一聲「父皇」，一看是5歲的長女義陽公主，就叫停駕，獨步過去。義陽向父皇跪下行禮畢，就一下撲到父皇的懷抱。女兒聰穎可愛，高宗摟住女兒，百般親昵。這時，義陽公主問道：「父皇怎麼不來看我們，母妃整日思念著父皇。」

高宗道：「好女兒，帶父皇去見你母親。」說著即來到淑妃宮中。蕭淑妃不理不睬，淚流滿面。高宗問道：「淑妃為何這般哭泣呀？」

帶心願返皇宮

蕭淑妃怒氣衝衝地說：「皇后縱容那個武媚娘辱罵臣妾，說臣妾是禽獸。」

高宗道：「不會吧！武媚娘恭仁有禮，皇后屢次說她賢德呢！」

蕭淑妃本想高宗為她出一口氣，不想高宗反而稱讚武媚娘，頓時妒火中燒，更嬌哭起來：「哪裡來的野尼姑，還配親近皇上？在宮中求寵，辱沒褻瀆聖體。」

高宗是最怕別人揭此隱私的，因此當他聽到蕭淑妃這麼一說，不免慍怒，拂袖而去，丟下蕭淑妃在那裡自哭自鬧。回到正宮後，高宗又聽王皇后添油加醋的一番說辭，更佩服武媚娘識大體，也就更加厭惡起蕭淑妃來。

不久，武媚娘青絲已長，一如出宮時的模樣，可以出來露臉見人了。高宗又順從王皇后的美意，滿心歡喜地封武媚娘為昭儀。昭儀為九嬪之首，僅次妃一級，這時的武媚娘終於可以站住腳跟了。

自此以後，武媚娘便開始了另一段人生征程。此時的武媚娘能想到的或許只是有一天能夠擺脫王皇后的控制，與其他妃子平起平坐，或許更好一點則是爭奪到皇后的位子，但這也只是她的一個願望而已。

其實，在很多時候，人們過多地考慮一個人行為處事的連貫性，而忽略了人的成長性。人並不是一開始就知道自己要幹什麼，要取得怎樣的成就，人對自己內心的探索是一個循序漸進的過程。而在這個過程當中，左右自己決定的是自己所處的位置和對周遭事物的認知，而對周遭事物的認知又與人自身的經歷有著很大的關係。

勇奪皇后之位

在皇帝的後宮中，表面上歌舞昇平、繁花似錦，實際上卻是明槍暗箭、硝煙四起。這也許是後宮女人的悲哀，但卻不是武媚娘的煉獄。後宮的爭鬥，鍛鍊了武媚娘處理政治事件的能力，也使她能夠遊刃於政治的漩渦之中。

武媚娘正式入住唐宮後，好不容易重逢的兩個人終於可以長相廝守了，高宗除了上朝以外，寸步不離武媚娘。此時的武媚娘也是盡其所能地迎合著高宗，日子過得也是十分的愜意。但是，事情並不會像她想的那麼簡單，在到處都充滿著火藥味的皇宮中，要想過安穩的日子談何容易。

武媚娘進宮後，如王皇后所願，蕭淑妃確實受到了冷落。而這個時候的高宗也只知道有武媚娘，而不知道有後宮了。之所以會出現這種情況，一方面與高宗確實喜愛武媚娘有關，而另一方面也是因為武媚娘的手段和霸氣所致。

經過長時間的宮中生活，武媚娘深知作為帝王的高宗，隨時都有可能會拋棄自己，所以要趁著這個時機，來不斷地籠絡住高宗的心。也只有這樣，她才能在宮中進一步站穩腳跟，才能在宮中的鬥爭中取得勝利。

此後，武媚娘還不斷地揣摩著高宗的心思，她知道高宗的秉性，也知道高宗喜歡什麼性格的人，因此，不難看出在這場心理戰中，武媚娘會成為一個最大的贏家。

武媚娘時而表現得溫柔嫵媚，時而又表現得聲色俱厲，儘管是這樣的難以捉摸，但是，在高宗看來卻是越來越迷戀著她。

此時的王皇后看在眼裡，卻急在心上。這該如何是好呢？王皇后也開始思索起武媚娘來。武媚娘當然知道此時自己的處境，所以她行事也就更加謹慎小心了。

勇奪皇后之位

西元 652 年，武媚娘生了一個男孩，這也讓她懸著的心放了下來。生了皇子對於後宮的女人來說可是件大事情，俗話說「母以子貴」，這個兒子便成了母親下半生的依靠。

武媚娘有了皇上的骨肉，自然就會在後宮中有了一席之地。而這時的王皇后，心中也是十分的懊惱，她恨自己的想法是多麼的天真，後宮的風起雲湧豈是她能夠左右的。但是，這個時候，她拿武媚娘也沒有什麼辦法了。

武媚娘覺得自己在高宗心中的位置與宮中的地位漸漸地穩固了，也是為自己爭點兒什麼的時候了，所以她請求高宗為自己的父親追加封號。高宗知道武媚娘是想明正身分，光宗耀祖，這個要求也並不過分。

此外，武士彠確實是大唐的開國功臣，也理應有這樣的待遇。但是，時隔多年才提及這個問題，朝廷裡的人一定會認為是自己偏愛武媚娘的緣故。所以，高宗便把武德時期的功臣都給予追封。這樣，武媚娘也就成了名門之後，出身也就不那麼寒微了。

這個時候的武媚娘已經被封為昭儀，如果再是出自名門，對以後的發展也是大有好處的，也使得武家終於可以揚眉吐氣。此時，武媚娘在滿足虛榮心的同時，野心也在不斷地膨脹。她開始不安於現狀，也有了更高的追求。當然，她並不著急，12 年的宮廷生活，3 年的寺院孤寂，已經讓她學會了忍耐。也許，只有忍耐才能夠使她達到最高的追求。

從此，武昭儀在宮中的地位扶搖直上，王皇后對此也是又急又恨，可是她又沒有辦法。她時常在想：這樣一個厚顏無恥的女人，勾引丈夫的兒子，出了家還不老實，我把你接回宮來，你還不安分守己地過日子，還要四處招搖，竟然還是這樣地得寸進尺。王皇后的內心極度不平衡起來，其實，作為一個皇后，最大的悲哀不是皇帝不愛她，而是她沒有皇后的胸懷和智慧。

此時的武昭儀已經學會了一整套宮廷爭鬥的戰略，她學會了陽奉陰違，

學會了媚上諂下，也學會了轉嫁危機，宮中的生活已經讓她過得遊刃有餘。武媚娘每天照樣給王皇后請安，照樣把家裡人帶來的東西進獻給王皇后。

誰知王皇后就是不領情，王皇后總是對武昭儀橫挑鼻子豎挑眼，不是罵她狐媚就是說她低賤，一個女人做到這種程度也是十分失敗，因為她連最起碼的風度也都輸掉了。當然，這也就注定了王皇后永遠成為不了長孫皇后。

武昭儀望著高高在上的王皇后，忽然變得有些不屑了。心想：這樣的女人怎麼配做皇后呢？我比她強多了，這樣的人都能夠做皇后，我就不信我做不了。這時，依照武氏的想法來看，要繼續做個昭儀的確是荒唐可笑的事情，因為她所謀求的是更為遠大的目標，她要將王皇后的地位取而代之。

其實，更加讓武昭儀難以忍受的是，王皇后竟然當著眾人的面訓斥她、侮辱她。武昭儀本來就是個有著強烈自尊心的人，王皇后這樣做，讓她對王皇后的那點崇敬之心變得蕩然無存，對這樣的女人沒有什麼仁慈好講，你若一直被她踩在腳下，就會永遠受她的辱罵。武昭儀壓著心頭的怒火，臉上卻還帶著謙和的笑。

武昭儀心裡十分清楚，王皇后接自己回來的目的就是為了對付蕭淑妃。現在，蕭淑妃已經失了寵，沒了任何的氣焰，按照王皇后的個性，接下來就會對付自己了，此時的武昭儀已經做好了與王皇后一決高下的準備。

對於後宮中不是你死就是我活的爭鬥，武昭儀心裡清楚得很。她現在不行動是因為時機還不夠成熟，她不能再冒獅子驄事件那樣的險，她需要步步為營。

武昭儀生下兒子，之後又懷孕了。得知這一消息的王皇后氣得暴跳如雷。她更加瘋狂地對待武昭儀，武昭儀的處境十分險惡，宮中謠言四起，說武氏是狐媚之人，迷惑皇帝，排擠後宮，甚至企圖篡奪後位。

其實，武昭儀知道這都是皇后勾結蕭淑妃所為。皇后還警告武昭儀：

勇奪皇后之位

「誰敢壞了我的規矩，我是不會輕易放過她的。」

武昭儀十分清楚：只要有王皇后在一天，日子就不會太平。王皇后對後宮幾乎有生殺予奪的大權，要是給自己安上個罪名，再折磨個半死打發了是極有可能的；我不能坐以待斃了，我要巧妙地逼迫皇后走上死路。

武昭儀首先要做的就是讓皇上知道自己有了危險，其主要目的不是要皇帝來保護自己，而是要為自己將來的行動找到藉口，最起碼也是個自衛反擊。

當高宗來到武昭儀的宮中時，武昭儀憂心忡忡地對高宗說道：「皇上您不能太寵愛我，這樣后妃們難免心理不平衡，皇后要用家法懲治我了，您還是時常到皇后宮裡看看吧！安撫一下她的情緒，免得讓她傷心。」

高宗也是了解王皇后脾氣的，拈酸吃醋的事她沒少幹，但是要說對哪個妃子動用大刑還是不多見的。所以，高宗對武媚娘的話也是將信將疑，於是，他決定到正宮去見一下王皇后。

王皇后多日沒見高宗，以為是武媚娘害怕自己，勸高宗過來看望自己。於是在高宗面前說盡了武昭儀的壞話，還說要給武昭儀一點兒顏色看看，不然她不會服從管制。

其實，王皇后的不理智就表現在這裡。

第一，她不明白自己的處境，頂著皇后的頭銜卻得不到皇帝的尊重，更別說是皇帝的愛了，在後宮沒有皇帝尊重的皇后，處境比一般的妃子還差。

第二，武昭儀挖好的井，她看都不看就興高采烈地往裡跳。你沒有德行也就罷了，連智慧都沒有，就不能怪別人會取代你了。

高宗看著王皇后醜惡的嘴臉，不免心生厭倦，開口便對王皇后說：「皇后，武昭儀從來都沒有說過你半句壞話，你為什麼總是和她過不去呢？」

王皇后一聽更來了勁頭：「她是故意這麼做的，目的就是叫你遷怒於我，皇上您不能相信她呀！」

高宗聽了更加心煩，回了一句：「皇后你也應該有點兒皇后的樣子，這樣小的氣量以後還怎麼做皇后呢？以前我對淑妃好的時候，你老是說淑妃的壞話，現在我對武昭儀好，你又說起武昭儀來，你這是要幹什麼呢？」

王皇后還要狡辯什麼，但是，當她看到高宗的臉色時就住了口。高宗實在不願意在王皇后這裡過夜，於是，便找了個藉口又回到了武昭儀那裡。

武昭儀初戰告捷，她看得出高宗是真心寵愛她的，這下她更加有恃無恐了。上邊的工作做得差不多了，就要安撫下面的人，讓下面的人做自己的耳目，這樣王皇后有什麼行動，也便於自己做好準備。

出身並不顯赫的武昭儀在這方面獨具優勢，她經受過苦難，容易與下人們打成一片。武昭儀不僅對自己宮中的下人施以恩惠，對其他宮中接觸過的人也以禮相待。只要她得到了皇上的賞賜，她就把侍女叫進去，尤其是服侍她最忠心的、最討她喜歡的，把皇上賞賜自己的禮物厚賞給她們，如寶石、金飾、銀飾、綢緞等。

王皇后為人端莊有禮，而多少失之固執拘泥，時時不忘自己的地位。她一向都不體諒僕人，也不屑於俯就他們，討他們歡心。皇后的母親柳氏，也仗著自己是皇后的母親總是趾高氣揚地使喚下人，對僕婢也是粗魯暴躁，為僕婢極其厭恨。

由此，一進行對比，宮中的人沒有不說武昭儀好的。被她籠絡的人監視著皇后和淑妃的一舉一動，一有風吹草動，立馬告訴武昭儀。

皇后平時的寡恩薄施讓下人都不願意接近她，巴不得她被廢掉，讓武昭儀升為皇后。在後宮之中，也包括高宗在內，基本都被武昭儀給擺平了，剩下的就是要取得朝中大臣的支持。

高宗有很強的依賴心理，有這種心理的人多數對自己不太自信。而武昭儀恰恰是個能給人以自信的女子，這也是高宗喜愛武昭儀的原因。武昭儀性

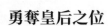

格裡剛毅的因子對高宗來說是一種信任和支撐，他在朝中處理不了的事情，便會與武昭儀一起商量解決。

武昭儀從來都不會直接去反對皇帝的意見，總是指點暗示，明明是公正無私的忠言，實則使皇帝所作所為無不暗合己意。自己所求，都能得到，但決不明言。高宗覺得她精明強幹，處處能迎合自己的意思。但是，他卻不知，實際上自己已經進入了武昭儀那溫柔有力而又堅強不破的圈套中了。

武昭儀因為在做太宗才人的時候侍候太宗筆墨，所以對政治文書以及政治權術較為熟悉，又因為年長李治幾歲，所以處理起事情來也是乾淨、麻利。如果武昭儀甘心做一個男人背後的女人，或許也會是一個賢后。

從此，高宗對武昭儀的能力刮目相看，他雖然柔弱，但是他有識人的能力，對於有才能的人，他不會妒忌和迫害。武昭儀對他的鼓勵與寬慰使李治更加依賴她，人不管身處哪裡，都要做那個不可或缺的人，而不是可有可無的人。

王皇后或是蕭淑妃對高宗來說，都是可有可無的人，而武昭儀卻是不同的，她能在高宗最為無力的時候給予他力量。也正是因為高宗讓武昭儀參與政務，才給了她拉攏朝臣的機會。

有一天，高宗下朝歸來，心神不寧，左右思量。武昭儀看到後猜想是什麼事讓他拿不定主意了呢？於是，她便問高宗：「皇上，您為什麼事煩心呢？昭儀能為您做點兒什麼呢？」高宗便說了鄭州刺史許敬宗要請辭的事兒。

許敬宗就是個有才華的人，貞觀初擔任著作郎，兼修國史。之後，他又撰成武德、貞觀實錄，太宗加封男爵，並升為黃門侍郎。後來，許敬宗跟隨太宗遠征高句麗，起草詔書很快就能寫好，太宗很是欣賞，對他更為器重。許敬宗因為向異族的女婿多收了些彩禮被長孫無忌抓到了把柄，才被貶為鄭州刺史。

其實，按照高宗的意思是不願意讓他辭職的，可是以長孫無忌為首的大臣卻在不斷地排擠他，他不得不辭職離去。高宗知道長孫無忌在朝中的地位，因此也不敢輕易作出決定。

武昭儀也曾經聽說過許敬宗這個人，只是沒有今天聽到的這麼詳細，她對太宗時期的事也較為了解。長孫無忌一直都追隨著太宗，深得太宗器重，從而也身居國家要職。

人在高位久了就不免滋生出不良的情緒來，以長孫無忌為首的陝、甘的名門望族勢必會排擠其他地區的官員。這不是普通的高官辭職問題，而是涉及朝中權力均衡的大問題，可以說是牽一髮動全身的事情。

武昭儀有著政治家的頭腦，她立刻知道了高宗的憂心，便說道：「皇上您在這個時候可要堅持自己的意見呀。現在長孫無忌和褚遂良等人已經占據了朝廷的重要位置，而房玄齡和岑文本等人則受到了排擠，大臣們都在觀望您是不是有決心平衡朝中權力的分配。許敬宗如果辭了職，以後就沒人敢與長孫無忌他們抗衡了，這樣，對皇室也是十分不利的。我們不如藉著這個機會，把房玄齡一派給扶正了，這樣他們之間互相牽制才不會對皇家有威脅。當然，這也要一步一步來，而許敬宗就是第一步。」

經過武昭儀這樣一提醒，高宗就知道了該怎麼做。隨後，許敬宗被調回了中央任職，不降反升。這些都是武昭儀的功勞，而武昭儀如果想讓許敬宗知道，也自然會有辦法讓他知道的。

許敬宗回到朝廷後，武昭儀親自接見了他，一番噓寒問暖之後，切入正題。武昭儀旁敲側擊地說在朝中多交些朋友對自己有好處，受排擠的時候也有人給說個話。

許敬宗也是個聰明人，當然知道這話中的意思：第一，要他與武昭儀保持「友誼」；第二，在朝中多拉攏一些重臣。皇上的寵妃這樣交代，許敬宗

還有什麼不放心的呢！隨後，武昭儀又拉攏了一批官員成為自己的支持者，一場轟轟烈烈的奪後之戰馬上就要拉開序幕。

武昭儀在朝中自己沒有任何親信的情況下，竟然也培植了一批自己的勢力，而且是光明正大地培植。因此，你不能不敬佩她的智慧和才能。

以武昭儀之才，不足為奇。武昭儀既已行動，就絕對不會在中途停止，她能夠控制住皇帝、皇后和各嬪妃。她的命運很清楚，她的道路很明顯，她的目標很固定。

當武昭儀正在與皇后明爭暗鬥的時候，朝廷中發生了一件令她瞠目結舌的事件。這件事情也讓武昭儀看到了長孫無忌勢力的強大，同時，也堅定了武昭儀推倒王皇后的決心。

原來，這時的朝中湧現出了一股反高宗的勢力。這就是高陽公主的駙馬、房玄齡的兒子房遺愛，以及巴陵公主的駙馬柴令武在一起談論丹陽公主的駙馬薛萬徹想擁立荊王李元景為王的事兒。這件事後來被長孫無忌探知了，長孫無忌想利用這個機會排除異己，將在朝中反高宗及反自己的勢力剷除。

高宗仁愛，不忍心將自己的叔父李元景以及一班參與此事的人處死，於是，便對長孫無忌說道：「荊王是我的叔叔，就赦免了他的死罪吧？」

長孫無忌沉吟了一會兒，說道：「皇上您宅心仁厚，不想趕盡殺絕，但是我們卻不能置國家法律於不顧，如果連這樣的事情都不治罪的話，那麼，以後再有類似的事情發生，我們應該如何懲治呢？」

高宗沒有辦法，只好治了這些人的罪。有人說，這次事件是長孫無忌謀劃的，也有人說這是長孫無忌正直無私的表現。但是，對於武昭儀來說，她卻看到了長孫無忌在朝中的權力，她想要成為皇后，那就必須得過長孫這一關。

朝中的權力之爭，更讓武昭儀看到了鬥爭的血腥性，一方勝利了也就意味著另一方的滅亡，她不能被王皇后打倒。於是，武昭儀進一步下定了扳倒王皇后的決心。

可是，要怎樣扳倒王皇后是個大問題，首先要有個罪名才行。這個罪名一定要大，最好是害命的。人命關天，想不被廢都不行。但是，王皇后可不是輕易殺人的人，即使害過誰，也不是能輕易查出來的。

廢后的計劃需要天時、地利、人和。天時，還算有，現在的高宗與自己是如膠似漆，凡事都會詢問自己的意見。人和，也算做到了一半，宮中的宮女、太監都與自己交好，外廷裡也有了一部分自己的人。可是，地利在哪裡呢？謀害皇后的地方沒有，暗殺是最下策，不到萬不得已，誰都不會用。

武昭儀的運氣還是不錯的，這個地利的條件，她沒有等多久就有人給她創造出來了。這個人不是別人就是王皇后自己。自從高宗上次訓斥了王皇后之後，王皇后自覺在高宗心裡已經沒有了地位，因此，她希望能夠透過假意與武昭儀交好，來緩和與皇帝之間的矛盾。

於是，王皇后三天兩頭地往武昭儀的宮裡走動。在一段時間內，王皇后與武昭儀也似乎冰釋前嫌，出現了后妃和美的景象，高宗知道後也頗感欣慰。可是，這也許只有雙方，才會知道這裡面有多少虛情假意。

西元 654 年農曆正月，武昭儀又生下了一個小公主。時間過得飛快，轉眼 5 個月過去了。5 個月大的小公主已經會逗人笑了，會做很多表情，武昭儀和高宗都很疼愛這個女兒，高宗一有時間就會跑到昭儀宮裡來逗小公主開心。

王皇后偶爾也會來看看小公主，但她眼裡更多的是妒忌和怨恨。女人的妒忌是很可怕的，她可以毀滅一個人，武昭儀把這些都看在眼裡。有一天，王皇后又一次來到昭儀宮看小公主，武昭儀看出了皇后眼神裡的羨慕和憤恨，不無挑釁地說：「皇后喜歡，孩子長大了可以讓她做您的女兒啊！」

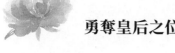

勇奪皇后之位

　　皇后聽了一愣，冷冷地說：「你還是自己留著吧！」說完便轉身走了。武昭儀看著皇后的背影，心裡產生了一個罪惡的念頭。這個念頭產生後也嚇得武昭儀一激靈，她也不明白自己怎麼會有這樣的念頭，但是，這個念頭一產生就像油鍋裡沸騰的油，時時灼燒著她的內心，讓她寢食難安。

　　這是一個關於自己命運和血肉親情的抉擇，如果處理得好，沒有誰會懷疑到自己，也必定會在宮中和朝廷上引起軒然大波。如果處理不好，不但會白白犧牲了自己 5 個月大的女兒，還會搭上自己的命。

　　武昭儀想到這裡又是一個寒顫。看著自己的小公主，這是一個生命啊！母親要不是事出無奈也不會出此下策，生在帝王家不見得是你的福分，長大了是一場政治婚姻，說不定還會遠嫁外邦，生死也難預料。

　　武昭儀這樣想著，心理稍稍舒坦了一些。武昭儀到底要幹嘛呢？她要謀殺自己的親生女兒嫁禍給王皇后，希望借此一搏上位。武昭儀在苦苦掙扎之後，終於下定決心用女兒的命換自己終生的地位。武昭儀知道什麼是心碎，但她更知道什麼才是自己最想要的。

　　武昭儀計算著平日高宗到來的時間，自己該出場的時間，謀劃著必要的安排、實施的步驟等一系列與行動有關的細枝末節。

　　武昭儀準備好一切之後，按照計劃好的時間去請皇后過來，皇后也沒多想，就跟著下人們來了，結果，宮女們回話說，昭儀臨時有事兒出去一趟，一會兒就回來，請皇后等等她。

　　皇后在昭儀宮中逗留了一會兒，等不耐煩了就擺弄了小公主幾下。小公主咯咯地笑了幾聲，王皇后覺得厭煩，便起身告辭了。皇后走後，躲在一旁的武昭儀便開始行動起來。武昭儀一邊用被子矇住孩子的頭，一邊把臉轉向一邊。過了一會兒，武昭儀探了探孩子的鼻息，沒有了，一個小生命就這樣結束了。

　　武昭儀來不及多想，按照計劃先是驚叫起來。聽她這一叫，所有的宮

女、太監都聚攏過來看是怎麼回事。結果發現小公主已經死了。這下宮裡可炸開了鍋，大白天就出了人命，而且這不是一般的人命，是皇上的女兒，所有的下人都慌了。

正在大家亂作一團的時候，皇上來了。高宗來並不奇怪，他幾乎每天都要來看望小公主一次，時間也都差不多。不然，武昭儀也摸不著這個規律，更難掌握自己作案的時間。

武昭儀見高宗來了，就大哭起來。問左右的人，小公主怎麼死掉的，有誰來過昭儀宮。左右的人自然實話實說，告訴武昭儀，皇后來過，還擺弄了小公主好一陣子。實際上這是武昭儀故意問的，明明就是她派人請皇后來的，怎麼還問誰來過？

高宗不明就裡，一聽說是皇后曾經來過，又聯想到皇后數次嫉妒其他妃子、排除異己的事兒，高宗火往上撞，認定了是王皇后殺死了自己的小公主。

這個時候，武昭儀不失時機地哭天搶地，添油加醋地訴說之前在皇后那裡受到的種種不公，高宗一聽更加氣憤，前去宮中找皇后質問。

王皇后從昭儀宮裡回來之後，一直心緒不寧，似乎預感有什麼事要發生。正在坐立不安之時，聽外面喊皇上來了。王皇后不知道皇上怎麼會來，但她知道皇上來她這裡不會是敘舊情的，這是她的經驗。

果真，皇上怒氣衝衝地衝了進來，指著皇后說：「你這歹毒的婦人，竟敢做出這樣殘忍的事情！真是枉做皇后！之前你拈酸吃醋，朕也就不跟你計較了，而今你竟幹出這種泯滅良心的事情。」王皇后心想：近些天來，我已經很謹小慎微了，沒做出什麼出格的事情啊？

當王皇后正要開口詢問原因時，高宗又說道：「武昭儀到底是哪裡得罪了你，你連5個月大的小公主都要殺害呀？」

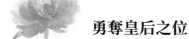

勇奪皇后之位

「皇上，你說什麼？小公主怎麼啦？」王皇后不解地問道。

「你還跟我裝，真是死不承認呀？」高宗氣憤地控訴著王皇后的「罪狀」。

王皇后聽後都傻了，怎麼會有這樣的事情呢？自己走的時候小公主明明還是好好的呀！怎麼會在這麼短的時間內就死了呢？可是，要說是武昭儀的陷害，這也不可能啊？試問哪一個母親能捨得殺自己的孩子再嫁禍給別人呢？這怎麼也說不過去啊！

此時，王皇后真是百口莫辯，連自己都想不通，這究竟是怎麼一回事了。高宗見王皇后默不作聲，便氣憤地丟下一句：「是你太不自愛了，那也就別怪朕無情了。」當高宗說出這句話時，也就意味著他已經下定了廢后的決心。

廢后可不是一件小事兒，甚至關係到整個國家的未來。在古代王朝裡，如果皇上的皇后被廢，極有可能影響到將來由誰來繼承皇位的問題，同時，還會危及朝中的勢力。所以，立後還是廢后一向都不是由皇上一個人說了算的事情，要大臣們一起進行商議才能夠決定。雖然王皇后沒有兒子，但是她身後的大臣們也是不容小覷的。

這時的武昭儀已經明白長孫無忌在朝中的分量，只要他能夠點頭，事情也就成功了一大半。長孫無忌在朝中的地位可是不一般的，他是前朝的老臣，又是皇帝的舅舅，但是最為重要的，他是先帝臨終前將皇帝託付的人。

而在當初登上皇位的李治，也多虧了這位老臣不遺餘力的輔佐，才能夠穩定了帝位。因此，高宗對他是既尊重、感激，又十分的忌憚。由此不難看出，在廢后的問題上，高宗一定要先徵求長孫無忌的意見才可以。

在經過了一番籌劃之後，高宗帶著武昭儀屈尊來到了長孫府上做客。長孫無忌是何等人物，兩朝元老，多少驚濤駭浪沒經歷過。對後宮的起起伏伏

也沒少看過，他閉著眼睛用腳後跟都能想得出來他們來他家的目的。這是個非常棘手的問題，他不會輕易發表意見，因為處理不好可能連性命都會保不住。

高宗當然不會直奔主題，這麼大的事兒，總要先試探一下才行，所以，他一個勁兒拐彎抹角地試探長孫無忌。長孫無忌當然明白高宗的這套把戲，但是，他卻不會露出一絲破綻，態度還是相當的謙和。

高宗當然是有備而來的，這備的可是相當大的禮。他先是把長孫無忌的功績大大地提升了一番，接著又問到長孫無忌的兒子。長孫無忌講出自己有幾個兒子沒有學成，沒有官職，沒有俸祿。

高宗聽長孫無忌這麼一說便說道：「你可是國家的棟梁啊！怎麼能夠委屈我的表兄弟呢！我馬上封他們為朝散大夫。」所謂朝散大夫也只是個虛官，不做工作卻拿著很高的俸祿，而且還享有一定的政治地位。

其實，高宗就是想利用這個來籠絡長孫無忌，長孫無忌自然很明白這一點，他不會拒絕，拒絕就代表反對，這樣沒有實際權力的官職，既不犯錯誤，也不落是非。隨後，長孫無忌命令手下人準備飯菜，款待李治和武昭儀等人。

高宗看著舅舅收下了這份大禮，又備酒備菜，心裡便有了些著落。酒席開始後不久，高宗便轉入了正題：「舅舅啊！你的兒子個個都這麼優秀，我真是打心眼裡為你高興啊！可惜啊！王皇后沒有兒子，不過還好，武昭儀有兒子。」言外之意就是，舅舅你看，你的兒子我都給安置了，我的兒子你也幫忙安置一下吧！可是，在這之前必須要先安置一下武昭儀。

長孫無忌聽了高宗的話，當然是瞭然於心。但是，他卻顧左右而言他，始終不表態。武昭儀便在一旁給高宗使了個眼色，高宗又吩咐一聲，將幾車金銀及綢緞搬到長孫無忌面前，長孫無忌一個勁兒地謝恩。

勇奪皇后之位

　　可是，長孫無忌倒是沉得住氣，依然不表態，還是讓人吃東西，結果高宗和武昭儀無功而返。武昭儀見長孫無忌不表態，心裡很是不快，仇恨的種子也就此埋下了。

　　後來，因為有人向高宗告密，說在王皇后的宮中發現個小木頭人，上面還刻著皇上的姓名和生辰八字，並且還有一個針插進了小木頭人的心上。所以，皇上便親自帶著人在王皇后床底下找了出來。

　　此時，王皇后就彷彿血手淋漓地被人發現，驚慌失措，啞口無言。除去連口否認之外，她又能說些什麼呢？王皇后跪在地上，力說自己確不知情。她猜想那個小木頭人一定是有人栽贓，偷偷埋在她的床下的，可是，現在的一切證據對她都是不利的。

　　宮廷裡，朝廷上，議論紛紛，大臣驚駭，小吏疑猜。朝廷之中嘩然一片，武昭儀向王皇后的進攻也開始了。皇后就要被廢了，很多人煞有介事地這麼說著。

　　褚遂良與長孫無忌受了先皇帝的重託，善事少君與皇后，現在覺得真的要鬧出事來了。武昭儀知道這件事情並不容易，可是已經發動起來了，就絕對不會立刻收場。因為，在武昭儀的背後有皇帝的大力支持。

　　當大臣們聚於朝廷的旁殿，等待鐘響上朝時。長孫無忌便把右僕射褚遂良拉到了一旁，把皇帝去他的府第和說的話告訴了褚遂良。別的大臣都站在四周，極其緊張，彷彿等待一場風暴。這時，自然要有人先說話，當然是長孫無忌。

　　褚遂良忠心耿耿，向長孫無忌說道：「還是讓我來說吧！如果弄到皇上非難舅父的情形，那就太尷尬了。我本來就出身微賤，這也本是我的職責。先帝將王皇后託付於我，我若有虧於先帝的託付，那有何顏面見先帝於地下呢？」

　　鐘聲一響，群臣魚貫入朝。高宗皇帝坐在寶座之上，武昭儀隔一層紗，

坐在皇帝背後，諦聽與她自己成敗攸關的這次朝議。高宗先說王皇后用魔魔法謀害自己，依法當誅。如此敗行何以為賢妻良母的楷模？因此打算把她廢掉。

褚遂良邁步向前奏稱：「陛下，臣有職責諫止陛下行此廢立之事。王皇后為先帝選與陛下。先帝臨終之時，在病榻之上，握著臣的手說『朕將好兒好婦，托卿輔佐』。陛下曾親耳聽見。皇后犯罪並無明證，不應當被廢掉。」

高宗皇帝從容不迫，將小木頭人拿了出來，說道：「你們都來看一看。」說著便遞與群臣觀看。只見在小木頭人的心上，釘著一個釘子，身上寫有皇上的名字和生辰八字。

褚遂良奏稱：「為什麼不去仔細地調查一下呢？陛下怎麼知道就不是別人在栽贓謀害皇后呢？」皇帝默然。

侍中韓瑗向前啟奏，支持褚遂良的意見。他說：「求陛下恕臣直言。輕易廢立皇后並非國家之福。朝野震動，其害非小。臣與褚遂良意見一樣，皇后是先帝為陛下所選，不應當被廢掉。」

長孫無忌剛要說話，高宗大聲怒斥道：「把他們都轟出去！」褚遂良與韓瑗退出之後，立刻就下朝了。

武昭儀看到自己當皇后的想法，在朝中遇到的阻力是很大的，於是便退而求其次，請高宗封她為妃子。但是，這也是不容易的。因為按照唐朝的宮制，妃子只能有 4 位。而此時，唐宮中的 4 位妃子也已經全占滿了。

高宗打算再封一妃，名曰宸妃。「宸」就是北極星的意思，就是說只有武氏才配做高宗的妃子，這樣，武氏離皇后之位就差一步了。但是，此事攸關朝法，高宗也不能任意變動。結果這一提議立馬遭到了宰相韓瑗等人的反對。

勇奪皇后之位

　　武昭儀只好屈從，好在度情量理，人力已盡，只好等 4 位妃中有一個死去，或者是一些別的情形。若是命運不肯創造出一個偉大的女人，一個偉大的女人也會創造出她自己的命運。

後宮易主風雲

　　在高宗為武昭儀爭取「宸妃」事件之後，他一直都沒有放棄立武昭儀為皇后的努力。而武昭儀能夠成為皇后，那就不能不提一個人，這個人對武昭儀成為皇后起了很大的作用，他就是唐宮的中書舍人李義府。

　　李義府原本是一個窮書生，後來做了國史館的學士，他才華出眾，很識時務，是個寧可彎腰也不會委屈名利的人。因為李義府在做中書舍人的時候，得罪了長孫無忌。所以，長孫無忌想要把他發配到現在的四川壁州去做司馬。

　　其實，司馬本來也是五品官，與中書舍人一個級別，這樣的調動算不上是貶謫。但是，李義府卻不甘心，在朝中跟大臣們你來我往，不僅能夠提升自己的人氣，而且還能夠讓皇上認識你，這樣才有機會得到提升和重用。李義府本來就是有些學問的，自恃才高，因此，他就更不甘心做地方官了。於是，他四處尋找著能夠留在朝廷的良計。

　　有一天，李義府找到了同為中書舍人的好友王德儉。王德儉是個鬼點子很多的人，當他聽了李義府的想法後，便說道：「這個事情也不難解決，只要你不怕得罪長孫無忌等老臣就行。」

　　李義府聽後，喜上眉梢，說道：「我都已經得罪了，還怕再得罪一次嗎？只要能留在朝廷，我甘願冒這個險。」

　　王德儉說：「這就好。」接著，他便說出了自己的主意，「現在皇上想立武昭儀為皇后，只是害怕大臣們反對，所以猶豫不決。如果你能為這件事出一把力，一定可以轉危為安。」

　　李義府一聽這事兒真是不難，最多是被長孫無忌給駁回來，接著到四川

去當他的司馬。但是，如果搏勝了，或許就可以留在朝中被重用了。李義府思前想後，決定試一試。

李義府的任命書當時已經在門下省了，為了趕在任命生效前見到皇帝，李義府深夜便來到了皇上面前，請求廢王皇后立武昭儀。這時的高宗和武昭儀正睡得朦朦朧朧的，忽然聽說李義府來求見，很是不快。

可是，當李義府說明來意之後，高宗兩眼頓時放了光。這樣的支持者太少了，在朝廷中他和武昭儀勢單力薄，正愁如何實施下一步計劃呢！忽然李義府就來了，這太是時候了。

武昭儀當時也來了精神，叫李義府繼續講下去。李義府看到這種狀況，心想這回可是來對了。於是便說：「皇上啊！武昭儀厚德，天下百姓都擁戴武昭儀為皇后呢！您不如順應了大家的意思立武昭儀為皇后吧！」其實，誰都知道這並不是天下百姓的想法，這只是為迎合高宗而造出來的說法。

高宗當然也知道，但是，他卻願意聽到這樣的說法。接著，高宗旁敲側擊地告訴李義府，你要堅持下去，最好再找幾個同盟，這樣你就有希望留下來了。李義府領會了高宗的意思，便高高興興地回去等待著留京的命令。

第二天，武昭儀就派人來答謝李義府的幫忙，李義府被提升為中書侍郎。這一個動作，很明顯地告訴大臣們：你們如果支持廢王皇后立武昭儀，那我不會虧待你們，至於不支持會怎麼樣，那就等著瞧了。

於是，有些風吹兩邊倒的朝臣就開始向武昭儀獻媚了。許敬宗本來就是武昭儀的人，只是他們小團體的力量太弱小，無法發揮作用而已。這樣一來王德儉、御史中丞袁公瑜以及御史大夫崔義玄等人就與許敬宗一起組成了支持武昭儀的集團，廢后的呼聲變得更高了。

長孫無忌把這些都看在眼裡，但是他也沒有什麼辦法，他收了皇上和武昭儀的大禮，也不能反對。但是廢后也是他不願意看到的，所以他只能不說

話。此時，長安令裴行儉對此感到十分不滿，他曾對長孫無忌說過：「如果立武昭儀為皇后，我們的國家從此就不得安寧了。」這些話被袁公瑜聽見了，告訴了高宗和武昭儀。

隨後，高宗就把裴行儉打發到吐魯番做都府長史去了，這就是不識時務的人的下場，你不支持廢后就是裴行儉這樣的下場，朝中的沉默之聲因此變得又多了些。

一轉眼，時間已經到了九月，高宗認為時機已經差不多了，便召見長孫無忌和褚遂良等重臣到內殿。李知道是怎麼一回事，就稱病不來見高宗。進了內殿見了高宗，高宗把頭轉向長孫無忌大聲問道：「皇后沒有兒子，武昭儀卻有，我想立武昭儀為皇后你們看怎麼樣啊？」

長孫無忌沒有言語，褚遂良聽了上前一步說：「皇后出身名門，是先帝看中的兒媳婦，先帝駕崩之前拉著我們的手將你和皇后託付給我們，如今想起來還好像是昨天的事，皇后沒有什麼大的過錯，我不能迎合皇上您的意思，違背先帝的命令。」

高宗一聽，這不是拿我父親來壓我嗎？於是就說：「先帝以為皇后會有生育，所以對皇后沒有要求，而皇后至今沒有個兒子，我廢后先帝是可以理解的。」大臣們不置可否，高宗沒有辦法只好屏退了這些人，讓他們明天再議。由此不難看出，此時的高宗是不達目的誓不罷休。

現在，既然把廢后的事情端到了檯面上來說了，就不能輕易說算了，否則皇帝的顏面何存？高宗雖知人善用，但多半部分他卻是柔弱的。高宗十分明白這一點，所以這件事情也關係到他能不能在朝中立威。現在，他打定主意要立武昭儀為皇后了。

第二天，大家繼續對廢后的事情進行討論。褚遂良還是不依不饒：「皇上您要是想廢舊立新，後宮中哪個女子不行，非是武媚娘不可嗎？這是所有

人都知道的事兒，如果您立武媚娘為皇后，後世的人會怎麼評價皇上您啊？臣罪該萬死，請皇上您三思。」說著便把手裡的笏板扔到了地上，又摘下帽子磕破了頭讓高宗收回成命。

高宗左右為難，長孫無忌看到這種狀況，連忙為褚遂良求情：「褚遂良雖然有罪過，但是，他卻是先帝臨終受命的老臣，是不能懲罰的。」這是什麼道理，先帝的老臣就不能罰了嗎？其實，長孫無忌也是實在沒有辦法求情了才這麼說的。

退朝以後，高宗和武昭儀商量起來。事情不能總這樣僵持下去，夜長夢多啊！在說到宰相李為何一言不發時，武昭儀說：「他可能有苦衷，不如我們把他偷偷地叫進來問話！」

在高宗祕密召見李時，李只說了一句話：「這是皇帝的家事，您又何必去問外人呢？」這一句話雖然簡短，但是卻使高宗茅塞頓開。

於是，高宗終於決定頒發聖旨，詔告天下，大意說王皇后魇魔皇帝，罪無可逭，當予廢掉，監於內宮，武氏即立為皇后。

這道聖旨一頒布，這樁敗壞倫常的醜聞遂遍揚於天下，轟動於四方，都視為笑談。尤其可笑的是，新皇后竟然還是個尼姑。更糟不可言的是，她身為尼姑時，就與皇帝通姦懷上了孩子。國人的廉恥受了刺激，朝廷的元老重臣為什麼不去阻止呢？

其實，他們已經是竭其所能了。褚遂良力諫之後，繼之還笏求去，結果被謫遠方。朝臣都覺得朝廷蒙了災難，是不祥，是兇險，但是卻是不可避免的。此時，太尉長孫無忌悶居在家，慍怒難發。

西元 655 年農曆十月，文武百官請高宗立武昭儀為皇后，高宗答應百官的請求立武氏為皇后。之後高宗就下了詔書，武昭儀就是武皇后了。武皇后可與其他女子不同，她是個表現欲極強的女子，只是在太宗時期她的個性受

到了壓抑和磨礪，才漸漸沒有那麼鋒芒畢露了。此時的武皇后終於有了出頭之日，一定要耀武揚威一把。

人們說武氏是具有創新意識的，其實不如說她是有膽量的人。按照宮廷的傳統，皇后是不能出現在大庭廣眾之下的。而武皇后卻不會去接受這樣的傳統，她不但要在大庭廣眾之下露臉，還要坦坦蕩蕩地進行。所以，她選擇在肅義門接受百官的朝賀，這可是一次很大膽的突破啊。

歷來的皇后登位，只接受有職位的女官的朝賀。現在，武皇后不僅要接受女官的朝拜，還要接受文武百官和四夷酋長的朝拜，這可是史無前例的。高宗對於武皇后的舉動，也顯得有些為難，因為這是違反大唐禮制的事情，他不能夠輕易答應。但是，武皇后要做的事情，又怎會輕易放棄呢！經過她不斷地軟磨硬泡，高宗終於點頭答應了。

其實，武皇后這樣做的目的也就是愛慕虛榮的表現，她希望借此可以揚眉吐氣，並且能夠真正地告訴天下我武氏是正宮皇后，沒有哪個皇后能比得上我的地位，要做就做到極致。另一個更主要的原因是武皇后極其渴望得到社會的認同，她自認為出身低微，又是太宗的才人，因此，自己的出身並不十分的光彩，這樣做她認為可以抬高自己的身價。同時，還可以在人們的頭腦中樹立起權威。

其實，不管怎麼說，武氏終於當上了皇后。她志得意滿地接受著朝臣的朝拜，心裡突然有一種巨大的滿足，如果總能接受這樣的朝拜該是多麼美妙的事情啊！但是，武皇后的念頭也只是一閃而過而已，在腦中並沒有留下過多的痕跡。

此時，滿朝文武，男官、女官還有外族官員，統統都趴在武皇后的腳下祝賀，可這祝賀又有多少是真心實意的呢？武皇后深知不管是在後宮還是在朝廷中，都還是有敵人存在的，她的皇后位置要怎樣坐穩，是武皇后接下來要考慮的重大問題。

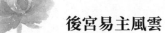

後宮易主風雲

武昭儀當上了皇后，十分高興，但是在興奮之餘，她並沒有忘記朝廷和後宮那些與她為敵的人。關隴的舊臣對她當皇后耿耿於懷，後宮的王皇后和蕭淑妃雖然被廢，但皇帝耳根軟，說不定哪一天又要把她們召到自己的身邊來，武氏自己就是前車之鑒。

武昭儀覺得自己時刻都處於危機四伏的狀態，尤其是以長孫無忌為首的老臣，雖然在皇后的廢立上他沒有表態，但是也足以說明他的不讚同，此外，其他官員腹誹的也不少。所以這場宮廷鬥爭才剛剛開始，有你休息的時間，可是卻沒有你怠慢的時間。

武皇后上任後，開始大規模地培植自己在朝中的勢力。一方面她提拔自己已經收買下的人，另一方面她爭取人心，將得罪過她的臣子給予表彰，以此來顯示她的寬厚。

許敬宗才華出眾又有朝廷做官的經歷，隨後被提拔為禮部尚書參知政事，他可以參加國家大事的討論和決定。同樣地，李義府被封為中書侍郎參知政事。這樣下來，朝中的話語權就不被長孫無忌等老臣一派掌握了，新的勢力也開始崛起了。

一般在皇上繼位或者是皇后新立時，都會大赦天下。就在高宗大赦天下的這一天，武皇后上了一個奏表，意思是說：「皇上啊！之前我曾被封為『宸妃』，韓瑗、來濟幾個人與您爭得面紅耳赤，這是很難得的，如果不是出於對國家的深厚感情是不會如此的，現在請皇上嘉獎他們。」韓瑗是當朝宰相之一，來濟是中書令，都是權高位重的老臣，這兩個人都是曾經反對封「宸妃」的中堅力量。

其實，武皇后選在高宗大赦天下的這一天，為這兩個人討賞是有其特殊目的的。因為，這個決定可以一舉三得。第一，顯示出了自己的大度，不計前嫌；第二，可以收買人心，這人心不僅包括高宗的心，而且還包括下臣的心；第三，可以給朝中的反對勢力一個警告，你們的意見我都記在心裡呢，

我在大赦的日子裡給你們討賞實際上是在請求赦免你們，你們別以為自己真的就該領賞。

果真，兩位老臣主動請辭。不過，高宗怎麼會答應呢？這都是國家的棟梁，武皇后都不計較，我就更不會計較了。於是就沒有同意兩人的請辭，只有勝利者才有資格施與失敗者，武皇后的施與是高姿態的。

武皇后是個有膽量、有魄力的人，她希望高宗能夠像太宗一樣有所作為。但是，高宗卻是個懦弱的人，做起事情來也是畏首畏尾。像高宗這樣的人做領導確實需要一位像武皇后這樣的女人來輔助，但是，前提條件是這個女人甘願做這個男人背後的女人。其實，武皇后確實稱得上是皇帝的得力助手。她鼓勵皇帝推陳出新，勸他改元，高宗也接受了武皇后的建議將大唐改元為顯慶。隨後，武皇后又決定要把兒子扶上正位。於是，她又開始計劃將自己兒子立為太子。

武皇后的長子是李弘，次子為李賢，她暗示許敬宗上書另立太子。其實，這也是很正常的事情，皇后換了，太子自然也得跟著換了。許敬宗還真不是浪得虛名，洋洋灑灑一大篇文章，就將事情搞定了。高宗對此並沒有什麼意見，本來太子多是皇后的兒子，這也沒什麼好說的。不然大家也不至於為個皇后的位子爭得你死我活。

西元 656 年農曆正月，高宗下詔立李弘為太子，于志寧做太子太師，中書令崔敦禮為太子少師，許敬宗、韓瑗、來濟為太子賓客，李義府兼太子左庶子。從這些朝臣的任命上我們就可以看出武皇后的勢力了。韓瑗、來濟是老臣，為了顯示不任人唯親，還是要給個職位的，其他的基本上是武皇后身邊的人。

立了新太子，必定要廢掉原來的太子。隨後，原太子李忠被封為梁王，即相當於梁州的刺史，並沒有什麼實權。李忠離京時，原來與李忠交好的官員都不敢前去相送，只有右庶子李安仁哭著為他送行。

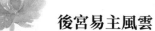

武后知道後，在百官面前讚美李安仁的美德，還請高宗提拔這樣的人。武皇后做這些並不完全出於收買人心的需要，她確實深受太宗影響，有政治家的氣量和胸懷。

高宗很是佩服武皇后的大度，他認為能夠得到這樣的皇后簡直就是自己的福氣。此後，武皇后在朝中的名氣也漸漸高了起來，同時，她在高宗心中的地位也就更加穩固了。

就在這一年的十一月，武后又生下了一個兒子，名字叫李顯，被封為周王。安排好自己的家族成員後，武皇后盯上了關隴舊臣長孫無忌。長孫無忌在朝中的勢力是相當龐大的，宰相韓瑗、中書令來濟雖然表面上看已經被她給安撫了，但實際上還與長孫無忌保持著密切的聯繫。

長孫無忌一向與褚遂良同仇敵愾，褚遂良的強烈反對，長孫一定是背後的支持者，長孫無忌不除，她的地位還有可能會動搖。所以，武皇后便把目標鎖定在了長孫無忌的身上。

當然，長孫無忌也並沒有閒著，自冊封大典以後，他就開始策劃抑制武后勢力的膨脹。由此不難看出，一場權力之爭即將拉開序幕。

這裡面老臣韓瑗、來濟是極為關鍵的，因為他們是兩方爭奪的主要對象。這兩個人都手握重權，哪一方贏得了這兩個人，就等於贏得了在朝中的大部分席位。長孫無忌在一番探問之後，發現老臣韓瑗和來濟還是向著自己的，於是，長孫無忌便請他們二位將貶到地方的褚遂良召回京城，這樣就可以加固關隴舊臣在朝中的地位。

兩個人也是關隴的老將了，於是聽從了長孫無忌的建議，向高宗進諫請求將褚遂良召回朝廷。有這兩位老臣當前鋒，後面的關隴世家就一擁而起，紛紛向皇上奏請。高宗依賴武后已經成了一種習慣了，不能做主，於是便問武后。武皇后心知肚明：我這邊安插自己的人，你那邊就要提升自己的人，這樣下去，我的人哪還有地方站啊！武皇后也因此而意識到自己的敵人還是

很頑固的。

　　隨後，長孫無忌一派又拿出妲己、褒姒一類的人物來諷諫高宗，高宗哪裡愛聽這個，說武皇后是紅顏禍水，不就是在說自己是商紂、周幽王麼？豈有此理！於是高宗不理睬韓、來的請求，韓瑗急了，就拿辭官來威脅高宗。高宗心想又來了，你辭官我也不怕。長孫無忌實在沒有辦法了，只好從其他地方找突破口。

　　在這個關鍵時刻掉鏈子的首先就是李義府，此時，李義府做了一件不太光彩的事兒。而就是因為此事，成了長孫一方攻擊武皇后一方的把柄。原來，洛陽有一個案子捅到了大理寺。這個案子的主角有點特殊，叫淳于氏，淳于氏生得很美，身邊的風流韻事總是不間斷。沒想到就是這些風流事給她惹了麻煩，她的姦情被拿到大理寺去審了。

　　李義府聽說這個女人很討人喜歡，便去看她，這一看就看出了禍來。李義府被淳于氏的美貌給吸引了。於是，他便串通大理寺丞畢正義徇情枉法，把淳于氏給釋放了。接著，他又把淳于氏接到了府中，想把她納為妾。

　　長孫無忌在大理寺也有黨羽，大理寺卿段寶玄就是其中一位。段寶玄對李義府所做之事很清楚，便上奏皇上。李義府害怕事情敗露，逼迫畢正義自殺。因為死無對證，李義府納小妾的事兒又未成事實，所以也就放下了。雖然法律上無法給李義府定罪，但是，事實畢竟是存在的。於是，關隴集團便以李義府為藉口，一口咬定武皇后在包庇李義府。

　　御史王義方上奏繼續審理這個案件，奏摺中說：「李義府在皇上的眼皮底下，擅自殺死六品的寺丞。都說畢正義是自殺，實際是受李義府威脅而死的，這是他殺人滅口的做法。現在生殺予奪的大權都不從皇上您那裡出了，我們怎麼能任由這種風氣助長呢？請皇上您斟酌啊！」但是，由於武皇后的力保，高宗始終都沒有給李義府治罪，這件事被折騰了幾個來回，最後竟然到了李義府和王義方到朝廷上對質的地步。

後宮易主風雲

　　王義方痛斥李義府的罪行，李義府也不示弱，兩個派系之間展開了爭鬥。武皇后見到兩派相爭，便諫言高宗責問王義方。隨後，王義方被貶為葉州司戶，李義府則升為了中書令，並兼任檢校御史大夫。

　　其實，對於李義府的品行，高宗和武皇后多少還是有些了解的。在這件案子中李義府是理虧的，可是李義府不降反升，使得武皇后在朝中的口碑進一步受到影響。這樣一來，武皇后的口碑繼續變差了，但是，她的威懾力卻增強了，官員們說話和做事對武后也頗為忌憚。

　　然而，更讓後宮和朝中大臣不寒而慄的是接下來發生的事。這件事武皇后做得乾淨、決絕，足可以震懾後宮，可是，也正是這件事情，讓武皇后與高宗的感情出現了裂痕，也為以後武皇后與高宗爭權埋下了伏筆。有一天，高宗閒來無事，由侍衛陪同著到御花園散步。高宗是個念舊的人，對自己曾經寵愛的蕭淑妃和自己對不住的王皇后多少有些掛念。散步只是個幌子，真實目的是想看看她們。

　　高宗一想起她們的好，就想跑過來看看。武后畢竟是皇后了，他把榮耀與愛都分給了她，剩下一點兒憐憫就想給他曾經愛過或對不起的人。其實，高宗並不想把她們怎麼樣，只是想看望她們一下，知道她們還好會讓自己安心些。

　　高宗來到後花園，由侍者指引著來到一所院落前。院子還算整潔，只是與之前兩人的宮殿相比寒酸得很，有些像下人住的地方。皇后與蕭淑妃只是庶人，不是一般的囚徒，不會和囚徒享有一樣的待遇。另外，為了彰顯自己的賢德，武后不會對王皇后和蕭淑妃太過苛刻。

　　武后是個聰明的人，她在後宮的地位還沒有完全站穩，對王皇后和蕭淑妃太刻薄會引起朝廷非議，也會讓高宗產生反感。所以，就算是做表面文章，王皇后與蕭淑妃所住的地方也不會讓人慘不忍睹，只不過與之前的奢華相比，肯定會顯得寒酸許多。

當高宗見到王皇后與蕭淑妃竟是這般的落魄，不免有些傷感。當他走進院落，問王皇后和蕭淑妃是否安好時。王氏和蕭氏頓時聲淚俱下。王氏說：「臣妾是戴罪之身，能得到皇上探望是我的榮耀啊！」

蕭淑妃則在一旁請求道：「皇上如果能念及我們昔日的情分，就讓我們重見天日吧！請皇上賜這個院落為回心院吧！」

高宗安慰她們說：「朕會想辦法，你們不必擔心。」

此時，高宗當然要徵求一下武后的意見，但是，武后一聽就翻臉了。這件事情一點都沒得商量，結果高宗無功而返。

經高宗這麼一折騰倒把武后給驚醒了，高宗這樣心慈手軟的個性，如果留著她們，總有一天，會讓她們把高宗給迷惑了。如果有一天她們得了寵，我的麻煩可就大了。我自己就是一個鮮活的例子，不能再讓這樣的事情發生。武后下定決心要將這兩個人除掉，以絕後患。

武后的兇殘與暴戾在這個時候盡顯無遺，她先是派人把二人拖出，各打100杖，接著又將她們的手腳砍掉，最後把她們殺死。可是，就是在這件事上，高宗對武后也有了新的認識，他開始質疑武后的性情和為人，並且對她也逐漸產生了反感。

這時，朝中的舊臣當然不會放過這個機會，他們對武后的行為提出了強烈抗議。但是，這些抗議也是沒有用的，還是像李那句話說的，這是皇家的家務事，沒你們大臣什麼事兒。其他大臣不敢說話，但是腹誹的不少。舊臣們不能正面抨擊這件事，就編造了一些謠言來詆毀武后。武后認為洛陽的地理位置和環境都比長安更適合做都城，所以將洛陽定為東都。這時，舊臣們攻擊武后，說她是因為害怕王皇后和蕭淑妃變成厲鬼來找她報仇。

這也確實給武則天皇后帶來了很大的困擾，武后做了虧心事，心裡也是不安的。但是想到自己也曾被王皇后和蕭淑妃攻擊，不是她們死，就是自己亡，心裡也就平靜下來了。武后明白這是舊臣在造謠，她怎麼可能任由這些

人放肆下去呢？於是她便指使許敬宗和李義府參奏韓瑗、來濟和褚遂良暗中謀反。其實，高宗對這一事件也是有所懷疑的，加上之前武后對後宮王、蕭的做法，高宗就更加懷疑了。

雖然證據不足，但是表面的證據還是存在的，況且因為自己立武后以及武后排除異己的行動引起他們不滿，進而起反叛之心也是有可能的。所以，高宗還是把韓瑗趕到了海南島做了刺史，來濟也被趕到浙江臺州做了刺史。褚遂良更為倒霉，被趕到愛州，也就是今天的越南清化去做刺史了。

從對幾個人的發落上來看，高宗還是留有餘地的。謀反可不是一般的事情，是要被殺頭的大罪，而這裡高宗只是把他們貶為刺史，可見，高宗雖然軟弱，但是也並不糊塗，他對武后是存有戒心的。

此時，武后對高宗的態度變化也有所察覺。於是，她自己也留起了心眼。夫妻兩個一旦產生隔膜，就要花費很大的精力來修復。如果沒有修復，那麼夫妻關係只會越鬧越糟，更何況是皇帝與皇后的關係呢！之後，高宗與武后的裂痕便在無形中被拉大了。

透過上述的行動，關隴舊臣的主力基本被瓦解。既然破了舊，就要立新。在韓瑗等人被貶的同時，許敬宗被提升為侍中，兼任戶部尚書，戶部尚書杜正倫兼任中書令。李義府因為與杜正倫不合，兩人互相扯皮、指控，雙雙被趕出朝廷，一個發配橫州，一個發配普州做刺史去了。

這麼一來，關隴舊臣就只剩下長孫無忌在朝廷中鶴立雞群。可是，武后還是不放心，想將長孫無忌一起剷除。但是，長孫無忌不是一般的人，他不只是皇親國戚、關隴集團核心這麼簡單，他還是高宗當太子時的支持者和顧命大臣。

也就是說李治能夠當上皇帝，並且把皇帝的位子坐穩了，是與長孫無忌分不開的。因此，高宗對這位舅舅也一直是心懷感恩。即使有些事情做得過

分些，也不會與他太過計較。

　　其實，高宗知道關隴集團在朝中把持朝政的局面，他也希望這個集團瓦解，但是卻不希望自己的舅舅被貶。但是，武后絕不會放過長孫無忌，對於她當皇后，長孫無忌從根本上就是不贊成的，她要培植自己的勢力，而長孫無忌是最大的障礙，不除去他，就難以讓武后安心。

　　西元659年農曆四月，高宗和武后在東都洛陽處理朝政，洛陽人李奉節控告太子洗馬韋季方、監察御史李巢結黨營私，高宗讓許敬宗和辛茂審理這個案子。誰知，在審理時韋季方竟然自殺了。

　　這下許敬宗可找到了藉口。原來韋季方是長孫無忌的門生，許敬宗就說韋季方是受了長孫無忌的指使，想要謀反，事情敗露後就畏罪自殺了。高宗吃了一驚，大為懷疑，一個勁兒地說有人陷害長孫舅舅。

　　許敬宗反反覆覆列舉長孫無忌的反常之處，請高宗不要猶豫，並且危言聳聽地說，再遲疑，長孫無忌準備好了，大唐的社稷就不保了。高宗聽到這裡就有些動搖了，畢竟長孫無忌是有些傲慢的，自武氏封后以來，他始終不上朝，還與人商量著將貶到地方上的老臣召回，這確實有些說不過去。

　　想到這些，高宗不免想到了謀反的事兒，忽然傷心起來。許敬宗看出了高宗思想在動搖，便順勢說：「房遺愛可是個乳臭未乾的毛頭小子，高陽公主也是個婦人，他們能成什麼大氣候？但是長孫無忌不同啊！他是與先帝一起征戰的老臣，聲望極高，權力極大。他做宰相30年，天下有誰不知道他呢？他要是想謀反，皇上您怎麼阻擋啊？多虧了宗廟有靈，皇天痛恨惡人，從一個小案件裡牽扯出一個巨大的陰謀來，這是天下的大幸啊！如若不然，他舉手一呼，烏合雲集，那可就成了宗廟社稷的大禍了！我曾聽說過去隋煬帝信任宇文及父子，結成了兒女親家，委以重任。宇文述死後，他的兒子宇文化及就在江都反了，殺死不響應的大臣，我的家就是在那時被毀的。後

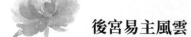

來連大臣蘇威、裴矩等也不得不屈服。大隋江山是亡於旦夕之間啊！請皇上趕緊決定吧！」

高宗被許敬宗這麼一說，竟然給說蒙了。他心裡頭不願意相信，但是又害怕長孫無忌真的謀反，只得叮囑許敬宗仔細查清楚。

許敬宗奏報說：「韋季方曾承認與長孫無忌謀反。問他原因，他說『韓瑗、來濟、褚遂良的外放使長孫無忌日日擔心自己的地位不保，於是找我商議謀反的事。』臣已查明供詞，符合實情。請皇上下旨逮捕長孫無忌。」

高宗聽後，痛哭流涕地說道：「就算舅舅果真如此，我也不忍心殺了他呀！天下人會怎麼看朕，後世人又會怎麼評價朕呢？」

許敬宗說道：「薄昭是漢文帝的舅舅，文帝做皇上，薄昭功不可沒。後來薄昭殺了人，文帝讓百官穿上素服，哭著殺了他，至今人們還在稱讚文帝的聖明。而長孫無忌不念兩朝對他的大恩，竟然想謀朝篡位，他的罪可比薄昭大多了。幸好這樣的陰謀暴露了，逆賊自然而然地服刑，皇上您還顧慮什麼呢？長孫無忌是像王莽、司馬懿一樣的奸人啊！皇上您再遲疑恐怕會發生變故，到時候後悔都來不及了呀。」

高宗一聽也是這麼個道理，覺得親自審問實在無法面對幫自己這麼多年的親舅舅，於是審都沒審就削了他的太尉職，封邑也收回了，只留下個揚州都督的官職，接著又外放到黔州做官。高宗對這個舅舅並沒有趕盡殺絕，還給了他一品官的俸祿。

武后指使許敬宗扳倒長孫無忌之後，便開始徹底清理朝中剩餘的關隴勢力。許敬宗上書給高宗，請高宗削去柳奭、韓瑗的官職，對死了的褚遂良追削官職，將褚遂良的兒子彥甫和彥沖流放愛州。長孫無忌的兒子駙馬都尉長孫沖被除名，流放到嶺南，長孫無忌的族子駙馬都尉長孫詮被放嶲州，長孫無忌的表兄弟、高士廉的兒子高履行也被貶為永州刺史……總之，與關隴集

團沾親帶故的官員沒有一個有好果子吃 —— 流放的流放，發配的發配。

可是，就算是這樣，武后還是不放心，後來乾脆一不做二不休。在長孫無忌流放黔州的時候，許敬宗又派中書舍人袁公瑜再去追問他謀反的事，結果，長孫無忌被逼得自殺了。之後，柳奭和長孫祥也被殺害了，長孫思則被流放到檀州。

這下武后總算安心了，能跟自己爭位的王、蕭兩位妃子已經死了，後宮沒有人再敢和她一較高下，朝中反對自己的關隴舊臣也都被收拾得乾乾淨淨，再也沒有人敢在皇帝面前進自己的讒言，皇后的位子從此便沒有威脅了。這時，武后便長長地舒了一口氣。她感到有一片祥雲正在自己的頭上籠罩著，不由得心花怒放。

努力經營權位

　　武后終歸不是什麼名門望族，一直以來，唐宮的重臣們也都以出身寒微的藉口來阻止她晉升。現在她已經貴為國母，怎麼能讓自己再因為出身問題受到他人非議呢？雖然在做昭儀的時候，高宗曾經人為地提升了他父親的地位，但終歸是臨陣磨槍，沒有一個像樣的說法。

　　武后按照南北朝的做法，促使高宗編了一本書，這本書就是《氏族誌》。在這本書裡她將自己的姓氏提高到一個很高的位置上，以此來證明自己身分高貴。

　　武后在剷除關隴舊臣的同時，還扶植了一批新晉的官僚，他們在做官之後，很希望得到應有的社會認可和尊重，希望自己的門第得到進一步提升。武后也十分想抬高自己的身分，高宗也希望加強皇權，不再受世家遺風的影響。於是，適應幾方需要的《氏族誌》就誕生了。

　　《氏族誌》是一本重新評定社會等級的書，它在顯慶年間編訂完成，後來改名叫《姓氏錄》。這個《姓氏錄》比世家制要合理一些。它按照當朝為官的高低來定姓氏的等級。也就是說，你在朝為官，你就被收到這個《姓氏錄》裡，你不當官了，你的姓氏也就要從這個《姓氏錄》裡除名。

　　按照這樣的原則來編寫，武后是皇后，幾乎與皇帝平起平坐，理應將她的姓氏收錄到《姓氏錄》中一等一的門第當中去。接下來的品級就按照官位的品級來定，你立了什麼功，被封了什麼官，就被錄入幾級世家當中去。你犯了什麼過錯而被趕出朝廷，或是你祖輩在朝中為官而你沒能在朝中做官，就將你的名字從世家中除名。

　　可是，這項改革卻觸犯了舊貴族的利益，從而引起了他們的強烈不滿。

這根本就不是什麼姓名索引，根本就是功勞簿嘛！也就是說誰為大唐立的功多，誰的家族級別就高。誰的功勞小，其家族等級也就越低。

因為這個變革，武后的家族一下子成了文水一等一的門庭。做完這些以後，她還是覺得不盡興，於是，她又請求高宗追封自己的父親為周國公，封自己的母親楊氏為「代國夫人」。沒過幾天，楊氏又改封為「榮國夫人」。

「榮國夫人」是正一品，正一品是怎樣的級別呢？當時婦女的最高品級是王公大臣的母親或妻子，也不過就是個從一品。楊夫人被封為榮國夫人，那她的地位就僅次於武后了，是全國女人中第二號人物。

但是，有件事看起來很好笑，武后的父親是周國公，按理說她的母親應該和她的父親保持一致，封為「周國夫人」才匹配。這裡封個「榮國夫人」卻有點讓人摸不著頭腦。

其實，這是武后故意安排的。武后的意思是要向天下人宣告，我的出身並不低微，我父親是有功之臣，我母親也是了不起的人物，她教育我成為你們的皇后，應該享有這樣的待遇。我是知恩圖報的人，我母親的養育之恩我沒有忘記。武后在證明自己出身並不寒微的同時，也證明了自己是個孝女。

武后知道自己在朝中和百姓中的聲望並不高，所以，一心想要壯大自己的聲勢，提高自己的聲望，於是她積極參加各種禮儀活動，為的是宣揚自己的德行，武后最先想到的就是親蠶大典。

中國古代是傳統的男耕女織社會，國家大典中有一項就是親耕之禮，親耕之禮是指皇上這樣的一國之君親自下田勞作，為農夫做表率。這樣一來天下的百姓就更要好好種田，為國家盡心盡力。皇后是一國之母，在國家大典中也有一套是為皇后準備的典禮，這就是親蠶大典。

也就是皇后要親自養蠶織布，從而來給天下的婦女做出表率。這樣的大典是很隆重的，但是，皇后們平時養尊處優慣了，偶爾幹點活就會覺得腰酸

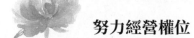

背痛，因此沒有幾個願意付出行動，多半都是做做樣子就敷衍了事。

可是，最為要命的是這個典禮的程序很複雜，先是齋戒 5 日，待第五天這一天天不亮就要起床，而後帶著全體內外命婦，也就是皇帝的嬪妃、太子的妻妾以及公主、王公大臣的妻妾，一造成預先準備好的先蠶壇按照程序完成親蠶儀式。

這樣的典禮，照理說是不用太費心的，但是，武后卻不這麼認為。她認為要做就要做到最好，尤其是這種面子上的事情就更不能這麼草草了事了。這是一個表現自己的好機會，不能把它當成樣子來做。事情做得好與壞在很大程度上取決於自己的態度，態度端正了，自然會有人肯定你的。

武后在做皇后期間，一共親蠶 5 次，每次都盡心盡力，因而贏得了一些好評。武后做的另一個提高聲望的事，就是在成功打擊了長孫無忌之後，與高宗一起衣錦還鄉。那是顯慶四年的十月，高宗和武后一起巡遊東都洛陽之後，沿著洛陽北上到并州。

并州對高宗和武后都有著不同尋常的意義，高宗到并州是因為并州是大唐王朝的龍興之地，高祖李淵在并州起兵，最後打到長安，建立了大唐王朝。對高宗來講，這是在祭奠先輩，同時也表明了自己是繼往開來的君主。

此外，并州也是武后的老家，她在這裡度過了一段並不愉快的時光。父親死後，母親帶著她們姐妹幾個回到并州文水老家，在這裡她們娘幾個受盡了哥哥們的欺負，生活十分不如意。因此，她想藉著這個機會，揚眉吐氣一番。

於是，武后高高興興地帶著高宗回了娘家。此後，高宗還封并州 80 歲以上的老太太為五品郡君，也就是說要給她們一個榮譽頭銜，讓她們任五品以上的等級，只吃糧不管事。高宗和武后在并州度過了兩個月的美好時光，武后的威儀在民間得到了充分顯現。

在提高自己出身和提升自己聲望的同時，武后也沒有忘記處理與皇室成員的關係。皇室的關係對於武后來說主要是處理親生兒子與非親生兒子的關係、婆家與娘家的關係。

武后有 4 個兒子，3 個是在顯慶年間出生，依次為：長子李弘、次子李賢以及三子李顯。李弘被封為太子，李賢被封為雍州牧，而李顯被封為洛州牧。

雍州是長安地區，洛州就是洛陽地區。東都、西都各自擁有一個。這樣，她的兒子就占據了大唐江山的兩個都城。李賢小的時候多病，武后在洛陽的龍門為他開石窟，就是為了給他祈福。

武后對自己的親生兒子可以說是情深意重，那她又是怎樣對待她的非親生兒子的呢？一方面她要防範他們，另一方面還要表現出她對非親生兒子的寬厚仁愛。

武后成為皇后以後，在清除朝中關隴勢力的同時，也將她的非親生兒子貶到地方當刺史去了。對於原太子李忠，武后頗為費心、費力。因為李忠不同於其他皇子，李忠是沒有錯就被廢的太子。如果處理不好，就會落下話柄。

李忠是皇子裡面年紀較大的一個，他知道武后是故意廢了自己立她的兒子為太子。他害怕武后趕盡殺絕，就整天假裝瘋癲地玩樂，顯出一副神經錯亂的樣子。武后因為正在跟朝中的長孫無忌較勁，所以也就沒有時間來理李忠。當武后收拾完長孫無忌後，便有時間來對付李忠了。

李忠身邊有個劉氏宮女，跑來告發李忠，說他連夜裡說夢話都是謀反的事。高宗看著這樣的兒子，實在沒有什麼前途了，就說用謀反的罪來定罪算了。

這時，聰明的武后便來到高宗身邊，對他說，李忠這孩子也不容易，是我看著他長大的，您就看在我的面子上饒過他吧！那是自己的兒子，再怎麼不好，不到萬不得已也不能處死他呀！

努力經營權位

高宗以為皇后會借此苦苦相逼，誰知皇后卻是這個表現，那還不有個臺階就下啊。於是，詔告天下，李忠本該判謀反罪處死，是皇后曉之以情，費了不少口舌才讓他的態度有所緩和的。

死罪是免了，但也要軟禁起來才行。這種做法給人最重要的訊息是：武后是一位仁慈的皇后。從此，武后一國之母的威儀，便進一步得到了提升。

實際上，在處理親生兒子與非親生兒子的關係時，對於武后來說並不困難。一朝天子一朝臣，新官上任總得提拔一批自己的人才行。武后對高宗兒子們的做法是可以理解的，高宗也明白這一點。只要讓自己的兒子有口飯吃，高宗是不會介意其他兒子不在身邊或是吃一些苦的。

雖然武后在對待王、蕭的做法上過於偏激了些，但是，她對這幾個兒子的處理，顯然要比處理那些女人要仁慈些，所以，高宗也就不那麼計較了，以免帝后失和，再添煩亂。這個時候的高宗，多少是抱著息事寧人的態度，由此也不難看出他性格之中的弱點。

此後，武后與太宗留下的嬪妃以及女兒們，也都保持著良好的關係。高陽公主曾經參與過謀反，最後被誅殺，連公主的封號也都被剝奪了。這對一個公主以及後人來說是件極其不幸的事兒，事後，武后為了緩和雙方間的關係，追封了她一個合浦公主的稱號。

當然，其他公主也是不能忽視的，聊聊天，談談佛法，因而也拉近了彼此的距離。這樣，武后在後宮就有了較好的聲譽。

對於與娘家的關係，武后就更加嚴格了。一方面因為她在娘家的時候沒有受到同父異母的兄弟的優待，另一方面她也想顯示出自己不偏袒娘家人的風範。所以，她在後宮當家的第二年就親自編寫了《外戚戒》一書。

武后主張外戚不可過於恩寵，前朝外戚干政的禍患她歷歷在目，長孫無忌把持朝政、架空高宗是現實的教訓。所以，她告誡高宗抑制外戚，於是，

便出現她的幾個同門兄長被外放的事情。

武元慶和武元爽是武后同父異母的兄弟，除此以外，武后還有兩個堂哥，一個叫武惟良，另一個叫武懷運。這幾個兄弟原是六七品的官，按照傳統，新立皇后的娘家人是可以被提拔的，因此哥四個被提拔為四品官。本來這是件極好的事兒，但是，後來發生的一件事情卻觸動了武后的神經，因而，也使得武后把手又伸向了自己的兄弟們。

有一天，武后的母親楊夫人在家裡宴請兒子和侄子們。楊老夫人談得興起，便提起了以前的生活，這些又讓她不禁感到有些感慨。於是便說道：「我最近時常回憶起以前的事情，你們對現在的幸福生活有什麼感想呢？」

子侄們知道這是楊老婦人在邀功，希望聽到自己對她說幾句恭維、感恩的話。但是，武元慶、武元爽哥兒幾個還真都是硬脾氣，誰都不念及武后的好，武惟良說：「我們當官是祖上積來的德，我們是功臣的子弟，應該做官的，只是我們沒有什麼才德，所以願意當個小官。現在我們被提升了，心裡反倒不安，高興不起來。」

武家兄弟說的或許是實話，但是，實話有的時候也是十分傷人心的。武惟良這麼一說，就會讓楊氏認為，武家人一點都不念武后的恩情，自己反倒強迫了別人。楊夫人一聽十分生氣，於是便進宮去找女兒告狀了。

武后原來想都是自家的兄弟，就算不親近也應該比外人強，也許在將來如果有什麼事兒，還能有個照應。可是，誰知，他們竟然不領情，將來有什麼事也就未必肯幫忙了，把這樣的人留在身邊也沒什麼作用了，乾脆就把他們貶到小地方去吧！這樣不但可以出口惡氣，更重要的是還可以彰顯自己的大公無私。

就這樣，武后便以抑制外戚為名，將武元慶和武元爽哥幾個貶到了偏遠的州當刺史去了。高宗看到自己的皇后竟然是這樣的識大體、顧大局，對她

也就更加欣賞了。

　　武后經過精心的經營，在後宮、朝廷和民間都有了一定的名望，後位也漸漸地坐穩了。對於一個女人來說，後位坐穩了差不多就可以安享太平了。但是，其實在很多的時候，不是你想太平就能夠太平的。同時，武后又有個不甘平庸的性格，所以，她注定不能夠就此停下，她將會向著前方進一步前進。

開始垂簾聽政

　　高宗與武后儘管總是給人以感情融洽的印象，但是，他們之間也並不是沒有矛盾的，武后在處死王、蕭兩人時，就已經在高宗的內心深處打下了不好的烙印。只是鑒於高宗要依賴武后的果決和鼓勵，而且那時兩人的感情也是十分要好的時期，所以高宗對武后也並沒有進行過多的責問，但是他的心裡始終存有芥蒂。

　　高宗與武后矛盾的最終激化，是在處理李義府的問題上。李義府的品德一向不好，這是武后知道的。武后之所以不動他，是因為他一直對武后忠心耿耿，同時，他也是武后的左膀右臂。

　　李義府知道自己受寵，又有武后在後面撐腰，所以越發恃寵而驕。李義府在做右相典選時，也就是專門負責選拔官吏的官員，他看到有利可圖，於是便幹起了賣官鬻爵的勾當。官員的任用和陞遷不看政績，而是看給了李義府多少好處，這也使得李義府在這個過程中大大地賺了一筆。

　　可是，這下卻苦了那些寒門子弟，有才能也得不到提拔，弄得怨聲載道。高宗聽說後很是惱火，就警告李義府，說道：「愛卿，你的兒子和女婿都不是很檢點的人，做了很多違法的事，我一再為你掩飾，你要好好地勸勸他們。」

　　李義府聽後竟然變了臉色，說道：「您這是聽誰說的呀！皇上？」

　　高宗說：「我都這麼說了，你又何必追問呢？」李義府聽後卻大搖大擺地走了，高宗看他如此目中無人，心裡更加氣憤。

　　李義府是個迷信的人，他想保住自己的榮華富貴，於是，便想找人給他看看風水。這時，有個叫杜元方的方士出現了。杜元方告訴他有牢獄之災，要破財免災才行。

開始垂簾聽政

李義府一聽可急了，這哪行啊！自己好不容易爬到這樣的位置，怎麼能夠有牢獄之災呢！於是便四處斂財。這時，他盯上了長孫無忌的孫子長孫延，長孫延原來被流放到嶺南，好不容易九死一生地回到了長安，卻沒有任何官職。

李義府想誰不想當官呢，於是心裡便打起了如意算盤。主意打定後，緊接著他就去找了長孫延。見了面，李義府便開門見山地說：「長孫延，你是名門之後，因為父親犯了罪才被株連，我現在給你個機會，讓你有所作為怎麼樣啊？」

長孫延一聽立即明白了他的意思。於是，便急急忙忙地籌好了一大筆錢送給李義府。李義府說話還真算話，真給長孫延弄了個六品的官當。這個官給了不要緊，卻一下子激起了眾人的憤怒。你不給寒門子弟當官的機會也就罷了，還讓罪臣的孫子官做，這究竟是什麼居心呢？

這時，有看不慣李義府的人，便向皇上反映了這個情況，說李義府與反臣子弟勾結。高宗正不知道給這個知法犯法、不顧皇帝顏面的李義府點什麼教訓呢，現在卻出了這樣一件事兒，高宗自然不會放過。

於是，高宗立馬立案進行偵查。這一查不要緊，便查出了更多的罪過，罪行纍纍，有賣官鬻爵、貪贓枉法和造反……總之，罪惡滔天。

高宗得知這些後，越發感到生氣，於是在龍朔三年四月的一天，便把李義府給逮捕了，並且交給有關部門進行審理。同時，他還派大臣進行監審。

隨後，高宗下令把李義府除名，流放到嶲州，也就是現在的四川西昌，他的兒子李津也被流放到了振州。其他與他沾親帶故的、買了官的，流放的流放，罷免的罷免。後來，李義府也一直沒有被召回朝廷，死在了流放地。

高宗總算是給朝廷除了一大禍害，但是，這個時候有個人卻不願意了，她就是武后。李義府是武后身邊的人，向來也是她的左膀右臂，這麼一弄就

相當於砍掉了她一隻手臂。武后自然會不高興，可是又沒有辦法，李義府罪證確鑿，又民怨紛紛，特別是他還得罪了高宗。

武后只好忍痛割愛。但是，這一件事讓武后也意識到了高宗也並不是事事都聽自己的，他也有自己的想法。這讓武后有了思慮，也許哪天高宗也會對自己產生厭倦，也會像廢除王皇后那樣來廢除自己。

武后思索著怎樣才能讓自己享有不被別人主宰的權力，一想到這個，她就想到了皇位。一想到皇位，武后又開始躊躇起來。女子奪位可是千百年來沒有的事情，這個想法是不是太過於荒唐了？武后尋思著。

李義府被貶後，對於武后來說是個不小的打擊，高宗的氣焰顯然高漲起來。天下畢竟是李家的，怎麼就不能由自己多做些主呢？高宗也感到自己對武后的依賴過重了。

高宗欽佩武后處理政事的能力和具有前瞻性的眼光，但是，這卻並不意味著他甘心做一個傀儡。此後，高宗與武后之間的距離進一步被拉大。然而，使他們關係惡化的事情又一次發生了。

武后的母親楊氏被封為榮國夫人之後，又被封為魯國忠烈夫人。她守寡的姐姐也成為韓國夫人，可以入宮居住。誰知，就是這個舉動使得武后差點丟了后位。

高宗本來身體就不大好，國事憂煩，加上貪戀美色，身體狀況就更糟了，朝政倒是武后處理得更多些。隨著武后處理朝政的增多，便少了很多的時間與高宗在一起。高宗耐不住寂寞，便與韓國夫人廝混在一起。

韓國夫人比高宗大六歲，風流、嫵媚、婀娜多姿，又不乏驕縱。高宗感到很新鮮，就總是找韓國夫人廝混。韓國夫人還有個女兒，正值青春年少，活潑開朗，楚楚動人，高宗也很是喜愛。久而久之，高宗與韓國夫人及其女兒便像一家人一樣生活著。

開始垂簾聽政

　　後宮的宮女和太監都知道這件事，只是怕惹出事端來，都不敢捅破。武后也覺得高宗行為有異，但因為忙於國事，對方又是自己的親姐姐就沒有急著動手。誰知，兩三年以後韓國夫人卻死了，當然，也有傳言說是被武后給害死的。

　　高宗聽了這個傳言深信不疑，因為有王皇后和蕭淑妃的前車之鑒，高宗認為武后能夠下這樣的毒手，於是對武后非常的惱怒。剛好在這個時候，太監王伏勝告發武后私招道士郭行真行厭勝之術。

　　高宗一聽更為惱火，當初王皇后就是因為這個被廢的，如今武后又幹這樣的事兒，這不是自掘墳墓嗎？更何況私自召男人進宮是犯禁規的，這樣的事怎麼能夠輕饒呢？於是，高宗密召西臺侍郎上官儀商量這件事兒。

　　上官儀的文采非同一般，太宗時期就是記錄皇帝言行的起居郎，又任光祿大夫、西臺侍郎等職務。上官儀對武后幕後執政很不滿，一聽說高宗召見他是為了這事兒，便說：「皇后肆意專權，這是天下所不能容忍的，請皇上廢了她吧！」

　　高宗對武后幕後掌權本來就心有憂慮，再加上武后又破壞了他的好事，在氣憤之下便同意廢掉皇后。於是他命令上官儀起草詔書，上官儀文思敏捷，很快就寫好了詔書，詔書上列舉了武后很多條罪過。

　　武后在宮中的耳目眾多，在上官儀還沒有離開皇宮的時候，她就趕到了。當時詔書就在桌子上放著，武后看到詔書後就哭了起來，武后知道高宗是個軟弱、多情的人，她先將他們的夫妻情分哭了一遍，接著又訴說起她為大唐所做的貢獻。

　　隨後，武后又質問高宗：「我到底犯了什麼罪，你要把我給廢了？」高宗經武后這麼一鬧騰，有些招忍不住了，他對武后是有不滿和厭倦，但是還沒有到要廢后的地步。經武后這一哭訴，他倒想起自己對武后在政治上的依

賴來。廢了後誰來幫助我處理政務啊？我現在的身體這個樣子，恐怕難以擔此重任呀！

其實，高宗只是軟弱，但是卻並不糊塗。想起武后這麼些年盡心極力地輔助他的情形以及往日的歡樂時光，他的心就軟了。上官儀走後，高宗解釋說：「我初無此心，皆上官儀教我。」

廢后是多麼大的事情啊！上官儀連草書都擬好了，這件事背後一定有陰謀。武后想起，上官儀曾是被廢的太子李忠做陳王時的諮議參軍，王伏勝也曾是廢太子李忠的原東宮太監，這是他們串通起來欺矇皇帝，企圖廢掉我。於是，她安排許敬宗向皇帝上奏，聲稱上官儀與王伏勝唆使太子李忠圖謀大逆。

高宗覺得對不起武后，總要給武后一個交代。於是，就在這一年的十二月，將上官儀逮捕，接著又將他和他的兒子上官庭芝以及王伏勝處斬。兩天後，高宗賜廢太子李忠自盡。此後，與上官儀有關係的右相劉道祥也被降為禮部尚書，左丞鄭欽泰等朝臣都被流貶。

武后經過廢后一事之後，對高宗和朝權有了新的認識。她知道高宗對她的感情已經大不如前了，如果有人有確鑿的證據證明自己有罪過，高宗真有可能會廢掉她。她的命運始終掌握在別人的手中，武后越想越覺得心寒。要掌握自己的命運，恐怕還是要先從朝政入手，武后內心泛起了波瀾。

武后在經過了高宗廢后一事後，也開始思索她人生中最為重大的事情，這就是要想坐穩自己的位子，就要擁有與皇帝基本對等的權力。

可是，這個權力要怎麼來爭取呢？武后認為朝中大臣是自己控制的對象。她知道現在的高宗因為身體不好，更多的時候只能在朝堂上當一個擺設。於是，她想到要讓自己露露臉。

當然，女人要露臉在那個時代也是實屬不易的，雖然現在高宗身體不

好，但還能上朝，自己怎麼能露臉呢？武后思來想去還是覺得只有垂簾聽政這一條路可以走。

進一步來說，如果自己能夠垂簾聽政，那麼大臣們的言行也就在自己的眼皮子底下了，廢后的事情也就很難再出現了，自己的位子也才有把握坐穩。主意打定後，武后就開始對高宗進行遊說。

高宗一想也是，自己身體不好，上朝總感到力不從心，有武后在後面聽著也安心些，有什麼疏漏或遲疑的地方，兩個人也可以互補，於是就答應她的請求。

武后與高宗坐在一起主持朝政，一個在前，另一個在後面用簾子遮住自己。唐朝有人習慣把皇帝稱為「聖」，武后基本上也相當於皇帝了。於是人們把他們稱作「二聖臨朝」，「二聖」臨朝以後，為了顯現自己的功績，提升自己的地位，武后又提議高宗進行封禪大典。

其實，武后想到泰山封禪是有她的目的的，這個目的就是要顯示一下自己的功績，讓自己在天下人當中揚威。雖然高宗是前面的人，但是朝臣們也都知道，沒有後面的武后，高宗難以應付得了朝政。可是，這些只有朝臣知道是沒有用的，要天下人知道才行。

武后認為自己有資格參與其中，是她幫助高宗穩定了江山，國家的文治武功才有了這麼大的進步。就疆域來講，大唐的管轄範圍已經超過了貞觀年間，這個國家也是有泰山封禪的資格的。

參加泰山封禪對一個女人來說更為重要，歷史上女人堂而皇之地參加封禪大典的不多。她這一參加封禪，天下就沒有人不知道武后是享有大半實權的唐皇后了，這之後，她再有什麼大的舉動，也不會引起天下太大的波動。

高宗將封禪的事交給大臣討論。早前，在他剛做皇帝不久，就有人主張封禪，當時他認為自己沒有實力，就給放下了。如今經過這麼多年的建設，

國家確實比以前好了，再加上武后的力挺，大臣們沒有不點頭贊同的。

於是，「二聖」下詔準備封禪大典。典禮由李、許敬宗、陸敦信、竇德玄為檢校封禪使，準備封禪事宜，同時商議禮儀之事。按照舊制，封禪典禮沒有皇后的位置。祭天時，皇上為首獻，親王為亞獻，德高望重的重臣為終獻。祭地時，皇上為首獻，皇太后為亞獻，而且皇太后的亞獻也是名義上的，實際上仍由公卿代行。

可是，武后向來都不是按照章法辦事的人，她從不缺乏創新意識。於是，她便上書說：「舊有的封禪典禮只讓皇太后做名義的祭獻、貴族大臣們操持是禮數上的不周全，如今我要率領宮內所有的妃嬪和皇姑、皇姐妹、皇女、皇太子之女、王之女和所有官員妻女，一同參加實際的封禪祭祀禮儀。」看來武后還是頗具女權主義思想的人物呢！

這一決定雖然有人反對，但是不涉及根本性問題，大臣們也就沒有太過堅持。

高宗和武后的祭祀是按照漢武帝的形式和標準來辦理的。在泰山南坡築起圓壇，直徑12丈，高1丈2尺。在泰山頂上另建一壇，直徑5丈，高9尺，名「登封壇」。在社首山上也建一壇，壇分八隅，八面都有臺階，上以黃色土覆蓋，周圍以赤、青、白、黑四色土覆蓋，稱為「降禪壇」。一切準備停當之後，封禪典禮開始了。

這一年是麟德三年正月三十，高宗到泰山以南的祭壇，祭拜了昊天上帝。昊天上帝是遠古時期人們就崇拜的神靈，傳說他主管著自然和下國。祭完昊天上帝后，開始登山。

第二天的時候，登上了山頂的「登封壇」，接著又祭了一次天，就是把給天帝寫的信放在一個玉匣子裡，纏上金繩、封上金泥、印上玉璽，藏在壇下。其實就是祈求保佑的意思，古人還真能折騰。

開始垂簾聽政

到了第三天，在社首山「降禪壇」祭祀地神。按照事前準備好的程序，由高宗先祭，其他人都退下，由宦官舉著五彩繽紛的帷幕，武后率領內外命婦登壇亞獻，越國太妃燕氏為終獻。這是開天闢地第一回，這麼多女人浩浩蕩蕩地參加封禪儀式，簡直成了一大奇蹟。

第四天，也就是最後一天，高宗和武后登上朝覲壇，接受朝賀。文武百官、中外使臣奉獻賀禮，禮畢之後，降詔立登封、降禪、朝勤碑，接著就大赦天下。再接著又改了一次元，將麟德三年改為乾豐元年，改博城縣為乾豐縣，用以紀念這個史無前例的封禪盛典。

一切禮儀都完成之後回朝，在路過曲阜時，贈孔子太師銜，以卿大夫禮致祭。在過亳州的時候，又拜謁老君廟，尊老子為「太上玄元皇帝」。終於回到了東都洛陽，在洛陽待了些時日後，返回京城。這次封禪用去了 4 個月左右。

人們對封禪的評價不是很一致，有的人認為這是加強皇權的需要，也有的人認為是勞民傷財的舉動。武后封禪是一個曠世之舉，女人可以參加封禪，就意味著一定程度上女子地位的提升，武后的行為是中國女性的驕傲。

實際上，武后當時考慮最多的還是自己，她並沒有站在提高婦女地位的角度來進行活動，只是人們基於她的客觀作用給予了很高的評價而已。

在泰山封禪以後，武后的威望進一步得到了提高。其實，她在泰山封禪期間，還做了一件對她來說十分重要的事，這就是除掉了她的另一個情敵，也就是韓國夫人的女兒魏國夫人。

韓國夫人死後，家裡留下一男一女兩個孩子，一個是兒子賀蘭敏之，另一個就是女兒魏國夫人。高宗很喜愛這兩個孩子，在韓國夫人死後，也常常去看望他們。

武后開始並沒有留意，姐姐死了，留下兩個孩子，孤苦伶仃的，高宗看

望一下也沒什麼好說的。賀蘭敏之繼承了武后父親武士護的全部爵位，改姓了武，被封了弘文館學士兼左散騎常侍，這也算是高官了。而魏國夫人還是個少女，長得清秀可人，沒想到這女子竟然繼承了她母親的風流基因，與高宗發生了不倫戀情，並且高宗還把她納為了後宮的女官。

武后知道這件事後，十分的傷心。自己丈夫與姐姐有私情也就罷了，怎麼姐姐的女兒也與丈夫發生了這樣的事？愛情與親情同時背叛，讓武后心裡很受折磨。

但是，武后畢竟不是沉溺於悲傷的女人，她冷靜下來之後，開始想辦法對付這個外甥女。自己是怎麼走過來的，自己知道，這個外甥女說不定會走上自己的路，所以不能留下禍患。

泰山封禪時，武后的娘家人武惟良、武懷運以及諸州刺史們都到泰山去觀見，接著又隨車駕回到京城。這期間，武惟良、武懷遠曾經獻過一次食物給魏國夫人，魏國夫人吃了武惟良的食物以後就死了。

高宗十分傷心，這樣一個嬌俏的生命說死就死了，太讓人難過了。高宗氣憤地把武氏兄弟給抓了起來，第二天就處死了。多數人認為投毒一事是武后教唆的。一方面，武家覺得家門中出了這樣的醜事很難堪，恨不得魏國夫人死；另一方面，武后怕外甥女奪了自己的位子，便煽動武惟良兄弟動手。

也有說是武后想要將武惟良兄弟幾個和魏國夫人一起除掉，才想出了這麼個一箭雙鵰的方法。不管怎麼說，反正人是死了，武后的這塊心病也算是除了。

武氏兄弟死後，武后為了表示自己的清白以及顯示自己公正，將武惟良等人的姓改為「蝮」，就是毒蛇的意思。武懷運已逝兄長武懷亮的妻子善氏也被牽連，她過去對楊氏也很不好，事發後被送入宮內當奴婢，楊氏為了報復她，竟然用棘條把她給打死了。

開始垂簾聽政

　　魏國夫人死了，賀蘭敏之還活著。這個賀蘭敏之也不長出息，整天花天酒地，不幹正經事兒。魏國夫人死後，高宗見到他，對他說：「我今天早晨出去時，人還好好的，退了朝人就斷了氣，怎麼這麼快就死了呀！」

　　賀蘭敏之哭著不說話，武后看他這樣子，知道他是在懷疑自己，不自覺地加強了對賀蘭敏之的防備之心。武后的母親楊氏死後，需要守喪。守喪期間，賀蘭敏之照樣尋歡作樂，更可氣的是他連喪服都不穿。

　　武后見賀蘭敏之這個樣子，對他也就越加反感起來。賀蘭敏之卻本性不改，一而再再而三地幹出些令人髮指的行徑。最讓武后氣憤的是，楊氏家族楊思儉有個女兒天生麗質、清麗脫俗。武后和高宗已經把她定為太子妃了，結果還沒到成親的日子，就被賀蘭敏之給強暴了。武后氣急敗壞，於是便上書請求懲罰這個不孝子。本來高宗還顧念他與韓國夫人以及魏國夫人的關係，不想把事做絕。但他一再地幹出大逆不道的事，高宗忍無可忍，就打算給他點兒教訓。於是，便將他發配到雷州。

　　不料，途中賀蘭敏之竟然被人用馬韁繩給勒死了。武后原本是怕賀蘭敏之為妹妹報仇的，這樣一來，連魏國夫人的弟弟也一起除掉了，真是大快人心。

　　高宗因為魏國夫人的死，不免有些畏懼武后了。雖然沒有證據證明魏國夫人是武后害死的，但是高宗心裡卻不禁犯嘀咕：武后可真不是簡單的女人啊！以後行事可要小心些才行。

　　西元 670 年，關中發生了一場旱災。百姓們顆粒無收，到處逃荒。大唐也把都城從長安搬到了洛陽。再加上唐朝討伐吐蕃的軍隊全軍覆沒，有些人認為這是武后帶來的災禍，就對她橫加指責。

　　哪知道禍不單行，這時候對武后至關重要的兩個人也相繼離開，這對武后的打擊非常大。這兩個人一個是自己政治上的依靠，一個是自己的骨肉至親，他們便是朝廷中的許敬宗和家中的母親楊氏。

許敬宗從她當上皇后那天起，就一直為她鞍前馬後地效力，是武后在朝中最為倚重的大臣。但是許敬宗也不是神，終究逃不掉生老病死的命運。許敬宗老了，不能再為武后效力，他需要頤養天年。

武后再想留也得體諒他，於是就恩准許敬宗辭職。這麼一來，武后對朝廷的控制力就下降了很多。朝中反武勢力也漸漸抬頭，武后在朝中面臨著危機。

幾乎是在同時，武后的母親楊氏夫人也去世了，楊氏夫人的去世，給武后帶來了沉痛的打擊。多少年來母女幾個相依為命，母親是她這一生中最信任的人，也是對她最為體貼、最為真心的人。她的離世使武后在心靈上更覺空虛，從此，武后真的是孤家寡人了。

高宗雖說因為要依靠她不能把她怎麼樣，但是他們之間的關係已經大不如前。他對她的關心，更多的是敷衍。母親離世，自己就沒了情感歸宿，武后怎麼會不感孤獨呢！母親在世時，還可以幫自己與大臣們聯絡一下。如今母親走了，誰還能為她拚死拚活地奔走呢？武后傷心地哭了。

在因大旱、兵敗遭人非議以及許敬宗、楊氏相繼離開的情況下，武后想到了避位。所謂避位，就是皇后不再垂簾聽政了，讓皇帝自己獨自行事。人們對避位這一做法，議論紛紛。有的人認為，武后這個時候確實有避位的打算，她在朝中失去了愛將，勢力不如以前，在家中又失去了老母親。

也有人認為，武后這是以退為進的做法，她知道高宗離不開她，所以這樣做可以進一步讓高宗放權。就人來說，武后的做法可以理解。她現在的情形是內外交困，那她有沒有想過過得輕鬆一些，放棄到手的權力呢？正常人是有的，她也需要休息、調整自己。

不管武后的目的是什麼，高宗並沒答應讓她避位的請求。高宗對武后說道：「你要是怕自己在朝廷中受到非議，我可以幫你造造聲勢。母親剛去

世，我們風風光光地給她辦場葬禮，這就說明我有多麼地重視你了，國家有多重視你了。」

武后一聽，也是這麼個道理，自己好不容易得到的權力，一旦失勢，恐怕連後位都不保啊！於是，武后便答應高宗繼續垂簾聽政。高宗對武后說話還是算數的，為了表示對已故岳母的尊重和哀悼，高宗輟朝3日，還親自為楊夫人書寫墓碑。接著，他又帶著文武百官以及內外命婦到楊夫人的宅子裡去弔喪，又追封了楊夫人一個忠烈的諡號。

忠烈，可是只有大臣才有的諡號啊！這樣就給了一個女人，真的是不太合適。楊氏風光大葬以後，武后的威望又在無形中提高了。

武后垂簾聽政10年，與高宗一起治理大唐江山。唐朝的疆域一步步擴大，國力也日漸豐碩。雖然武后幹過一些令人髮指的事情，但是她沒有對國家造成危害。在垂簾聽政10年後，武后處理政務的經驗已經十分老道了，她有能力，也有信心登上一個新的高峰。

朝中攝政伊始

　　西元 674 年，高宗在武后的提議下，自封為天皇，尊武后為天后。接著，還把自己的祖宗一併進行了追封。因為已經追封了太宗和長孫皇后為「聖」了，為避其稱號，才把先前的「二聖」改尊為「天皇」和「天后」的。

　　追封表面看是為了彰顯自己的孝順，實際上是對自己威望的提高，天皇和天后都有這樣的心理。天后又是個極具創新能力的人，這樣的文章做得多了，自己在天下的威望也就越高了。

　　但是儘管高宗自封為天皇，也無法擺脫他身體日漸衰弱的狀況。天皇此時已經是 46 歲了，他覺得自己活不太長了，所以，對待自己的病情也是很消極的。這麼些年，若不是天后在身邊幫著處理政務，可能他的身體會更加不好。

　　天后幫忙處理政務已經有 20 年的時間，從以前處理朝政的結果來看，天后不會敗壞李家的江山。想到這裡，天皇便下了一個艱難的決定，這就是讓天后正式攝政。大臣們對天皇的決定在最初的時候是反對的，並且還採取了一些措施，但是卻沒有收到任何成效，所以也就偃旗息鼓了。

　　天后知道自己所面臨的境地，在朝中能夠真正幫到自己的大臣並不多。有兩個關鍵性問題擺在她前面，第一，她要穩定局面、掌握政權就得在宰相中有自己的人才行。第二，就是她要控制住軍權才行，這樣在必要時就可以震懾他人。如果能控制住這兩點，那麼自己掌權的安全係數也就會提高很多。

　　但是，當時的宰相以劉仁軌為主流，另外幾位宰相戴至德、張文瓘為太子賓客，郝處俊也是忠實的反武派，因此，在這幾個人中沒有一個是天后的心腹。既然暫時無法在宰相中安插人手，那麼，就只有另謀他法了。

朝中攝政伊始

這時，天后想到了一個好主意，就是利用愛好文學、編纂書籍的名義，培植一批學士作為自己的戰友，這也就是日後執掌國家權柄、號稱「內相」的翰林學士的前身北門學士。

天后覺得外人始終是外人，不如自己的親人來得踏實，雖然她曾受到了韓國夫人、魏國夫人和賀蘭敏之的傷害，但是，那畢竟是外姓親人，自己的親人武惟良和武懷運等不是沒有背叛自己嗎？想到這裡，她決定任用自己的親人來幫助自己。

於是，天后便將外放的幾個侄子召回了長安，封的雖不是什麼大官，但也都是掌管皇室事務的重要官職。其中，以侄子武承嗣的官職最為重要。之後，天后更加不斷地在朝中和皇室中安插著自己的親信，以此來提高自己在朝中的地位。

天后在朝中安排自己親信的同時，還向天皇提出了 12 條改革建議，從而全面發表了自己對政治的見解。這 12 條見解，也是天后參政以後拿出來的最為出色的成績單。

建言 12 事內容如下：

1. 勸農桑，薄賦徭。
2. 給復三輔地，即免除京畿三輔地區的徭役。
3. 息兵，以道德化天下。
4. 南北中尚禁浮巧。要求少府監所署的官營手工業作坊停止生產淫巧之物。
5. 省功費力役。要求儉省各項工程的費用和百姓的勞役負擔；。
6. 廣言路。
7. 杜讒口。
8. 王公以降皆習《老子》。
9. 父在為母服齊哀 3 年。要求父親在世母親去世的也應該服喪 3 年。

10. 上元前勛官已給告身者無追核，指上元以前的勛官，朝廷已經發給告身也就是勛官憑證的，不再審查核實。

11. 京官八品以上益稟入，指京官八品以上的增加俸祿。

12. 百官任事時間長的，才高位下者得進階申滯，即長期任職的官吏，才能高、地位低的可以升職。

上書的內容涉及了經濟、政治和軍事等方面，是比較系統的施政綱領。主要有三方面的內容：一、尊老子無為而治的思想，休養生息，輕徭薄賦。二、清明政治和社會風氣。三、顧及官員和百姓的利益。這些施政綱領一出臺，立即引起了人們的注意，人心向背不覺有了改變。看看這些建議，到底是怎樣籠絡人心的呢？

先看第一條、六條和七條。重視農業、親賢臣、遠小人，這是每個統治者都倡導的官樣文章，也是天皇在位時最為注重的幾點。而第四點，禁浮巧，則是天皇一直提倡的節儉主張。

第八條是主張大臣們都學習《老子》，一方面，李家一直以老子的子孫自居，尊崇老子是表示對李姓江山的尊重。第四條和第八條是天后向天皇和大臣表示自己的忠心，以防止大臣們的過分阻撓，同時也穩住天皇。而第三條是息兵，就是用道德去教化天下的百姓，而不是借助武力，這也是施政的核心內容。

再看第二條、第十一條以及第五條的政策，減免京畿三輔地區的徭役，八品以上的京官增加俸祿，儉省各項工程的費用和百姓的勞役負擔。這些都是惠民和惠官的政策，是針對唐朝輕賦重役、奉薄、官職陞遷難的現狀提出的務實舉措。

這些措施一方面能夠讓老百姓生活得輕鬆一些，從而得到百姓的擁護；一方面也讓京城地區中上層官員得到實惠，京城地區中上層官員對天后感恩

戴德，從而也有利於穩定京都。

接著，再來看第十條，勛官就是指普通的士卒可以透過建立軍功來獲得勛賞。唐代一向都十分注重軍功，身強力壯的民眾以及庶族地主都習慣於用應徵的方式獲取他們想要的功名利祿。大將軍薛仁貴就是透過參加太宗遠征高句麗的戰爭，由貧民布衣升為五品將軍的，這就為那些有能力之人提供了升職的空間。

勛官不是職事官，也就是說只有品級而沒有具體工作，但是可以按照勛品的高低分到數量不等的土地，通過考試後，合格者才能獲得真正的官位。

另外，在社會地位上，勛官享有同品官吏的待遇，但對前線將士所立的戰功，回到朝中要一一核實，不合格者將追回政府頒發給他們的勛官告身，稱為「奪賜破勛」。這對他們來說是個沉重的打擊。天后提出「上元前勛官已給告身者無追核」，就是想籠絡住這部分將士，為自己掌握軍權鋪路。

第十二條，讓長期任職的官吏升級，這是基層政府工作人員的福音。這樣一來連基層的官員都願意天后直接攝政了。

第九條是讓父親在世而母親去世的人服喪 3 年，這一點很有女權主義色彩。古代禮制都是以男權為主的，父親去世子女需要服喪 3 年，母親去世時如果父親已經不在世了，一樣要服喪 3 年；但是，如果母親去世時父親還活在世上，為了表示對父親的尊重，子女只要服喪一年就可以了。

天后覺得這樣做有違公平，她希望能夠將女人的地位有所提高。但是，如果出現大的波動人們是接受不了的，於是就只能在小的地方做些事了，畢竟沒有人願意跟自己死去的親人計較，對此，天后看得十分清楚。

此外，天后提出這一條還有著另外一個目的，那就是提倡要極大地孝順母親。天后自己是母親，日後如果兒子繼承了大位，自己要想保住攝政的權力，那麼，最起碼得需要兒子孝順才行。由此不難看出，天后時刻都在為手中的權力做著努力。

天皇對這樣的建言，多數是表示贊同的。但是，在贊同的同時並不代表著就會竭力執行，尤其是「父在為母服齊哀三年」幾乎就沒有執行過，而其他的建言也是略微執行一下而已。可見，此時的天皇還是留了心眼的。

　　天后的這 12 建言一出，讓人們看到天后要比天皇厲害多了。在政治能力上高宗不如武后，在身體上他就更不如武后了，天皇整天病病歪歪的，所以把大部分時間都花在了休息和療養上。武后聲望的提高和天皇的不濟，為天后攝政進一步減少了阻礙。

穩定朝中大局

西元 675 年春天，天皇的病情進一步加重，已經惡化到不能上朝的地步，因此，他不得不把政務移交給天后進行處理。

其實，在天皇提出讓天后攝政的時候，就曾遭到過臣子的反對，其中的代表人物就是中書侍郎兼任宰相的郝處俊。當他知道天皇要把政務交給天后時，便對天皇說道：「皇上是處理國家大事的人，而皇后是處理後宮事務的人，這是天道。過去魏文帝有規定，就算是皇帝年幼，皇后也不能參政，所以杜絕了禍亂。皇上您為什麼不將高祖和太宗打下的江山傳給子孫，而要傳給天后呢？」

這話剛一說完，中書侍郎李義琰也應和著說道：「處俊這是大大的忠言哪！皇上您還是好好考慮一下吧！」

其實，郝處俊的觀點是很明確的，那就是反對天后攝政，主張將李氏江山交給李氏子孫，而不是天后。

大臣們在朝堂上討論的時候，天后就在天皇身後的簾幕裡，她心想：這個郝處俊真是不知天高地厚啊！我 20 年來兢兢業業地為大唐江山出謀劃策，難道就沒有一點兒功勞嗎？我做的事情也不比男人差，況且我只是在替丈夫管理著你們而已。

天后想到這裡，又憋氣又窩火。可是，現在的朝廷上沒有人敢就此事再力挺她了。李義府不在了，許敬宗也去世了，天后沒有辦法透過朝臣的力量對天皇施加壓力了。

李弘是天后的大兒子，她也就是憑藉這個孩子，才爭奪到了皇后的位子。因此，天后對這個兒子是有感情的。李弘的性格很像自己的父親，忠

厚、懦弱，不但如此，他也繼承了父親體弱多病的體質，從小就多病。

李弘也像天皇一樣愛哭。他8歲監國，與一大群大臣臨朝聽政，其實在那個時候，這個年紀的孩子多半都已經具有獨立思考的能力了。有一次，天皇與天后一同去東都洛陽，便把李弘留在了長安。誰知，李弘卻因為想念母親而哭個不停，把大臣們鬧得實在沒有辦法，就派人告訴了天后，天后只好把李弘接到洛陽。

此外，李弘還是個頗為感性的人，別說是現實生活中的醜陋他無法忍受，就連書上所寫的不義之事，他也難以安然。其實，以這樣的性格來說，實在是不太適合做皇帝。

在李弘小的時候讀《春秋》，當老師讀到「楚世子商臣弒其君」時，他不想聽下去了，認為這樣的事情太血腥了，於是，他便請老師講別的書。老師只好跟他講《禮》。

如果說這只是日常瑣事，不值得注意的話。那麼，另一件事的發生卻讓天后失望極了。這件事發生在大唐平定高句麗之後，「二聖」在平定高句麗後下了一道命令，命令是讓逃亡的士卒限期自首，否則施以斬刑、妻子兒女沒為奴。

李弘聽了之後，上了一道摺子勸說「二聖」取消妻子兒女沒為奴這一條。就現在來說禍不及妻兒是法制的進步，但是在當時，連坐作為防止人們犯罪的一種手段也是極為普遍的。

天后覺得這個兒子太像他父親了，將來未必能夠成大器。有一天，不知道李弘怎麼知道了自己有兩個同父異母的姐姐義陽、宣城兩位公主，也就是蕭淑妃給天皇生的兩個女兒。這兩位公主受到了母親的牽連，被幽閉在宮中十幾年之久，不讓見人，後來連話都不會說了。這時的她們都已經年近30歲了，還沒有嫁人，原因是沒有天皇和天后的命令，她們是不能夠嫁人的。

穩定朝中大局

當李弘看到她們之後，惻隱之心油然而生。於是，便向天皇進行奏報，希望父王能可憐這兩位已近 30 歲的姐姐，把她們放出來嫁人。天皇知道後，立即準奏。

天后得知此事後，被氣得火冒三丈。本來蕭淑妃這個人以及監禁后妃置死之事，好不容易才從她和眾人的腦海中抹去，這可是她歷經十幾年的時間以政治手腕清除了當時的異己者，才換來的輿論平靜。現在太子弘又把這個事情給掀了出來，而且還把母親作為惡人的一面放大給世人看，也難怪天后為此而惱火。

不過惱怒歸惱怒，具有政治家頭腦和智慧的天后，怎麼會因為這點陳年遺留下的「小事」，而丟掉自己苦心經營的威望呢，她是不會這樣去做的。於是，她便遵照天皇和太子之意，將兩位公主分別嫁給了皇帝身邊的兩個翊衛。

在唐代，翊衛可不是普通的侍衛，他的祖上必須是做過大官的人，才有資格做翊衛。義陽公主丈夫的爺爺，是秦王府嫡系將領，後來，被封為了盧國公。

宣城公主丈夫的爺爺，也是一員武將，後來，被封為了平舒公。也就是說這兩個駙馬都算是官宦人家的子弟，雖然說比當時的其他駙馬可能是差了一些。但是，現在配這兩位公主也算是說得過去。而且在婚禮過後，天后又將兩位駙馬升為了刺史。

事情雖然是被圓滿地解決了，可是，天后對李弘卻心存不滿。這也為他們母子日後不斷發生的衝突埋下了隱患，此後，母子二人又接二連三地出現了更多的不和諧因素。

天皇倒是十分欣賞這個兒子，物以類聚嘛，他覺得太子對大臣彬彬有禮、宅心仁厚，將來可以勤政愛民。太子在東宮讀書，不願接納宮臣。不接宮臣，應酬吃飯就少了很多。典膳丞邢文偉勸太子多接觸臣屬，好為以後執政打下基礎。

太子很誠懇地寫信回覆邢文偉，說自己身體不好，沒有精力頻繁地接觸大臣，還說一定盡量做到多見宮臣和賓客。天皇對李弘的行為很讚賞，還對他進行了一番表揚。

大臣們也喜歡太子，他謙恭有禮，仁愛厚道，將來做了皇帝不會對自己太苛刻。如果天后一直主政，別說是有些事情不能做，就連有些話都不能說。

天后聰明睿智、是非分明、性格專斷，可不是好對付的人。人哪有不犯錯誤的呢？可是這個錯誤如果是李弘犯的，也許就沒有什麼事，如果是天后犯下的，也許將成為一件大事。其實，對於大臣們來說，能不能管理好國家是另外一回事兒，重要的是他們不想讓天后主持朝政，從而來增加手中的權力。

就在母子之間頻頻出現裂痕的時候，天皇因疾病折磨再也無法臨朝理政了，因而口頭承諾要禪位給太子，可就這時，太子李弘卻突然死在了與父母一同巡行洛陽的行宮裡。因為他死的時間剛好是天皇說要傳位給太子之後。所以，人們就覺得事有蹊蹺，所有人的目光都聚焦在了天后身上。

人們懷疑天后是因為自己與太子在公主婚事的問題上鬧得很不愉快，她覺得李弘觸犯了自己的權威，如果天皇再把位子傳給李弘，那麼自己的權力就會被限制或者被削奪。對於此事，大臣們議論紛紛。

對於李弘的死，也有兩種說法。一種說法認為李弘是病死的，沒有人為因素。

說李弘是病死的人是依據天皇的話來判斷的。天皇在李弘死後為他下了一篇制書，名字就叫《賜諡皇太子弘孝敬皇帝制》。制書的內容是說給皇太子李弘一個諡號。

制書中說，李弘仁孝英果，將來會是個好皇帝，天皇想把他培養成為自己的接班人，但是天妒英才，讓他得了病，在他得病期間天皇安慰他說：「等你病稍微好一點，我就傳位給你。」

可是沒想到，太子一聽到天皇的話就激動起來，結果導致病情惡化，一口氣沒上來便去世了。天皇很悲痛，想到自己的承諾無法實現，就想給他一個謚號，名為孝敬皇帝。

還有一種說法認為是天后殺死了自己的親生兒子，太子是個仁愛之人，因為向天后請求兩位公主出嫁而惹怒了天后。此外，天后又想臨朝，於是就毒死了李弘。

其實，李弘確實有長期患病的紀錄。他的病發是從咸亨元年開始的，到上元二年，過去了 5 年的時間。在這 5 年裡，李弘病重死去也並不奇怪。只是他的死亡時間比較巧，剛好是朝廷想讓他做皇帝的時候，所以人們才做出了種種猜想。

實際上，天后也沒有必要殺死李弘。李弘的性格像李治，身體也像。一方面，李弘受精力所限，會將主要政務交給母親打理；另一方面，李弘的柔弱也便於天后的控制。天后可以在不殺害自己親生兒子的情況下繼續執掌政權。

此後，因為李弘沒有兒子，所以在李弘死後的一個多月，也就是上元二年六月，天皇、天后又將六皇子雍王李賢立為了太子。李賢是天后所生的 4 個兒子當中，天分最高，又兼具文武的孩子。

李賢聰明好學，自幼熟讀《尚書》、《論語》和《詩經》等文史著作，因而也深受父皇的鍾愛。

天皇和天后本來對太子李弘寄予了極大的厚愛，可是誰會料想太子弘身體屏弱，病魔纏身，不到 30 歲就英年早逝了。雍王李賢雖沒有哥哥李弘那種仁慈寬厚的博愛胸懷，但是，他卻具有了母后的聰明機敏和旺盛的精力以及超強的領導天分。所以，他也深得天皇和天后的喜愛。

李賢與李弘的性格迥異，他彷彿更多地繼承了天后的基因：性格剛毅，

行事果斷，不因循守舊。年幼的李賢舉止文雅，睿智好學。因為有過目不忘的本領，所以學起東西來特別快，詩書文章樣樣精通，天皇和天后都很喜愛這個孩子。

更可貴的一點是，小李賢自小就有做帝王的資質。當他讀書讀到「賢賢易色」時，會不斷地反覆吟詠。「賢賢易色」的意思就是說看到比自己賢明的人，就改變態度，對於帝王來講也就是禮賢下士的意思，這對於一個明君來說也是不容易的。

李賢才學出眾，做父母的自然高興。因此，天皇先後給李賢封了很多官。那是在永徽六年時，李賢被封為了潞王。顯慶元年，遷授岐州刺史。其年，加雍州牧、幽州都督。龍朔元年，徙封為沛王，加揚州都督、兼左武衛大將軍，雍州牧如故。二年，加揚州大都督。麟德二年，加右衛大將軍。

咸亨三年，改名德，徙封雍王，授涼州大都督，雍州牧、右衛大將軍如故，食實封 1000 戶。上元元年，又依舊名賢。始王潞，歷幽州都督、雍州牧。徙王沛，累進揚州大都督、右衛大將軍。更名德。徙王雍，仍領雍州牧、涼州大都督，實封千戶。上元年，復名賢，並立為皇太子。

李賢被封為太子後，留在長安做監國，此時的天皇和天后多在洛陽辦公。應該說，天后還是非常看重李賢，她把朝中一半的重要大臣和監國屬官留在了長安為太子效力。

天皇病重，隨時都有可能撒手人寰，天后必定也考慮過這個問題。天皇死後，太子必定會登基，李賢被安排在長安做監國，實際上是給李賢一個做皇帝的試用期。能不能通過試用期，就看李賢的表現了。

此後，天后又給李賢安排了出色的老師進行教導和輔助。戴至德是右僕射，同時擔任太子賓客；張文瓘為侍中，也兼任太子賓客；郝處俊是中書令，兼任太子左庶子；李義琰為同中書省門下三品，兼太子右庶子⋯⋯

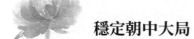

穩定朝中大局

同時，天皇與天后還給太子安排了一大批下層屬官，如太子洗馬劉納言、司議郎韋承慶等，這些人不是唐初名臣之後，都是才華橫溢的學者。透過這些行動，足見天皇和天后對李賢的重視。

李賢在剛開始監國時表現得十分不錯，他很有帝王的架勢，也能夠關心政事，處事明審。在聽政和瀏覽奏摺之餘，還苦讀聖賢的經典，對聖賢和先帝的治國之道，也能夠取其精華為己所用，而且向善守貞，堪為國家重寄。天皇和天后看到李賢的表現後，也感到十分的高興，於是，便對他大加表揚了一番。

李賢受到父皇和母后的肯定和嘉獎後，更加精進。於是，他又倣傚母后召集學者註書，同時也想培植自己的智囊團。於是他便召集了太子左庶子張大安，洗馬劉訥言，洛州司戶格希玄，學士許叔牙、成玄一、史藏諸、周寶寧等，共注范曄《後漢書》。

註書完成之後，李賢立刻呈獻給天皇和天后。天皇和天后看過之後，再次對他給予了褒獎，並「賜物三萬段，仍以其書付祕閣」，讓他獎勵那些輔佐他的大臣們，得到獎賞的輔官們也就更加盡心盡力地輔佐太子了。

然而，太子李賢生性好動，諸事尋求新奇與刺激。在得到父皇和母后的誇獎和信任後，便有些沾沾自喜起來。不僅如此，他還忘乎所以地放縱起自己來。

此外，太子身邊那些善於討好、巴結的輔官，為了博得太子的歡心，竟然慫恿太子做一些不齒之事。太子的好刺激和追求新奇之事的思想，也讓一些人就此而投其所好，從而為他製造和設計了一些令太子狂歡取樂的遊戲，圈攏著太子每日縱馬遊獵，或與樂優、奴僕嬉戲作樂。

尤其是太子的輔臣之一太子洗馬劉訥言，他的做法更加令人髮指。他本是為太子編註《漢書》的一位儒學大師，誰會想到，他為了討好太子，竟然為太子撰寫了《俳諧集》等下流文品並供太子讀閱調趣。

有了老師的「指點」和「調教」，李賢變得更加有恃無恐，不僅過度縱情聲色，還搞同性戀，私生活極不檢點。這一玩鬧便開始墮落了，其中，玩的最過的便是與同伴趙道生廝混。

此時的太子，已經不再把監理國政和辛勤打理朝綱作為首要任務了。東宮的其他輔臣們對太子的荒唐行為，雖然心急如焚，但是又不敢諫言，怕惹惱了玩性正濃的太子，使得自己引火燒身。所以，大臣們除了嘆息之外，只能盡力多為太子分擔一些公務。

當天后知道這件事情後，大為惱火，心想這哪裡還有一點兒太子的樣子呢？不好好教育一下又怎麼能行呢？於是，天后讓北門學士編寫了《少陽正傳》和《孝子傳》來教育太子要孝順父母，不要辜負父母的希望。

不過很顯然這兩本書對於改變太子的頑劣行為並沒有發揮任何作用。天后再也不客氣了，「又數作書以責讓賢」，直接指責李賢的不正行為。她希望兒子能夠以此為鏡，不要過分貪戀聲色，盡快走出歧途。

李賢本來就心中有鬼，如今收到了母親頒賜的「行為規範守則」和充滿責備的信件，心裡自然慌亂不安，甚至由此而心生怨恨。照理說，一個母親教訓自己的孩子，也沒什麼大不了的，可是，太子李賢為什麼會對天后有這麼大的反感呢？

其實，在宮廷之中，本來就是個搬弄是非、傳播流言蜚語的汙濁之地。若是家庭成員之間平安無事還好，若是他們之間有一點芥蒂，立刻就會生出一連串的事端和謠言。

當天后剛對太子表露出了一點責備之聲，而太子剛對母親有點不滿之意時，宮中就立刻傳出了太子的生母是韓國夫人的謠言，說李賢本是天后姐姐韓國夫人所生。

原來，李賢聽說了一些事，這些事讓他耿耿於懷的，也就是關於天后這

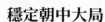

位母親的種種傳聞。太子宮中有個典膳丞，名叫高政，是長孫無忌的親戚，天后在除掉關隴勢力的過程中，高政受到了很大的打擊。他見太子對天后有不滿和懷疑，便將聽來的和猜想的事情一股腦地都講給李賢聽。

高政歷數天后是怎樣害死太子、怎樣殺死韓國夫人以及怎樣解決了魏國夫人等事情，因此，讓李賢對天后的「罪行」有了一個清晰的認識，李賢聽到這些後，便更加懷疑天后的為人。這還不是最壞的事情，最壞的是李賢聽說了自己不是天后的親生兒子，他的生身母親是韓國夫人。因為，在他出生的時候正是天皇寵愛天后的姐姐韓國夫人時期。

曾經還有過傳言，說韓國夫人生下李賢後，因為懼怕醜事外洩以及天后的反對，所以將李賢送給天后做二兒子。

李賢回想起自己確實要比其他兩個兄弟不受天后的寵愛，於是，便認為這件事很可能是真的。因此，他對這位母親的態度自然也冷淡了下來。

其實，天后對李弘和李顯的關心的確要多過於李賢，但這也是可以理解的，因為李弘和李顯自幼多病，父母不放心身體不好的孩子，多過問問是人之常情啊。

另外，如果說李賢是韓國夫人所生，而天后又將他納入自己宮中，又不被外人所知。那麼，就要先懷孕且同時與韓國夫人生產才可以，但是，這樣的巧合實在難找。可是李賢卻不管這個，他就是覺得天后很有可能不是自己的親生母親。

李賢被這些謠言纏繞得更加困惑和惶恐了，於是，在忐忑不安的惶恐心態下，寫下了一首宣洩胸中憤懣的詩篇《黃臺瓜辭》：

種瓜黃臺下，瓜熟子離離。一摘使瓜好，再摘令瓜稀，三摘尚自可，摘絕抱蔓歸。

此詩以藤蔓比喻親生母親武后，以 4 個瓜比喻四兄弟的性命朝不保夕。

當天后看到了這首詩後，感到非常的難過。本來對兒子的訓誡是為了挽救兒子，希望兒子能夠早日從荒唐的不良行為中走出來，從而能夠早日接管李家王朝的天下，可是，兒子非但不理解母親恨鐵不成鋼的一片苦心，反而還因此對她產生了誤解和仇恨。

天后的心如刀絞般地疼痛著，別人傷害她，她只會感到痛在皮毛，只有最親近的人傷害她時，她才會感到徹骨的疼痛。她想不明白，自己的親生兒子，怎麼能夠寫出這樣詆毀自己的詩篇來呢？對於這個心結，她無論如何也解不開。也就是在這個時候，天后想到了明崇儼。

明崇儼是洛州偃師人，出身於名門士族，其父是豫州刺史明恪。據說，他父親手下有一名小吏能役使鬼神，明崇儼得其真傳。乾封初，明崇儼應舉試，入仕為官，任黃安丞。

這時，明崇儼的上司有個女兒得了重病，諸醫束手無策，卻被他用攝取的異域奇物治癒。天皇此時正苦於風眩頭痛，聽說此事後便立即將其召入宮中。

後來，一經試驗，天皇大喜過望，認為明崇儼果然是名不虛傳，於是，立即授以冀王府文學之職。此後，他的醫術和符咒幻術之技屢有效驗，日益得到天皇與天后的器重，官職直至正諫大夫，並且還得到入閣面見天皇、天后的特許。

明崇儼經常借神道的名義向天皇陳述自己對時政的見解，這些往往也都能被天皇加以採納。因而，他也迅速成為帝后面前的寵兒，天皇甚至還為他的五代祖宅御製碑文，並親手書寫於石上。

也正是這位與眾不同的術士，在天后向他探問皇位繼承人時，竟然吐露了天機。天后屏退了左右後，明崇儼神神祕祕地對她說道，現在的太子是繼承不了大位的，他將自毀前程；英王李哲看上去很像太宗，但是也沒有太大的作為；李旦倒是有幾分天子氣，以後可能登大位，但也不盡然……

穩定朝中大局

　　說完這些後，明崇儼便就走了。可是，天后卻陷入了沉思。她對這 3 個兒子進行了一番評估，還是覺得李賢的能力最強。但是，明崇儼所說的又是什麼意思呢？天后一時間也感到疑惑起來。

　　這本來是明崇儼為了向天后證明自己是具有先知先覺、料事如神的本領，因而，才把天機洩露給了她。可是不曾想到，天機的洩露，卻引來了殺身之禍。仙家常說：「天機不可洩露，洩露必遭報應。」因而，這位能驅使鬼神的明崇儼，在洩露天機後不久就遭到了天譴。

　　宮中向來是最不透明，同時也是最透明的地方，每個人都可能有自己的耳目，也都可能是別人的耳目，太子李賢自然也不會缺少自己的耳目。於是，當明崇儼的話傳到了李賢的耳朵裡時，在李賢的心中就十分地憤恨他。他忌憚自己會成為第二個李弘，於是，便派人準備好了武器，藏在東宮馬坊裡。

　　此外，李賢在悲憤之中有感而發，譜了一首曲子《寶慶樂》，一看題目，大家都會認為這是一首歡樂而祥和的曲子。然而，當樂隊一演奏出來時，卻是一首充滿悲傷、充滿殺氣的樂曲。當然每個人都知道，這是針對誰的。

　　這時的天后，也逐漸意識到了這個兒子已經不再屬於她了，李賢恨自己，就更加不會聽從她的管教了。這個時候的李賢，已經站在了天后的對立面。事後不久，調露元年五月，就在李賢出於韓國夫人之腹且無緣帝位的流言甚囂塵上之際，說出「李賢無福繼位」這話的明崇儼，卻被盜賊殺死在了洛陽城中。天皇和天后知道後感到十分氣憤，派人到處去捉拿嫌疑人。

　　能通鬼神的高官死於非命，頓時轟動了唐王朝。皇家派御史中丞崔謐等人查勘此案，許多人都因此被抓入獄中，屈打成招。但是招來招去，也沒有招出個靠譜的。

　　這個離奇的案子使明崇儼的死因一時眾說紛紜，有人認為，明崇儼為逢迎帝后，過於勞役鬼神，因此被鬼所殺。但是，更多的人則是認為，明崇儼

不該洩露天機而得罪了太子，因而被太子派人給殺了。

好不容易才找到的神醫寵臣，竟然就這麼不明不白地被人刺殺了，天皇和天后都很傷心。後來，天皇將明崇儼追贈為侍中，諡「莊」，其子珪也被提拔為祕書郎。

明崇儼除了預言李賢無帝王之命外，多數時候倒也廣結良緣，加上醫治天皇疾病的功勞，也使得其子平安地度過了此後的紛亂年月，直到唐玄宗開元年間，還被擢升為懷州刺史。

天后一方面安撫優待明崇儼的家人，一方面派人把洛陽城翻個遍，她要抓到兇手審個明白，對死者家屬和所有關注此事的人有個交代。可是，即使是這樣尋找，也沒有找到兇手。其實，她也猜到了是太子府的人幹的，但是卻沒有確鑿的證據，所以，也只有等待時機才能抓住兇手，從而將他繩之以法。

機會終於來了。在明崇儼死後的第二年，太子李賢寵愛男寵趙道生的荒唐事被傳得沸沸揚揚。太子為了表示對他的寵愛之情，曾多次把帝后賜予他的金帛等財物轉贈趙道生。

東宮司議郎韋承慶實在是看不下去了，於是，就直言不諱上書給太子，極力勸諫太子要檢點自己的行為。但是，此時的太子李賢玩得正在興頭上，哪裡還聽得進去韋承慶的直言勸諫。他照樣帶著宮中婢女、奴僕和樂優，每日歌舞無歇，情意纏綿。結果這消息很快就傳到天后耳中。天后遂派宰相薛元超、裴炎、高智周等人組成了一個專案組進入太子府徹查此事。

可是，誰會想到，這一查竟然有了意外發現：從太子府中的馬坊中竟然搜出了數百副鎧甲，這些遠遠超過了太子府的定制。與此同時，李賢的男寵趙道生，還沒等動刑就已經被嚇得屁滾尿流了，他不僅如實招出了與太子李賢的同性戀情，而且還說出了方術之士明崇儼被殺的疑案，據他交代明崇儼是他奉太子之命所殺。

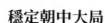

穩定朝中大局

刺殺皇上的私人醫生兼預言家，這可就上升到了政治陰謀的高度了，再聯繫太子馬房裡還私藏著幾百件武器裝備，從種種行為與表現來看，這豈不是要謀反嗎？

躺在病榻上的天皇，知道李賢犯下這樣的罪行之後，感到十分的震驚，差點兒沒背過氣去。他無論如何也不敢相信，李賢都已經是太子了，天下遲早也都會是他的，他怎麼會想到要謀反呢？但是，面對「人證物證」，還有督辦此案的宰相們，天皇簡直是目瞪口呆。

天皇認為李賢是最有希望、也是最有能力繼承王位的兒子，如果這個兒子再被廢了，自己百年之後，誰來打理江山啊？此後，出於對兒子的保護，天皇仍然打算原諒李賢一次。

然而，天后卻堅決反對天皇的意見，她說道：「為人子懷逆謀，天地所不容；大義滅親，何可赦也！」天皇還是很想保全兒子，於是，他天天觀察天后的臉色，見到天后的臉色好些時，便伺機為兒子李賢求情。

其實，天后早就已經看出了天皇的心思，於是，立即令人將李賢的罪狀呈現給天皇，以謀反定罪，將李賢幽禁別院，並將其廢為庶人。李義琰是個忠正的老臣，說太子犯下這樣的罪行是自己的責任。天皇和天后並沒有責怪他，這在當時也成為一種美談。

舊臣希望李氏掌握政權，一直非議天后，說天后捏造了太子的罪名，企圖獨攬大權。天后也明白，天皇和舊臣們一樣不願意廢除李賢。

後來，為了緩和與天皇以及大臣的矛盾，天后上書給天皇，請求免了與李賢有關聯的杞王李上金和鄱陽王李素節的罪，提拔李上金為沔州刺史、李素節為嶽州刺史。義陽、宣城二公主被天后指婚後，曾經被流放於外地，天后也奏請將他們召回，並封給官職。這樣，才使得宮中以及朝廷的氣氛逐漸緩和了下來。

李賢被廢後，從其府中查抄出的數百副鎧甲被搬至天津橋南當眾燒燬，他的住宅也被查抄了個底朝天。人們在抄檢中發現了太子洗馬劉訥言為李賢編寫的《俳諧集》。

當這本書交到了正為兒子納男寵犯嘀咕的天皇手裡時，無異於火上澆油。天皇大怒道：「以《六經》教人，猶恐不化，乃進俳諧鄙說，豈輔導之義邪！」當即下令將劉訥言流放振州，也就是現在的海南三亞。太子謀逆被廢。

太子李賢被廢的第二天，永隆元年八月乙丑日，天皇和天后又立英王李哲為太子，即位時改李哲為李顯，改調露年號為永隆，並大赦天下。李顯即太子位沒多久，天后的女兒太平公主就出嫁了。因為婚事比較費神，天皇的病情急轉直下。太平公主的性格很像她母親，睿智、果斷、大方。因為天后只剩這麼一個小女兒，加上太平公主比較討人喜歡，所以很得天皇和天后的喜愛。

西元 680 年，文成公主逝世，吐蕃願意與大唐再次結親，派使者不辭辛勞地來到大唐求婚。原本吐蕃是想把太平公主娶回家，誰知道天皇和天后捨不得，太平公主也不願意。

於是，天后便想了一個辦法，就是抬出自己的母親做擋箭牌。她說當年在自己母親去世的時候，太平公主為了盡孝道，已經入道觀做了道姑，並且還發下誓言不再嫁人了。天后為了把戲做得真些，還為太平公主改建了個太平觀，讓太平公主搬進去住。吐蕃使者沒有辦法，只好無功而返。

太平公主是個比較有主見的女孩子，一方面遺傳了天后的基因，一方面也因她比較受寵，所以連在婚事上也由她自己做主。她想嫁個武官，又不好直接說，於是穿了武官的官服，帶了武官的配飾，在自己父母面前表演。天皇和天后當然知道太平公主的意思，就著手為她選駙馬。

穩定朝中大局

皇帝家的女兒也愁嫁，雖然選中了三品光祿卿薛紹，但是薛家人卻不怎麼願意。他們覺得太平公主是天后唯一在世的女兒，一定嬌生慣養，娶到家裡肯定不好相處。

薛紹覺得這個可能性很大，於是便找人進行商量。可是，這件事很快就被天后知道了。天后十分生氣，於是，便放出話去：「薛家的媳婦都是平民百姓，我們還不願意和他們做妯娌呢！」薛家人一聽也緊張起來，不答應的話就真的變成平民了，於是便同意了，婚事也就這麼定了下來。

這場婚事的盛況是可想而知的，天皇自然十分高興，又是宴飲，又是接受朝賀，不知不覺體力便有些透支了，病又重了許多。天皇在病重期間向天后提出建議：希望立李哲的兒子為皇太孫，意思就是將來的太子。天后並沒有反對，人老了，就更加惦記自己的子孫了。

天皇知道自己的時日不多，就想方設法為兒孫爭利益，他想給李哲的兒子設置府署和官署。天后有些不願意了，這是在防範自己嗎？怕我會害自己的兒子家破人亡嗎？對於這個不合常理的要求天后還真不好說什麼。

於是，天后便找來吏部郎中王方慶，故意詢問這件事，王方慶說：「晉惠帝和齊武帝都立過皇太孫，但是皇太子的官屬本身就是可以做皇太孫的官署，沒有另立太孫宮府的先例啊！」

天皇一聽急了。實際上，天皇知道他這樣做是有悖常理的，但是他知道天后不會輕易放權，所以，他想借此把李家天下安排好，以免天后一直把持朝政，甚至取而代之。天后感覺到天皇的不放心，她的生活再一次被別人給安排了，感到十分的惱火。

此後，天皇的身體變得越來越弱，最後連下床都十分困難了，頭暈目眩，四肢無力。天皇自知大期不遠，於是想要遊遍五嶽，嵩山封禪，最後看看他的大唐江山。這也是可以理解的，人到生命的最後一刻，總會想不留遺憾地走。天皇在政治上雖然沒有大的成就，但是不管怎樣也要看看自己曾經

統治過的江山。

天后勸天皇不要這樣做，可是，天皇就是不聽。天后沒辦法只好找來大臣商議，大臣們自然也表示反對，監察御史李善感上書說：「皇上你已經封了泰山，宣告天下太平，置下了眾多的福瑞，可以與三皇五帝相提並論了。你看，這些年來，我們國家莊稼收成不好，到處是餓死的人，邊境又不太平，每年都要打仗。皇上您要考慮用為政之道來消滅災禍才是，這幾年又不斷地建設宮殿，百姓勞頓，人們沒有不失望的。我聽到這樣的事情，私下裡很是擔心啊！」

這道奏摺說得很嚴重，簡直有些指責天皇的意思了。有人說這是天后授意李善感寫的，是想制止天皇的行為。在上這道奏摺時，確實有這樣的情況：洛陽暴雨連連，城內外的人家被衝陷了很多家。而且，全國普遍受災，災情嚴重，餓死、病死的人屍橫遍野。

天后對自己有危害的人，經常是殘暴的。但是在對待天下的百姓時，她還是能夠站在明君的角度去考慮問題。當她看到百姓的生活是如此的困苦時，便命令後宮削減開支，省下錢充實國庫。

天后在這個時候不願意高宗去嵩山，也是想節省些耗費。誰知天皇就是想去，大概他知道泰山封禪實際的獲益人是天后，而不是自己，在死之前他也要為自己做一件事。由於擰不過天皇，天后最後還是同意與他一起去嵩山封禪。

西元 683 年農曆十月，在詔書下了又改、改了又下之後，天皇和天后終於做好了封禪準備。封禪進行到一半時，因為天皇病情加重，實在沒有辦法主持封禪大禮，所以只好停了下來。

天皇頭疼得厲害，眼睛也即將失明，於是找來御醫秦鳴鶴給自己看眼睛，秦鳴鶴想用針灸的方法為天皇治療。天后聽了大怒，說道：「豈有此理，這個人應該拉出去砍頭，竟要向天子頭上插針！」

穩定朝中大局

秦鳴鶴嚇得「撲通」一聲跪地求饒。天皇實在禁不住疼痛，便對武后說：「刺就刺吧！說不定會好呢！」

後來，經過秦鳴鶴反覆針灸，天皇真的感覺有所好轉，高興地說：「我的眼睛能看見了！」天后很高興，賞賜秦鳴鶴 100 匹綵緞。但秦鳴鶴的治療只是治標不能治本，天皇已經病入膏肓，在稍有好轉之後，他的病還是不可逆轉地惡化了，天皇只好返回洛陽。

天后為了祈求上蒼保佑，再次改元為弘道，大赦天下。在大赦這一天，天皇勉強聽完宣詔，他問大臣百姓們高興嗎，大臣們說很高興。他又對大臣說：「百姓雖然高興，但是我的命就快終結了，老天若是肯給我一兩個月的生命，讓我回到長安，我也就死而無憾了。」

當天晚上，天皇召來裴炎立遺詔。遺詔說：「皇太子柩前即位，軍國大事有不決者，交天后處分。」接著，天皇就斷了氣。

那是在嗣聖元年五月，天皇靈柩回到了長安。八月，葬在了乾陵。唐高宗在位 34 年，也就是西元 649 至 683 年。弘道元年，也就是西元 683 年，56 歲的高宗皇上李治，終於帶著無限的眷戀和百般的無奈離開人世，而且他還是客死他鄉，死在了東巡封禪的路上。

天皇死了，留下了天后和太子李哲管理大唐江山。此後，天后掌握了朝政大權。兒子們的平庸和懦弱，以及她內心權力慾望的急劇膨脹，也使得她對政治的掌控力更加強勁了。

接連廢掉太子

在天皇死了之後，太子李哲即位，並改名為李顯，也就是唐中宗。天后被尊為皇太后，按照天皇的遺詔，政事暫時由皇太后代理。

此時的李顯已經到了而立之年，前面兩個哥哥死了，太子的榮耀與責任同時落在他身上。其實，高宗知道李哲不是做皇帝的料，所以想到要武皇太后以及裴炎來幫他輔政。高宗預料武皇太后可能會取而代之，於是才封了皇太孫。

武皇太后知道這是個敏感時期，新君初立，自己以皇太后的身分攝政，很可能會引起朝廷的騷動。李顯又不是個能擔負重擔的人，如果在這個時候不做好安排，恐怕會出亂子。

此後，武皇太后在對時局做了一番深入的思考之後，決定先從王室、宗親入手，從而來安定李家的大局。武皇太后知道，如果新上任的君主能力弱，或者年齡小，或者難以服眾，那王室的人就很有可能篡權。

武皇太后對高祖的兒孫們很忌憚，如果能安撫這一部分人，政局就會穩定很多；如果這些人肯輔佐，那麼，即使朝廷有變動也不必太過於焦慮。

緊接著，武皇太后發布了一道政令，想借此來安撫唐王室。其政令內容是讓韓王元嘉做太尉、霍王元軌做司徒、滕王元嬰做開府儀同三司、舒王元名做司空、魯王靈夔做太子太師，這樣就安排好了李淵的幾個兒子。與此同時，她又任命越王貞做太子太傅、紀王慎為太子太保，太宗的兩個兒子也安排完了。

武皇太后給他們安排的官職都是朝廷中的重要職位，唐王室感覺武皇太后多少還是尊重他們的，也就不再多說話。畢竟有高宗的遺囑在，武皇太后攝政是有理可講的。李家王室的大局，暫時被穩住。

王室的人暫時安撫後，接下來就要重新進行人事任免。這個時候，高宗

接連廢掉太子

一代的大臣老的老、死的死，有能力又有精力的李敬玄也被高宗貶出了朝廷。朝中就只剩下劉仁軌、裴炎、郭待舉、岑長倩、郭正一、魏玄同、劉景先等人可用。

於是，武皇太后任用劉仁軌為左僕射、裴炎為中書令、劉景先為侍中、魏玄同為黃門侍郎參知政事、岑長倩為兵部尚書參知政事，提拔左散騎常侍韋弘敏為同中書門下三品、北門學士劉禕之為中書侍郎。政事堂由門下省改為中書省，宰相們都到中書省議事。文臣安排好之後，朝中的人事基本也穩定了下來。

為了應付突發事件，武皇太后派左威將軍王果、左監門將軍令孤智通、右金吾將軍楊玄儉、右千牛將軍郭齊宗分往并州、益州、荊州、揚州四大都督府，與府司相知鎮守。經過一番安排後，從中央到地方的局面都被控制住了。

西元 684 年，新皇帝登基，改元嗣聖。新皇帝登基後又要立新皇后，皇后的親戚朋友又要被提升，這些事都要由中宗李顯參與。李顯立太子妃韋氏為皇后，接著便擢升皇后的父親韋玄貞為豫州刺史，管轄洛陽附近的州縣。

李顯覺得這個官似乎小了點，與他皇上的地位不太匹配，於是又給了他岳父一個侍中做，這下韋后的父親可就是首輔之臣了。李顯為了顯示仁德，把自己的奶媽也封了個五品官，諸如此類的事還有一些。

裴炎感到新皇帝的舉動有些過火了，便勸諫說：「皇上您有這份心是好的，但是韋玄貞沒有給國家立過什麼功，這樣的提升不合情理啊！」

李顯哪裡聽得進去，韋后的嬌嗲比這位輔政大臣的忠言好聽多了。中宗不理裴炎也就罷了，還大聲斥責他，說道：「我把整個天下送給韋玄貞都沒什麼不可以的，何況是一個侍中呢？」

裴炎一聽，這還了得？給韋家還不如給武皇太后打理好呢！於是，他找

到武皇太后把中宗的話原原本本地告訴了她。武皇太后一聽就火了，這哪裡還像個皇上說的話呢！剛當上皇上就目無母后、目無大臣，只聽媳婦的話，這樣下去遲早有一天會把江山給敗了。

武皇太后知道李顯不是做皇帝的材料，但沒想到他這麼荒唐，所以她便起了廢帝之心。廢新君是需要些勇氣的，太子一個接一個地出事，現在又廢新君，不光大臣，就是天下的百姓也會議論紛紛。

武皇太后有些犯難了，找來裴炎商量，裴炎等一干大臣也知道李顯的所作所為實在難擔大任，於是同意罷黜新帝，之後武皇太后親自草擬廢帝命令。武皇太后將文武百官召集到乾元殿開會，按照事先的計劃安排宮中事項：由裴炎和劉禕之全權負責。整個宮殿殺氣騰騰，文武百官不知道發生了什麼事，心裡都七上八下的。宰相裴炎宣布武皇太后的命令：「中宗昏庸無德，不堪為一國之君，馬上廢為盧陵王！」

接著，侍衛把中宗拉下了大殿。中宗不服氣地說：「我有什麼罪過，要廢掉我？」

武皇太后怒吼道：「你不是想把江山給韋玄貞嗎？大唐的江山都要讓你送給別人了，你還沒罪嗎？」中宗無話可說，只好服罪。隨後，武皇太后將中宗軟禁起來，又將他的名字改回了李哲。之後，皇太孫李重照被貶為庶人，李哲的岳父也被流放到欽州。

在廢李顯的第二天，武皇太后立了自己的第四個兒子李輪為皇帝，改名為旦，就是睿宗，李旦的妃子劉氏被立為皇后，李旦的兒子李成器被立為皇太子，改號文明元年。

不出武皇太后所料，中宗被廢後，大臣、百姓議論紛紛。很多人又猜想她想自己做皇帝，所以才會接二連三地發生廢立之事。武皇太后為了防止動亂發生，便任命劉仁軌為西京留守，又安排了一些自己信任的人掌握軍權。

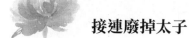

接連廢掉太子

　　雖然朝臣和百姓都在議論，但是沒人敢直言進諫。老臣劉仁軌以請辭為由向武皇太后進諫，希望武皇太后借鑒漢朝呂后的教訓，不要把朝廷搞得烏煙瘴氣，被後人恥笑。

　　武皇太后看了劉仁軌的奏章以後，不僅沒有生氣反而派自己的侄子武承嗣帶了一封信去安慰他：現在皇上正在舉喪期間不能處理政務，我以卑微之身暫且行使表決權。你這樣勸說我，可見你的忠貞耿直，我冷靜地思考以後感觸頗多，內心裡充滿了欣慰和愧疚之情。這真是一面鏡子啊！你是先朝的老臣，聲名遠播，希望你能匡扶社稷，不要因為年紀大就辭職。也就是說，武皇太后不允許劉仁軌辭職。

　　由此不難看出，武皇太后雖然對待自己的敵人心狠手辣，但是對待忠誠的臣子卻沒有下過黑手。她這封信一方面可以安撫老臣，一方面也是她為政的聖明之處。

　　劉仁軌收到這封信後，感動異常。仔細想想這麼些年來，武皇太后輔佐高宗做了不少事情，這些事情對治理大唐利大於弊。雖說武皇太后曾經心狠手辣地剷除政治對手，但是畢竟她沒做出對百姓太過分的事情。況且自己說了這麼多在自己看來都大逆不道的話，武皇太后卻不責怪，反而寫信安慰我，這樣尊重大臣的掌權者還是不多見的。武皇太后的表現，頗有太宗遺風啊！所以，劉仁軌最終沒有辭職。劉仁軌留下以後，朝廷官員的議論少了很多。武皇太后不愧是政治老江湖，知道如何運用帝王之術。她有資格、有能力做皇帝。安撫了一批能安撫的人之後，武皇太后就要解決那些不能安撫、存有異心的人了。

　　為了防止被廢太子李賢作亂，武皇太后還命令左金吾將軍丘神逼李賢自殺，丘神回到洛陽，被指擅自殺死被廢太子，武皇太后將他貶到疊州做刺史，追封李賢為雍王。不過很快丘神再次被起用，官復原職。這個時候的武

皇太后，她的政治權謀已經運用得十分嫻熟了。她透過安撫皇室和重臣、重新配置朝廷人力資源以及除掉政治敵人、潛在對手等手段穩固了自己的統治。

在處理太子李賢時，武皇太后也沒有忘記把廢黜的中宗李哲遷往湖北房州。接著又遷來遷去，為的就是不讓李哲有喘息的機會。因為她知道，只要這些已廢太子在某處落下腳，他們就有可能培植出自己的勢力，再次反攻自己。

唐中宗被廢后，天涯海角的母子二人，各自揣著心事度過他們的日子。在中宗被廢的第二天，李旦即位了，他遺傳了高宗文人方面的特質，自幼喜愛文學、書法。因為李旦是老么，很少想做皇帝的事兒，所以便把大部分的精力都用在了做學問上。

高宗和武皇太后原本並沒有指望李旦能夠承擔起皇帝的大任，因此也就沒給他過多的政治教育，但也並未虧待他。先是封了個豫王，接著又改為冀王，後來又封為相王、右衛大將軍。

多年來的宮廷爭鬥，使李旦看清了母親對待威脅她統治的人絕不手下留情的現實。於是，他處處小心，以免引火燒身。唐中宗被廢以後，武皇太后就剩下這麼一個親兒子可以立了。

雖然李旦對政治不敏感，但是，對於自己來說，這樣的人也是很好控制的。如果說武皇太后可能在某一個時刻有過自立為帝的想法，但是，時至今日她還是更多地偏向於做個擁有權力的操縱者，而並非名副其實的君王。睿宗在被立為皇帝之後，不能在正宮聽政議事，武皇太后臨朝稱制。李旦只是頂著皇帝的虛名，在宮中讀書寫字。實際上，朝廷上的事也都是由武皇太后一個人說了算。

後來，武皇太后在平定揚州叛亂的同時要還政於李旦，但是，李旦知道自己的能力大小，同時，他也料定母親也不會這麼輕易地放手權力，所以，他堅決不同意武皇太后的還政要求。

接連廢掉太子

武皇太后也沒過多推辭，繼續臨朝聽政。第二年，武皇太后為了安撫李旦和朝臣，將李旦的幾個兒子封為親王，這是向朝臣表明自己不會稱帝。睿宗看著自己母親所做的一切沒有絲毫辦法，他現在只是個傀儡而已。

西元 689 年，武皇太后開始使用週曆。與此同時，改元為載初。同時，她還給自己取了一個新名「曌」。為了避諱，自此，所發布的詔書也改稱為「制書」。之後，有人上萬民表，請求武皇太后實施改朝換代。當時，有很多宗室和大臣們也因為反對武皇太后都慘遭滅門。可見，武皇太后對於執政的渴求是多麼強大。

這個時候，睿宗就不能不說話了，他也上書給武皇太后，請求她登基，並賜自己武姓。武皇太后自然是求之不得，經過一番謙讓之後，高高興興地同意了兒子和臣民的請求。

西元 690 年農曆九月九日，武皇太后登基，賜皇嗣武姓，李旦遷出東宮，沒有帝位繼承權，劉氏降為妃。睿宗這次在位沒有任何動作，更別說是作為了，他只是保住了自己的性命。

然而，想做個逍遙人也不是那麼容易的。武皇太后寵信的戶婢韋團兒，喜歡上了這個曾經沒有實權的皇帝。李旦知道自己正處在水深火熱之中，這個時候若是發生了什麼事情，那將會對自己十分不利，所以他就拒絕了韋團兒。

韋團兒心懷怨恨，在武三思和武承嗣的指使下，她在李旦的妃子劉氏和德妃竇氏住所埋了一個木頭人，並且告發她們在詛咒武皇太后，誣為厭勝。

西元 693 年，劉氏、竇氏被武皇太后處死，並且被偷偷地埋在了宮中。兩個妃子突然失蹤，睿宗不會不知道，但是睿宗不敢聲張，因為他知道是武皇太后所為。

這就是睿宗的聰明之處，他知道無法與母親鬥，便在武皇太后面前裝作

沒事人似的，以此來保全自己的性命。即使有人出面為劉、竇兩位妃子鳴冤，睿宗也是默不作聲。

睿宗的沉默保全了自己的性命，也為以後的再次登基保存了實力。但是在這段時間中，睿宗是相當悲哀的，他頂著個虛名在宮裡行走，誰見了他都暗地裡腹誹，可想而知，在他的心中是多麼的悲哀啊！

平定揚州叛亂

平定揚州叛亂

　　武皇太后在接連不斷地廢黜太子以後，也受到了來自李家宗親以及部分臣子的強烈譴責和質疑，甚至有人發動叛亂來反抗她的統治。此後，武皇太后為了剷除這些反抗勢力，也進行了一系列的平叛活動。

　　西元 684 年，睿宗帶著王公以下的文武百官在武成殿為武皇太后上尊號。自此，武皇太后親自臨朝執政，而皇帝則住在別殿，不問政事。武皇太后臨朝稱制後，百官朝賀。一時間，祥瑞之說甚囂塵上。什麼「瑞鳥」、「瑞麟」、「瑞雲」全出來了，這也表示大家對她執政的擁護。

　　武皇太后以為自己執政已經沒有太大的阻力了，誰知才高興不多時，就殺出個程咬金來。原來嵩陽令樊文又獻了一塊「瑞石」，武皇太后拿著這塊玉石讓百官觀賞。尚書左丞馮元常上書說這是諂諛欺騙的說法，武皇太后意識到朝廷中還有一部分人對自己執政不滿，於是便把馮元常趕到隴州做刺史去了。

　　武皇太后臨軒執政後，將大唐的旗改為金色，改東都洛陽為神都，官名進行了一次大改換，官服也改了顏色，其官職也做了一些更改：尚書省改為文昌臺，左右僕射改為左右相，吏、戶、禮、兵、刑、工六部依次改為天、地、春、夏、秋、冬六官，門下省改為鸞臺、中書省改為鳳閣，改侍中為納言，中書令為內史，御史臺改為左肅政臺，增加一個右肅政臺。其餘的省、寺、監、率名稱，都按各部門的職權另改名稱。

　　正在此時，一件叛亂事件也發生了，而發動這場叛亂的就是揚州大都督李的孫子李敬業。

　　李是高宗時期的老臣，為高宗和武皇太后的朝廷立下過汗馬功勞，因此

而受到了極大的器重。但是李老丞相的孫子卻不怎麼爭氣，整天就知道吃喝玩樂、貪贓枉法，後因東窗事發而被貶職。現在，他打著恢復李氏江山的旗號，聚眾謀反。

此外，參與這次謀反的還有一個叫魏思溫的監察御史，這個魏思溫也是因為犯法而被貶為了盩厔尉，他有些政治頭腦，也因此成了這次叛亂的「軍師」。

按照李敬業和魏思溫事先商議好的計策，先讓同夥監察御史薛仲璋請求出使江都，等薛仲璋到了江都後，再讓韋超告發揚州都督長史陳敬之謀反。

這樣一來，薛仲璋便可以利用中央派遣出使御史的身分逮捕陳敬之，薛仲璋可以輕而易舉地控制揚州。薛仲璋等依計行事，果真掌握了揚州的軍權。接著宣布叛變，改回嗣聖元年中宗的年號。

武皇太后千方百計想要杜絕的事情還是發生了，這些人果然還是打起了兒子的旗號來反對自己。叛軍找了一個酷似李賢的人來冒充已死的太子。他們到處宣揚李賢並沒有死，而是逃到了揚州，在揚州招兵買馬，任命李敬業為上將軍，兼揚州大都督。

緊接著，李敬業還在揚州設立了３個府衙 ── 匡復府、英公府、揚州大都督府；又任命了一些官員，其中最著名的是「初唐四傑」之一的駱賓王，他寫了一篇留名千古的《代李敬業傳檄天下文》（《古文觀止》中改名為《討武曌檄》），大肆宣揚武皇太后的罪行，並且號召人們反對她執政。

武皇太后對叛亂是有所準備的，當聽到揚州發生叛亂時，她並不十分驚訝，認為這也是在意料之中的事情。當她讀到駱賓王的《討武氏檄》後，還大讚駱賓王才學淵博、妙筆生花。

武皇太后曾說像駱賓王這樣的人不用，是我們帝王的過失，可見武皇太后的帝王之器是多麼寬大呀。特別是在關鍵的時候，還能為敵人送上讚美，這是需要胸懷和智慧的。同時，對於武皇太后的泰然自若，大臣們也是從心

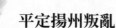

底感到佩服的。

武皇太后在讚美完了駱賓王之後，便放下手中的檄文，命令左玉鈐衛大將軍李孝逸領兵 30 萬前往討伐。她認為這樣還不能彰顯出自己的威嚴，於是又罷免李的官職，之後還派人挖了李的墳墓，搗爛了他的棺材，接著又恢復了李的原姓，她要讓天下人看看反叛自己的下場。

李敬業不通兵家之事，臨到陣腳便六神無主，只好找大家來一起商議該怎麼辦。軍師魏思溫說：「您還是以匡扶李室為名，率領著眾人擊鼓行進，直搗東都洛陽。這樣的話，天下人就知道你是為了李家江山在打拚，那麼就會群起響應。」

薛仲璋不同意出兵洛陽，他堅持守住金陵，也就是現在的南京，再漸漸向北進軍。魏思溫反駁說：「山東有糧有兵，就等著我們到那裡去呢！如果不趁著這個形勢立功，而是自顧自地保存已有的領地，那麼，起兵的人聽了，誰還會響應我們呢？」

李敬業沒有謀略和膽識，因而他沒有聽取魏思溫的建議繼續進攻，而是兵分幾路攻占江都周邊的地區。魏思溫嘆了口氣說：「兵力集中力量就會強大，分散了就會弱小。敬業不渡過淮河，收取山東進而奪洛陽，我們的失敗就在眼前了。」之後，李敬業帶領著叛軍主力攻下了潤州。

駐守潤州的是李敬業的叔叔李思文，李敬業原本想拉著李思文一起造反，但是，卻被李思文拒絕了。接著，他又向武皇太后告急。李敬業占領潤州之後，魏思溫提出用李思文的腦袋祭旗，李敬業不肯。潤州司馬劉延嗣被抓後，李敬業要殺了他，魏思溫說這是他的舊相識，請求赦免其死罪。就這樣，兩個人都被關進了大牢之中。

李孝逸的大軍趕到後，李敬業著急了，趕忙從潤州退出來守江都。他在高郵縣屯兵，命令自己的弟弟敬猷守衛淮陰，韋超、尉遲昭守衛梁山。

李孝逸因為初戰失利而不敢再繼續進攻，這時，擔任監軍的殿中侍御史魏元忠對李孝逸說道：「現在天下的安危就在此一舉了，原本天下太平，是賊子先叛亂，攪動得天下不安，人們都盼著盡快平定叛亂，而今將軍只守不攻，不是令天下人感到失望嗎？如果朝廷知道了這件事情，必定會改派其他的將軍前來剿滅叛亂，這時，將軍你又打算怎樣去應對呢？」

李孝逸一聽確實是這麼一回事，心想如果我在這裡不進攻的話，朝廷也遲早會知道，到時我就沒法交代了呀！於是，他便下令進攻，結果斬殺了叛將尉遲昭。

十一月，武皇太后果然派了左鷹楊大將軍黑齒常之為江南道大總管，統領大軍增援李孝逸。李孝逸聽到這個消息後，再次攻打梁山，而叛將韋超卻堅持不迎戰。李孝逸拿不定主意是攻還是戰，大家便在陣前開始討論起來。

魏元忠建議先攻打李敬猷，其他將領不贊同這樣做，他們認為要先進攻李敬業。魏元忠說：「我們應該先進攻李敬猷，李敬業人多，又憑著顯要的位置死戰，如果我們失利，那麼就危險了。李敬猷沒有什麼能力，根本不懂打仗是怎麼一回事，再加上勢單力薄，大軍一到就會被攻克，因此李敬業必定會想辦法來救自己的弟弟，到時必定來不及。現在我們捨棄好攻的，去攻打難攻的，是下策啊！」李孝逸聽了魏元忠的意見，決定先攻打韋超，然後攻打李敬猷，李敬猷大敗。接著，揮軍進攻李敬業。

李敬業藉著河水死守，李孝逸幾次攻打都沒有成功，就想退到石梁。魏元忠接著勸說：「這個時節蘆葦都乾了，又是順風，不如用火攻，此時是不能後退的。」李敬業的軍隊此時也筋疲力盡，失去了鬥志。後來，李孝逸又採用了火攻的計策，因而將李敬業的大軍燒得七零八落。

李敬業一看大勢已去，於是率領著輕騎兵進入了江都城，帶著一家老小準備從潤州入海，投奔高句麗。結果逃到了海陵界，被大風阻住，無法渡

平定揚州叛亂

海。其他的將領看到沒有什麼希望了，便殺了李敬業和李敬猷兄弟。隨後，他們便帶著李敬業和李敬猷的頭去投降。而叛將唐之奇、魏思溫也被活捉了，只是駱賓王下落不明。直到此時，李敬業的叛亂終於被平定了。

武皇太后平定了李敬業的叛亂後，緊接著便對李敬業一家進行了處置。只有李文思被留了下來，並提拔為司僕少卿，賜武姓。

平定李敬業的叛亂只用了 4 個月的時間，而且戰爭只在揚州和楚州範圍內進行，因此對百姓並沒有構成很大的危害。大唐的安定以及社會經濟生活還在繼續發展著。

武皇太后之所以能平定李敬業的叛亂，與中下層的官員和百姓的支持是分不開的，她在位時所實行的政策得到了下層人民的擁護。揚州叛亂平定以後，武皇太后的統治得到進一步加強。

清除宰相裴炎

在武皇太后時期，對於那些阻礙她發展的人，她必然會採取一些手段，因為她掌權的行為是不允許別人來侵犯的。

裴炎是絳州聞喜人，自幼勤奮好學，在弘文館學習期間，一直都十分刻苦。每到節假日，當同學們都外出遊玩時，他卻留在弘文館裡讀書。

老師很喜歡他，想直接推薦他去做官，裴炎卻推辭說自己的能力還沒有到位，還想多學一些東西來充實自己。其實，他是想憑藉自己的真才實學進入政府部門。後來，他經過一番拚搏，一下子「明經及第」走上了仕途。

裴炎先在濮州做司倉參軍，也就是管理糧食的官。後來被調進京城，擔任御史、起居舍人等職。這些職位雖然都不是重要的職位，但是與皇室的接觸機會比較多。

因為有了接觸皇帝的機會，所以他的才能很容易被發掘。那是在西元680年，他被封了「同中書門下三品」的官銜，並且成了當朝的宰相。

後來，裴炎還當過侍中和中書令。他的工作能力很強，但是，他的不足之處就是為人太驕傲了。也正因為這樣的性格，使得他很容易得罪人。裴炎的禍端也就是因他這種性格而造成的。

西元681年，定襄道行軍大總管裴行儉打敗了反叛的突厥，招降了可汗阿史那伏念。裴炎卻說伏念是在大軍威逼下「計窮而降」的，難保他以後不再反叛，於是堅持要把他給殺了。

裴炎的行為讓裴行儉大丟面子，因為裴行儉曾經保證不殺伏念，也因此而沒有得到賞賜。裴行儉是代表國家許下的諾言，而裴炎卻違約把人給殺了。高宗和武皇太后也沒辦法，反正是個敗軍之將，又是個突厥人，殺就殺

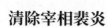

清除宰相裴炎

了吧！難道還因為一個叛將得罪自己的大臣不成。但是此後，高宗、武后和裴行儉都對裴炎的行為感到不太滿意了。

裴炎當了宰相以後，倒是得到了高宗的信任。西元 682 年，高宗去東都洛陽，留下太子李顯守京師長安，特命裴炎協助太子處理政務。

第二年，高宗病重，又讓裴炎護送太子到東都來探候。臨終前，高宗還命裴炎與兩位侍郎劉奇賢、郭正一為輔政大臣，這可是再大都沒有的信任了。中宗繼位後，裴炎作為「顧命宰相」更是權高位重。

高宗死後，宰相裴炎做出了一些不同尋常的舉動。高宗曾經有遺詔：軍國大事有不決者，奏天后處分。所以裴炎在高宗死後第三天，也就是太子在靈柩前即位後第二天上奏說，嗣君沒有被正式封為皇帝，也沒有聽政，不應該「發令宣敕」，所以建議一切政令從武皇太后出。

裴炎的建議是不是武皇太后指使，不得而知。但是，這樣的建言對武皇太后卻是十分有利的，於是，她順理成章地取得了國家大事的決定權，也正因為這樣，武皇太后對裴炎感恩不盡。

裴炎因為受到武皇太后的重用而越發驕傲起來，在廢掉中宗之後，她曾經要「追王其先」，也就是要追封武家的祖先為王，並建立「武氏七廟」。裴炎知道後卻對武皇太后說：「太后是天下的母親，應該大公無私才對，不應該偏向自己的親族。而且，您也應該吸取漢朝呂后家族的教訓才是呀。」

武皇太后不以為然地說道：「呂后把權力交給在世的呂氏親族，所以導致滅族的後果，現在我只是追封武家已經故去的祖先，這又有什麼關係呢？」

裴炎還是不依不饒地說：「我們做事要防微杜漸，不能讓小事演變成大害呀。」

武皇太后聽後心裡很不是滋味，但是也沒有辦法，裴炎位高權重不能硬碰硬，只好暫時偃旗息鼓。之後，她便對這位老臣產生了一些反感。此後，另外一件事情的發生卻讓武皇太后懷恨在心。

原來，當武承嗣勸說武皇太后殺死韓王李元嘉、魯王李靈夔等人，以懾服李家宗室、掃除掌權的隱患時，裴炎當庭力爭堅決不同意。此事又不了了之，武皇太后覺得自己的權力已經受到了制約，心裡極為不快，於是就想除掉裴炎。

此時的裴炎卻感到武皇太后的權力在慢慢地走向巔峰，他又是顧命大臣，於是極想限制武皇太后的權力。就在李敬業揚州發動叛亂的時候，裴炎覺得時機到了。於是，他想逼迫武皇太后還政。武皇太后見裴炎對揚州叛亂的事一味不作聲，便忍不住問他怎麼平定戰亂。

裴炎說道：「皇帝沒有親自執掌政權，才會給這些賊子們留下犯上作亂的藉口。如果太后肯將國事交給皇帝處理，叛亂也就平息了。」

武皇太后聽後並沒有說些什麼，暗地裡卻指使監察御史崔詧上奏指控裴炎，說道：「裴炎身受顧命之托，大權在握，現在發生叛亂卻不趕緊想辦法討伐，反而要逼太后歸政，這其中一定有陰謀啊！」緊接著，裴炎被逮捕入獄。

透過裴炎的一系列行為，武皇太后逐漸意識到必須要剷除裴炎，才可以一直掌權，她發現自己無論以什麼樣的身分參與政治，都無法擺脫臣子的限制和非議，除非自己稱帝。想想這些年為李家江山所做的種種貢獻，也夠還高宗對自己的恩情了。自己兒子又不爭氣，自己稱帝又有什麼不可以的呢？此時，武皇太后稱帝的心已經蠢蠢欲動了。

朝中有很多大臣都在為裴炎求情，但是武皇太后還是決心要除掉他，於是給他定了個「謀反」的罪名。有人說，裴炎是參與了謀反，也有人說是武皇太后的故意陷害。但是，不管怎麼說，武皇太后是一定要除掉這個反對自己的人才肯安心。

裴炎在死之前，依然不改本性，堅決不向武皇太后求饒。裴炎死後，他的家人都被流放到了荒遠之地，家也被抄了。據傳，他家連價值 100 斤糧食

的錢財都沒有。這些足見裴炎是個清官，但是他卻成了武皇太后的政敵，武皇太后對他是不會手軟的。

裴炎的侄子太僕寺丞裴伷先，此時剛剛 17 歲，在流放前請求見武皇太后一面，武皇太后答應了。裴伷先見到她時，說道：「我是為太后您著想啊！我不敢鳴冤。太后您是李家的媳婦，先帝駕崩後也一直是由您在把持朝政，驅逐李家宗室，提高自己娘家人的官位。我伯父忠於李室江山，卻被說成謀反，連累家人。我是在為您惋惜啊！你應該早點把權力交給皇上，否則如果天下大亂了，您武家一族都保不住了呀。」

武皇太后聽了這話，氣得半天都說不出話來，她沒有想到小小年紀的裴伷先句句點在了她的痛處上。這些話使她受到了強烈的刺激，於是，她命人把裴伷先拉出去打了 100 大板，然後流放到窮鄉僻壤。

裴炎的死使武皇太后稱帝的障礙掃除了一半，此外，透過這件事情，又進一步讓她充分認識到了稱帝的必要性。接下來，武皇太后就要向她的皇權進發了。

平定諸王叛亂

西元 686 年農曆正月，基於朝臣對自己的不滿，武皇太后下詔復政於皇帝，不再臨朝稱制，讓睿宗自己處理國家大事。但是，睿宗卻堅決不肯，於是還是由武皇太后繼續臨朝聽政。

又過了兩年，也就是垂拱四年，武皇太后開始了做皇帝的試探。她先在洛陽立唐高祖、唐太宗、唐高宗 3 座廟，接著又提議為武氏的先人立廟祭祀。

司禮博士周悰知道武皇太后的意圖，便上奏說武氏祖宗立七室，降唐皇李家的祖廟為五室。如果大臣們沒有異議，就意味著武氏取代李氏不會有人反對了，如果有人反對，那麼還要靜候時機才行。

這麼大的事情自然會有人反對，春官侍郎周大隱上奏勸止說：「禮，天子七廟，諸侯五廟，百王不易之義。今周悰別引浮議，廣述異聞，直崇臨時權儀，不依國家常度。皇太后親承顧托，光顯大猷，其崇先廟室應如諸侯之數，國家宗廟不應輒有變移。」也就是說，按照傳統的禮制天子才可以有 7 座廟，諸侯有 5 座廟，你這是改變傳統，不按常理出牌，你們家族的榮耀與諸侯等同就已經很好了，國家的宗廟是不能有所變動的。

之前，更為強烈的反對之聲是江陵人俞文俊的言論。早前曾傳說，雍州新豐縣東南有山湧出。大概情形是新豐縣的山在一夜雷雨之後，突然長出一座 300 尺高的山來。

武皇太后認為這是個很好的造勢機會，便將新豐縣改為慶山縣，人們為了迎合她，紛紛向她表示祝賀。俞文俊卻上書說，這不是吉兆，是兇兆，是「以女主陽位，反易剛柔，故地氣塞隔，而山變為災」導致的，並勸告武皇

太后趕緊退位，不然將有禍患產生。武皇太后本來想藉機造聲勢，沒想到卻搬起石頭砸了自己的腳。

沒過幾天，宰相劉褘之又傳出了不和諧的音符。劉褘之不是一般的朝臣，他是武皇太后一手提拔的宰相，可以說是她陣營裡的人。劉褘之是她「北門學士」的中堅力量，後來被提升為了朝議大夫、中書侍郎兼豫王會司馬，因為偷偷跟隨姐姐看望榮國夫人而被貶職流放。

幾年後，武皇太后把他提拔為校檢中書侍郎，並且成了她的親信，仕途順暢，直到坐到宰相的位子。特別是裴炎被殺後，朝中大臣對武皇太后的反抗情緒越發增強，於是她更偏向於營建「北門學士」這樣的堡壘。

武皇太后為成為女皇做準備時，心腹劉褘之在背後議論起武皇太后來。有一次，他在與鳳閣舍人賈大隱談話時說：「太后可以廢掉昏庸的皇帝，另立聖明之君，也用不著自己臨朝親政啊！還不如把權力還給皇子，這樣好安撫天下人的心。」

賈大隱把他的話祕密地告訴了武皇太后，武皇太后聽後大為不悅，心想：我好官、好祿、好對待，你不幫我說話也就罷了，還背後議論我的是非，這簡直是豈有此理。

於是，武皇太后對周圍的人說道：「褘之我所引，乃復叛我！」正在這個時候，有人向皇太后奏報說，劉褘之收受了歸誠州都督孫萬榮的賄賂，又與許敬宗的妾私通，武皇太后便以此為由派肅州刺史王本立調查劉褘之。

當王本立向劉褘之出示太后的敕令時，劉褘之竟然膽大妄為地說道：「你沒有正統的皇家命令，憑什麼查我！」王本立沒有辦法，只好用劉褘之的話回去交差。武皇太后聽了王本立的奏報後，更加生氣了：連我自己提拔的人都這樣看不起我，我真是枉費了心血啊！接著，她便下令逮捕劉褘之入獄。

當李旦知道了這件事情後，便向武皇太后求情，武皇太后一想劉褘之是

李旦的老師，認為劉禕之要太后歸政是個大陰謀。於是決心剷除劉禕之，以絕後患，結果劉禕之被武皇太后賜死在家中。

在朝在野、正面側面所發出的反對之聲讓武皇太后看到了自己稱帝的阻力，但是她不怕這些阻力，權力的慾望使她越挫越勇。垂拱四年四月，又有一個叫唐同泰的人進貢了一個「瑞石」給武皇太后，上面刻著「聖母臨人，永昌帝業」。

武皇太后得到這塊石頭後，開始用這塊石頭做起了文章。給它取了一個名字叫「寶圖」，實際上也玩了陳勝、吳廣的把戲，說自己稱帝是受命於天之類的。接著，武皇太后又下詔書要親拜洛水，去接受上天的授圖；並去南郊祭祀昊天，表示對上天的謝意，然後又搞了一個盛大的典禮，為自己即將稱帝做宣傳。

典禮這一天，武皇太后帶著文武百官以及京外奔赴京師的各類官宦，到洛水舉行拜洛受圖大典，完成後又去南郊祀天，祭罷天又御臨明堂和大臣們見面。這個活動完成後，大臣們給武皇太后一個「聖母神皇」的封號，實際上這意味著是皇帝的稱呼了。

武皇太后非常高興，再次大赦天下，把「寶圖」重新命名為「天授聖圖」，而「寶圖」的出處稱為「聖圖泉」，把出石那個縣改名為永昌縣，還把首先發現瑞石的汜水改為廣武，把洛水命名為永昌洛水，再封洛神為顯聖侯。同時，還禁止在洛水打魚、垂釣，四時祭洛水。

緊接著，武皇太后又改嵩山為神嶽，封嵩山神為「天中王」，拜嵩山神為太師，加拜神嶽大都督；同樣，也禁止在嵩山放牧、砍柴、採集野菜等。武皇太后為自己稱帝做了一番宣傳，經過這番預演，天下人都知道武皇太后已經是實質上的皇帝了，接下來，就只有稱帝這一步了。

就在「聖母臨人，永昌帝業」的瑞石出現的時候，身為太子通事舍人、

郝處俊的孫子郝象賢的僕人告郝象賢謀反。郝處俊是高宗時的中書侍郎，在高宗想要讓當時的武后攝政時，郝處俊便以「杜禍亂」為由警告高宗，因而使那時的武后沒能攝政，同時，也使得朝中大臣的反武氣焰高漲起來。

武皇太后一聽謀反的是郝處俊的孫子，便命令酷吏周興審理這件案子。因為郝處俊一直都反對武皇太后掌權，他的孫子再一謀反，武皇太后便更加不留情了。

郝氏家族宗親也有在朝中做大官的，因此，經過郝處俊家人、親戚的周旋，監察御史任玄殖對武皇太后說道：「郝象賢沒有謀反的跡象。」武皇太后以為任玄殖與郝象賢是一個鼻孔出氣的，便罷了任玄殖的官，維持原來關於郝象賢的判決。

郝象賢在臨死之前，痛罵武皇太后，把一切骯髒、汙穢的語言全都用在了她的身上。不僅如此，他還奪過圍觀人的大棒狠狠地抽打刑官。金吾衛士見事情不妙，便將他團團圍住，用亂刀砍死。武皇太后聽說後怒發衝冠，下令將郝象賢肢解，刨郝家祖墳、毀掉郝家先人的屍體。

武皇太后在處理郝象賢的時候，心裡十分明白，這只是暴風雨來臨的前奏，猛烈的暴風雨就要到來了，而這場暴風雨的發動者很可能就是李家皇室。

之前，武皇太后沒有稱帝的決心，江山在形式上還是李家的，自己一旦稱帝，就意味著江山易主，這是任何一個皇室都沒辦法漠視的，李家人一定會鬧出亂子來。

果然，不出武皇太后所料，李家的人開始大造謠言，煽動反武情緒。大概就是說：武皇太后已經在策劃改朝換代的事了，等到改朝換代的那一天一定會將李家宗室清理乾淨。天下的人對李家宗室抱著同情的態度，也相信武皇太后會做出這樣的事情來，所以，就比較容易被煽動起反武情緒。

最能被激發的自然是李家宗室。李淵的子子孫孫加起來有很多，他們擁有龐大的封邑、眾多的奴僕，如果他們要反就很不容易對付了。武皇太后要

改朝換代，一是要牽扯到祖宗的江山，更重要的是還要牽扯到自己一方的利益，因此，他們一定還會有更大的動作。

這個更大的動作，沒有讓武皇太后等多久就發生了。參加皇室叛亂的人員有絳州刺史韓王李元嘉、青州刺史霍王李元軌、豫州刺史越王李貞、通州刺史黃公李等。他們在河北、四川、陝西、河南、山東都有自己的封地或勢力，他們的行動也直接影響到這些地區。

事情是先由黃公李發起的，他寫信給越王李貞，告訴他武皇太后要圖謀李室江山，如果不趕快行動的話，後果將會不堪設想。接著他又製造了睿宗皇帝的璽書，並派人送給瑯琊土李沖。

信是以睿宗的口吻寫成的，其意思是說：「我被軟禁起來了，各王要發兵來救我啊。」

李衝心領神會接著偽造睿宗的書信，說道：「神武想要把李室江山傳給武家人。」就這樣，你來我往，李家宗室暗地裡便串聯了起來。但是，因為各王相距較為遙遠，又沒有現代化的通信設備，所以聯絡起來也較為費力和費時。也正因如此，這件事情的保密工作很難做好。

瑯琊王李沖派長史蕭德宗招兵買馬的同時，分別聯絡了韓、霍、魯、越諸王和貝州刺史紀王李慎，商議同時起兵向洛陽進發。可是，讓他們萬萬沒有想到的是，他們還沒有起事，消息就被武皇太后探知了，於是，她立即命令左金吾將軍丘神為清平道行軍大總管，率兵討伐李家宗室。

丘神先率軍討伐山東的李沖，在丘神的軍隊還沒有到達山東的時候，李沖在山東起事了。他本想渡過黃河攻打濟州，於是先攻打博州的武水縣，武水縣縣令郭務悌聽說李沖反叛後，急忙派人向魏州求援。博州莘縣縣令馬雲來與郭務悌一起死守城門，抗擊李沖。

李沖只好用草車堵住南門，採用火攻的方法攻城，結果因為風向驟變，反而把自己的人馬給燒了。李沖沒辦法只好垂頭喪氣地退了下去。正當李沖

焦頭爛額之際，讓他更為生氣的事情發生了。他手下的將領董玄寂對士兵說：「瑯琊王這是造反哪！」其中含義也就是說，上天都不願意幫助他。

李沖十分生氣，於是殺死了董玄寂。董玄寂一死，士兵們便更加不願聽從李沖的指揮了，紛紛作鳥獸散。這時，李沖只剩下了幾個家丁，無奈之下便返回了博州。可是，令人沒有想到的是，他卻被博州守城門的侍衛給殺了。

當丘神帶兵到達博州後，官兵素服出迎，結果全部被丘神殺死，博州城內千餘家被迫害，其手段極其殘忍。

越王李貞知道兒子李沖起事後，也在豫州起兵響應。李貞比他兒子強，攻占了上蔡縣城。九月的時候，武皇太后派崇裕為中軍大總管、岑長倩為後軍大總管帶領 10 萬大軍討伐叛亂。

李貞知道自己兒子在博州被殺後，欺騙大家說：「瑯琊王已經攻下了魏州等地，現在已經擁有 20 萬大軍，就快趕到我們這裡了。」他這樣說其實是為了安撫士兵，不讓他們退卻。接著，他又加封了一些官銜以便激勵手下的將士。

當崇裕率領大軍到豫州城東時，李貞派自己的兒子李規出戰。可是，李規一上場就被打得落花流水、大敗而歸。李貞害怕了，緊閉城門只守不攻。當朝廷大軍兵臨城下時，李貞竟然偕同自己的妻兒自殺了，平定李貞的叛亂只用了 17 天時間。其他的宗室聽說李貞父子慘敗的消息後都沒了勇氣，還沒有與朝廷的軍隊正面交鋒就潰散了。

後來，武皇太后派監察御史蘇珦去處理這批叛賊。蘇珦審問了叛賊以後，對武皇太后說找不到他們叛亂的證據。武皇太后知道蘇珦不具備查案的能力，便改換了周興問案，派蘇珦做河西監軍。

周興是酷吏，案子到了他手裡，不用費口舌，只要費手腳就能夠審理出來。周興把韓王李元嘉、魯王李靈夔、黃公李等人一起抓到洛陽，逼他們自

殺結案。武皇太后知道結果後，也沒問審案經過，就下令將叛亂者的親族、同夥全部誅殺。同時，她還下令將諸王的姓改為「虺」，也就是毒蛇的意思。

武皇太后是個聰明的人，她知道豫州是叛亂發生的重地，而實際上涉及叛亂的人數並不多，為了減少不必要的傷亡，她派狄仁傑為豫州刺史前往豫州處理豫州叛亂的遺留問題。

狄仁傑接手豫州的案子時，跟李貞有牽連的黨羽已經有 5000 人之多了。按照唐朝的法律，這些人都應被處斬，但是，狄仁傑認為他們罪不至死，有的人根本就是無辜的，如果殺太多的人，只會造成更大的仇恨。於是，狄仁傑就祕密地給武皇太后上了份奏報，奏報中說道：「這些被牽連進來的人，多數都是無辜的。如果我把他們的情況一一列明，就等於是為他們申冤了；如果明明知道他們是無辜的，卻不說話，將他們殺掉，這就違反了您仁恤愛民的旨意。」

武皇太后一聽覺得狄仁傑說得在理，於是便赦免了那些無辜的人，並同意將這些人流放到豐州守邊。而在諸王叛亂中，參加密謀的人則全部被定了罪。在武皇太后趕赴洛陽進行洛水受「寶圖」大典的時候，東莞公李融派人問洛陽受典的事情，派去的人回來說：「去了就得死！」李融於是聲稱自己病了不去洛陽。

越王李貞起兵後，派人請李融參與叛亂。李融不但沒有響應，無奈之下還將李貞派去的使者交給了衙門。事後，他被封了個右贊善大夫的官職。沒想到，李融參與叛亂謀劃的事被揭發了出來，武皇太后便將他處死，並且還沒收了家產，家人也被收為官奴。其他參與宗室叛亂的人也是死的死、流放的流放。

從諸王叛亂沒有成功的過程來看，諸王的失敗，一方面是因為諸王沒有形成一股強大的政治勢力，另一方面則是因為武皇太后執政已經得到了更多中下層官員和人民的認可。

平定諸王叛亂

　　李家宗室的叛亂被平定了，武皇太后稱帝最強大的阻力已經沒有了。於
是，她便胸有成竹地向著女皇寶座走去了。

武后登基稱帝

西元 690 年，侍御史傅遊藝帶領著關中 900 名百姓聚集到了洛陽，向武皇太后上表，請她稱帝，並且改國號為周。武皇太后看看這點兒人沒什麼聲勢又難以服眾，所以不接受這個奏請。但卻給了傅遊藝一個給事中當，不久，他又被提為了正五品。

這樣，每個人就都知道武皇太后的意思了。隨後，大臣們又籌備了一場聲勢浩蕩的請願大典。文武百官、在朝的、在野的、皇族、四夷酋長、出家人等 6 萬多人全都被集合起來，請求武皇太后稱帝。李旦看到這種情形，趕緊向母親請要武姓。連皇帝都這樣了，臣子們也就更沒什麼顧及了。

這正是武皇太后希望的結果，不管是她謀劃的，還是別人替她謀劃的，總之，武皇太后就希望出現這個場面，連她自己看著都被感動了。後來，因為「推辭」不過，武皇太后接受了大家的請求，同意稱帝。

那是在天授元年九月九日，適逢重陽佳節。秋高氣爽，金風颯颯。天空湛藍澄碧如同大海，幾朵雪白的雲團像數面風帆，在靜謐的海面上隨意地遊動著。火紅的太陽從東方天際露出了欣喜的笑臉，向大地萬物播散揮灑著令人陶醉的溫暖。

這時，只見 67 歲的武皇太后頭戴皇冠，身著龍袍，精神矍鑠，容光煥發，左有睿宗皇上，右有上官婉兒，在幾位宰執大臣的陪同下，健步登上了洛陽宮的則天門城樓。睿宗手捧傳國玉璽，緩步走到了母后面前，雙膝跪地，兩手半舉過頭頂，將玉璽恭呈給武皇太后。然後，率領諸位宰相們對端坐於龍椅之上的武皇太后行三拜九叩大禮，口中高聲喊道：「恭祝吾皇萬歲，萬歲，萬萬歲！」

武后登基稱帝

　　此時，肅立於則天門外廣場上的王公大臣、各州刺史和數萬名民眾剎那間跪了一片，「皇上萬歲、萬萬歲」的吼聲山呼海嘯，直逼雲霄。

　　這時，武皇太后慢慢地站起身來，跨前一步，莊嚴地向文武百官，向天下子民宣布：從今天開始，改唐為周，大周皇朝誕生了。改元為天授元年。自己應萬民之請，即登大寶之位，稱「神聖皇帝」。改睿宗為嗣皇帝，賜姓武氏，以睿宗的太子為皇太孫。就這樣，中國歷史上的女皇帝就這樣出現了，這也就是被大家所熟知的武則天。

　　當武則天宣讀完畢後，則天門城樓外的廣場上，再一次騰起了雷鳴般的呼喊聲：「大周朝萬歲！」、「神聖皇帝萬歲，萬萬歲！」聽著這一浪高過一浪的歡呼聲，這位中國歷史上前無古人、後無來者的女皇帝笑了笑，她看起來仍然是那麼平靜而又安詳。其實，又有誰知道，就在此時此刻，武則天的心裡卻正在滾動著飆風迅雷、狂濤巨浪。這是一個莊嚴而又神聖的時刻，一個可以使人激動得發狂的時刻。

　　為了這一刻的到來，武皇太后披荊斬棘，出生入死，奮力拚鬥了50餘年。在這50年中，充滿了廝鬥、陰謀、明槍、暗箭、圈套、陷阱、血腥殺戮，但是這一切都終於挺過來了。從才人、昭儀、皇后、天后、太后、聖母神皇到神聖皇帝，她一步一個腳印，終於攀上了神州大地政治權力的最高峰，達到了自己人生理想的終極目標。

　　從此以後，朝堂上擋在自己面前幾十年的那張翠簾可以撤走了，自己可以堂而皇之地向滿朝文武、向天下臣民發號施令了；可以淋漓盡致地不受任何約束地發揮自己的智慧和才幹了；可以隨心所欲地按照自己的意志來治理這個國家了。這一切就猶如天意一般，是任何人都不能夠逆轉的。之後，武則天又在神都立武氏七廟，追封周文王為始祖文皇帝，姒氏為文定皇后，接下去一路追封。因為周平王最小的兒子被平王賜武姓，所以，武則天便以周王朝為自己的始祖，稱自己的國家為「周」，後世人又叫它「周武」王朝。

緊接著，武則天又封自己的五代先人為皇帝、皇后。在追封完自己的祖宗之後，又封武姓為王。侄兒武承嗣為魏王，武三思為梁王，武攸寧為建昌王，其他侄子也被封為郡王。新的王朝建立後，新皇帝就要重新配置自己的資源。武承嗣被封為文昌左相，岑長倩為右相、同鳳閣鸞臺三品。給事中傅遊藝、岑長倩、右玉鈐衛大將軍張虔勖、左金吾大將軍丘神等皆賜姓武。傅遊藝當然也沒有被虧待，連升六級。

　　武則天稱帝后定都洛陽，所有皇家用物都移到洛陽，武氏神主移於神都的太廟，長安李唐太廟改為享德廟。只祭祀高祖、太宗、高宗，其他人都不祭祀。接著，又進行了一系列的祭祀活動。

改變為政舉措

在唐朝推翻隋朝之後，承襲了隋朝的科舉制度。因為科舉考試是關係到個人前途命運的大事情，所以，在考場上也出現了越來越多的舞弊現象。

大唐初年的試卷是由考生自己寫上姓名和籍貫的，學習不好的人就想在這上面做文章。考官收了考生的錢也就睜一眼、閉一隻眼了，也有考官因為收了錢，故意提高考生的分數和等級。因此，考場舞弊現象的出現，導致了科舉考試不再有公平競爭的局面。

這個現像在武則天臨朝的時候已經很嚴重了，她感到這種科舉制度難以將德才兼備的人選入朝廷。如果不對其加以控制，那麼，將來朝廷上就會只剩下一批庸才，自己的統治也必將受到影響。在經過一番研究之後，她決定在今後的科舉考試中實行「糊名法」。

「糊名法」實施後，有效地制止了考試舞弊現象的發生，這也是考試制度的一個極大進步。

在武則天當政時期，影響最大的舉措莫過於對科舉制度的改革和對人才的搜求。在科舉制方面，武則天首創的就有殿試、自舉、武舉和制科等。而此前的科舉制度則分為常舉與制舉兩種：常舉是經常舉行的考試選官制度，主要有進士、明經、明法、明書、明算、秀才等科目；制舉是皇帝臨時特詔的科舉考試，不常進行。

所謂殿試，就是由皇帝親自對筆試通過者進行面試。由此不難看出，武則天不但注重才學，而且還注重相貌和口才。她親自在洛成殿主持過殿試，既增加了考試的嚴格性和真實性，又增添了考生的光榮感，覺得自己是「天子門生」了，由此，也更加增強了考生忠君愛國的使命感。

此外，武舉的內容則包括騎射、馬槍和舉重等。通過者由兵部直接錄用，其後，宋、元、明、清四朝，也都開設過武科。武則天首創的這兩項科舉制度，對後世的科舉制度都有著極為深刻的影響。

　　武則天不僅增加了常舉的難度和制舉的次數，而且在神都洛陽創立了殿試；又於西元 702 年農曆正月，在重返長安大明宮期間「初設武舉」。

　　從此，在應試的群體中，除了雲集大批舞文弄墨的飽學之士之外，還湧動著許多舞槍弄棒的驍勇將才，這些也足見武則天時期科舉制度的蓬勃發展，同時，也積極有效地拓寬了人才的選拔渠道。

　　武則天在稱帝以後，她更加重視人才的重要性。她認為「國家地域遼闊，不是一個人就能夠主宰得了的，一定要有人進行輔助才行」。因此，只要是有能力的人，不管門第的高低，不管資格老與不老，一律量才而用。後來，在經過了一系列的改革之後，武則天重用了一大批德才兼備之人。

　　武則天在任用人才時，最重要的一個特點就是：不分門第和民族，只要他是個有能力的人，就會加以重用。她在完善科舉制後，還是覺得自己的人才渠道不夠寬。對人才的求賢若渴，使她又出臺了其他選拔人才的措施。

　　早在高宗時期，武則天就很注重少數民族人才的選拔與任用。武則天當政後，將其定為常規性的制度。這樣既有利於邊疆的穩固，同時又進一步加強了中央集權的統治。

　　武則天任用了很多賢臣來治理天下，在歷史上以知人善任而著稱，武則天一朝也被號稱為「君子滿朝」。她在吸收人才時，允許「官員推薦」和「自薦」。當時的宰相、大臣都把舉薦賢才當作自己的任務，仔細留意著身邊的人，發現人才即刻進行舉薦。

　　婁師德舉薦的狄仁傑更是常常向武則天推薦人才，經他引薦而被提拔的各類人才，有桓彥節、敬暉、竇懷貞、姚崇等人，並都成了國家的棟梁之

材。當然，有才識的人也可以進行自薦，農、工、商皆可自薦，這在中國歷史上也是空前的。

透過實行一系列的改革和創新，使得周武王朝人才急劇增加。這樣，也就出現了一種現象，即官場中的官位不夠用了。隨後，武則天便想出了一個「試官」的好辦法，實際上就是給你個試用期，試用期合格就留下，試用期不合格就可能會有性命之危了。武皇帝的手段雖然殘忍了些，但是一批優秀的人才也因此而脫穎而出了。

這種不拘一格選拔人才的政策，不僅擴大了中小地主階級出身的知識分子參與治國理政的機會，也使這些人才都參與到了盛唐文明的創造之中，因此，可以說武則天是盛唐文明的傳承者和開拓者。

除了科舉制之外，武則天還透過其他各種辦法蒐羅人才。她曾多次敦促各級官員舉薦人才，甚至派招撫使到各地巡行以招攬人才。就搜求人才的熱心程度而言，武則天的確是中國歷史上極為罕見的君主。

這些措施確實也收到了極好的效果，狄仁傑、魏元忠、張柬之等均為當時名臣，而姚崇、宋璟等則成了開元名相，開元盛世的人才基礎，正是武則天時期打下的。

在經濟上，武則天主張興修水利。在她臨朝和稱帝的二十一年的時間裡，她一共興修了 19 項水利工程。西元 698 年，武則天收到了一份來自於湖州安吉地方官建議引天目水灌溉農田的奏表後，她立即下令引天目水入邸閣池、石鼓堰，灌溉眾多乾涸的農田。

此外，在冀州也修建了兩項水利工程：一項是在西元 689 年，武則天下令羊元在衡水，也就是現在的河北衡水西修建羊令渠；一項則是在西元 694 年，在南宮縣，也就是現在的河北南宮縣西北修建的通利渠。這兩項工程均造福了當地百姓。

在西元 701 至 704 年的時間裡，武則天又下令竇琰於青州故營丘城東北開水渠，引白浪河水灌溉農田，長 30 裡，號稱竇公渠。

在武則天的影響下，各地方的官吏也紛紛地重視起農業生產和水利建設。彭州九隴縣刺史開鑿水渠，引沱江水灌溉九隴唐昌農田，使得當地百姓大受其益。

武則天曾在建言 12 事中就建議「勸農桑，薄賦役」。在她掌權以後，又編撰了《兆人本業記》，並頒發到各個州縣，作為州縣的官員進行農業生產的參考。此外，她還注意到了地方吏治的作用，同時，還加強了對地主官吏的監察。

此外，對土地兼併和逃亡的農民，武則天也採取也比較寬容的政策。因此，在武則天的統治時期，社會是相當安定的。此外，農業、手工業和商業也都有了長足的發展，戶口也由唐高宗永徽三年即西元 652 年的 380 萬戶增加到了唐中宗神龍元年，也即西元 705 年的 615 萬戶。這不僅是一個飛快的提高，同時，也反映了在武則天時期的經濟發展。

為了鞏固西北邊防，促進往來經濟的發展，武則天又命人打通了曾經中斷的「絲綢之路」。在天授年間，婁師德檢校豐州都督「屯田積穀數百萬，兵以饒給」，這是邊軍屯田政策帶來的好處。

屯田政策使軍隊能夠自給自足，從而減少了國家和人民的負擔。同時，對於促進邊境的穩定也有著積極的作用。此時，均田制也開始瓦解了，民戶逃亡現象開始普遍起來，武則天對此也採取了相對寬容的政策，從而促進了生產力的發展。可是，民戶逃亡也使政府的稅收受到了損失，由此也增加了社會的不穩定因素。武則天還尊崇佛教，大修廟宇和建造了規模宏大的明堂、天堂，這些行為加重了人民的負擔。

在軍事上，武則天時期基本上維持了唐朝的疆域和地位，由於她在稱帝

時殺了一大批能征慣戰的宿將名帥，更由於均田制的逐漸瓦解，使得府兵減少，由此也使得國家的防禦力量逐漸減弱，因而也導致了在一段時間內對外戰爭的頻頻失利。

安北都護府在高宗死時尚由唐朝統治，而濫殺程務挺、棄用王方翼等名將便使東突厥復國。武則天幾乎將太宗和高宗辛苦經營的安北、安西全部放棄了，不過，後來隨著統治的穩定又逐漸挽回了局勢。

武則天臨朝稱帝后的最初幾年，四境無事。但自西元 687 年開始，邊塵又起，其規模不亞於高宗在位時期。她早就有了處理邊境戰事的經驗，因此調兵遣將，攻防結合，仗恃雄厚的國力，使邊境復歸於平靜。

此時，由於軍隊用在內地的時候較多，這樣就使得邊陲有些空虛了。邊境的外族企圖趁機而入，武則天對此也採取了有效的措施，來保護邊境的安寧。

東突厥強大起來後，屢攻西突厥，西突厥人散亡將盡。西元 692 年農曆二月，吐蕃党項羌萬餘人內附，唐分置十州轄之。五月，吐蕃酋長葛蘇率貴川部與党項羌 30 萬人內附。

武則天命右玉鈐衛將軍張玄遇為安撫使，並率兵二萬迎敵。六月，唐軍渡過大渡河西，聽說吐蕃已擒葛蘇，只有羌族酋長昝插率羌族 8000 人內附，張玄遇將其部安置在萊川州而還。

在攻打吐蕃時，王孝傑為副總管，從工部尚書劉審禮領軍西行。唐軍與吐蕃大將論欽陵戰於青海大非川。唐軍大敗，由於李敬玄按軍不敢相救，導致劉審禮與王孝傑被俘，不久劉審禮傷重而死。

吐蕃贊普赤都松贊看見王孝傑後，因其相貌與父親相似而厚加敬禮，王孝傑得以免死而回到了大唐。隨後，武則天任命王孝傑為右鷹揚衛將軍。

武則天考慮王孝傑久在吐蕃，知其虛實，又是沙場的老將，不僅沒有懷疑他，反而力排眾議，果斷任命王孝傑為武威軍總管、武衛大將軍阿史那忠節為副將出兵攻打吐蕃。

王孝傑率軍進入西域後，擊敗了吐蕃，又收復了龜茲、于闐、疏勒、碎葉四鎮，並於龜茲置安西都護府，派兵進行鎮守。

西元 694 年，王孝傑又打敗了吐蕃大將勃論贊刃和吐蕃擁立的西突厥十姓可汗阿史那俀子。為了表彰王孝傑，武則天提拔他為夏官尚書、同鳳閣鸞臺三品。

同時，武則天還命已有豐富的靖邊、屯田之經驗的老將婁師德為河源等軍檢校營田大使，以便就近向軍中提供糧秣，從而避免了轉輸及供應的困難。

西元 693 年，突厥可汗骨篤祿卒，其子尚幼，其弟默啜自立為可汗，迅即攻擾靈州。武則天派右鷹揚衛大將軍李多祚擊破其攻擾，接著任命薛懷義為代北道行軍大總管，以討默啜。

薛懷義還未出發時，突厥就已經退兵了。當時李昭德以檢校內史兼長史，蘇味道亦以宰相職務兼司馬，其陣容之大，有十八位將軍在其中。

武則天以薛懷義為帥，連宰相兼武威道大總管的韋孝傑亦受其節制。其實，這種透過親信掌握兵權的做法是很不妥當的，使得諸謀臣和將軍都沒有什麼積極性了。

這一年的農曆五月，在舊永昌郡地，也就是現在的雲南大理及哀牢山以西地區，少數民族首領薰期統率部落 20 餘萬戶內附，武則天很高興。在天授中，她就曾派監察御史壽春、裴懷古等安撫西南少數民族，現在已經取得了成效。

到了西元 695 年時，武則天命韋孝傑為朔方道行軍總管，攻打突厥，但是卻沒有成功。七月，吐蕃再擾臨洮，武天把防禦吐蕃的事再次交給了王孝傑，改任王孝傑為肅邊道行軍大總管以討之。與此同時，東突厥首領默啜也表示願意投降，並且還派使者來到了朝廷。武則天十分高興，冊封他為左衛大將軍、歸國公。

改變為政舉措

　　西元 696 年，武則天增派婁師德為肅邊道行軍副總管，助王孝傑討吐蕃，仍兼宰相職務。農曆三月，王孝傑和婁師德率軍與吐蕃老將論欽陵、論贊婆戰於素羅汗山，也就是現在的甘肅臨潭以西，由於吐蕃勢力強大，兩員老將大敗而歸。後來，王孝傑被貶為了庶人，婁師德則被貶為了原州員外司馬。當時在婁師德移交文牒時吃驚地說道：「官爵都沒有了嗎？」馬上又說，「也好，也好。」一副大智若愚的模樣。由於當時有很多地方有戰事，因此而導致唐兵分散防禦，難以形成優勢局面，所以也導致了敗局的出現。

　　吐蕃大敗唐軍後，又派遣使者來請和親。武則天派右武衛冑曹參軍郭元振前往商談。商談完後，武則天贊同郭元振的意見，並採納了以靜制動的對策。

　　果然，在西元 699 年時，吐蕃發生了內訌，論欽陵獨專國政，諸弟都戍守四方。其中，論贊婆專東境之戰守已有 30 年，兄弟們都雄才大略，國中眾將臣都忌憚他們。

　　吐蕃贊普器弩悉弄既年長，欲自掌國政，逐漸與論欽陵產生了矛盾。論欽陵提兵在外，贊普託言狩獵，勒兵抓其親信黨羽 2000 餘人，並且把他們都給殺了。隨後，又派遣使者召回論欽陵、論贊婆等兄弟。論欽陵不受命，與論贊婆率軍攻打贊普。在內訌中，論欽陵兵潰自殺。論贊婆遂帶所部及論欽陵之子莽布支等降唐。

　　武則天派遣羽林騎迎接慰勞，並提拔他為特進、輔國大將軍、歸德郡王，莽布支為左羽林大將軍、安國公，皆賜以免一切死罪的鐵券，對他們也是非常的優待。論贊婆領兵戍守河源，不久後便死去了，唐廷贈論贊婆為「安西大都護」。吐蕃兵力在內訌中兵力大為削弱，同時，又失去了與大唐有交往經驗的論欽陵兄弟，其攻勢就很弱小了。

　　西元 700 年，吐蕃攻涼州，武則天派遣左肅政御史大夫魏元忠為隴右諸軍大總管，率隴右諸軍大使唐休出討，斬首兩千級。贊普又親率萬騎攻悉

州，悉州都督陳大慈四戰皆勝。

西元 701 年，武則天大膽地任用官卑資淺的郭元振為涼州都督、隴右諸軍大使。郭元振增築城堡、廣開屯田、累積軍糧，加上他又善於安撫部下，令行禁止，漢族與少數民族人民對他都很畏慕，百姓安寧，西部邊疆沒有再發生大事。

此後，對唐廷威脅最大的敵人，便是來自於契丹族的攻擾了。西元 696 年，周武營州都督趙文翽虐待已經臣服的契丹酋長，從而激起了邊患。

這年農曆五月，趙文翽被契丹松漠都督李盡忠、歸誠州刺史孫萬榮攻陷營州殺死。李盡忠自稱無上可汗，占領了營州。孫萬榮領兵一路搶占，多日以後他帶領軍隊進攻檀州。

武則天聽到這個消息後，心裡十分著急，立即派鷹揚衛將軍曹仁師、右金吾衛大將軍張玄遇、左威衛大將軍李多祚等人率軍討伐孫萬榮。可是，朝廷的大軍還沒有到兩軍陣前就中了契丹人的計謀，因而打了敗仗。

原來，契丹攻占營州後把抓到的俘虜關進了大牢。之後，又派人告訴他們說：「我們是契丹軍人的家屬，這裡已經吃了上頓沒下頓了，等你們的軍隊一到就會投降。」接著，便把這些俘虜給放了。

放之前，他們還說道：「我們不忍心殺你們，但是也沒有多餘的糧食來養活你們，你們還是回去吧！」

被放回來的俘虜回來後對朝廷的官佐說，契丹人現在沒有吃的了，人們都想投降。這下可好，帶兵的連分析、刺探都沒有進行，就爭先恐後地前往契丹的軍營中了。

在行進到黃獐後，契丹派出一群老弱病殘來與朝廷的軍隊作戰，朝廷軍隊一看是這種情形，於是，也就更加不把契丹軍隊放在眼裡，結果就中了契丹人的埋伏。

改變為政舉措

契丹軍生擒了右金吾大將軍張玄遇和司農卿麻仁節，唐軍傷亡慘重。契丹軍強迫張玄遇在假文件上簽下自己的名字，派人送給後軍總管燕匪石等人，意思是敦促他們急行軍趕往營州。結果，唐軍再次中了圈套，並且是全軍覆沒。

武則天聽後暴跳如雷，於是便下令山東附近的州組織武騎團兵，抗擊契丹的軍隊，直到消滅契丹叛軍為止。接著，她又派出右武衛大將軍武攸宜等人集合 18 萬大軍討伐契丹軍隊。

此時的契丹軍隊已經攻進了崇州，龍山軍副使許欽寂也被活捉。契丹軍隊打到了安東都護府城，因為許欽寂不肯投降，便在城下將他殺死。

契丹人的反叛使吐蕃和突厥更加活躍起來，此時的形勢，是十分嚴峻的。這個時候，突厥酋長默啜想認武則天做義母，為他的女兒求婚，還要求歸還河西地。只要能答應這些條件，他就帶兵討伐契丹。

武則天認為這些條件有傷國體，因而並沒有答應他。但是，卻任命他為左衛大將軍、遷善可汗討伐契丹。這年十月，契丹的首領李盡忠去世了，軍隊由孫萬榮帶領，默啜藉著這個機會襲擊松漠，俘虜了李盡忠和孫萬榮的家屬。武則天拜默啜為頡跌施大單于、立功報國可汗。

孫萬榮領著殘餘勢力向河北進發，先攻下了河北冀州，殺死刺史陳寶積，接著攻打瀛洲，河北民眾紛紛逃亡。武則天召回了被貶的狄仁傑，封他為魏州刺史對抗契丹軍。這時，以前的刺史正帶著老百姓搬磚搗土、砌牆修壘，做著迎戰契丹兵的準備。

狄仁傑到了冀州後，命令百姓回家，人們不理解，問他原因。他說：「契丹兵還遠著呢！用不著這麼大動干戈，到時候我自有辦法來應對。」

官民聽了心裡頓時覺得有領導中心，安心了許多。說也奇怪，契丹人聽說狄仁傑在這裡守城，竟然真的不敢進攻退了回去。當地的人都很信服狄仁

傑，為他立碑唱讚歌。此後，武則天又封狄仁傑為幽州都督，進一步抵抗契丹的進攻。此時，朝廷正在用人之際，曾經被貶的婁師德也再次被起用，來抵抗契丹的進攻。

西元 697 年農曆三月，武則天命令王孝傑帶領 17 萬大軍隊向契丹軍發起進攻，雙方在東硤石谷大戰。契丹被打得落荒而逃，王孝傑窮追不捨。追到山嶺前時，契丹兵掉過頭繼續與王孝傑大戰，王孝傑的後軍蘇宏暉見到這個陣勢，竟然被嚇跑了。王孝傑被契丹人追到懸崖上，墜谷而死，將士幾乎全部也被消滅。

武則天聽到這個消息後，真是又氣又恨，打算派人把臨陣脫逃的蘇宏暉給斬了，可是沒想到，蘇宏暉後來卻立了戰功。於是，武則天便放過了他。隨後，她便追封了王孝傑官爵。武則天被契丹人攪得坐立不安，她發誓要與契丹人決一死戰。於是，她又派出大軍對契丹人再次進行討伐。

孫萬榮打敗了王孝傑之後，在柳城西北方 400 里處憑著險要位置建起新城，留下部隊防守，自己帶著精兵攻打幽州。默啜這個時候受到了武皇帝的獎賞，帶著兵攻打契丹的新城，沒費多大力氣就打了下來。

孫萬榮知道後，很是驚慌。新城是他的基地，後備都在那裡，新城一毀，他什麼保障都沒有了。這時，唐軍總管張九節乘勢攻打，結果，孫萬榮大敗至潞水。孫萬榮的家僕見大勢已去，便把他殺了，並且投降了朝廷。至此，契丹的叛亂被平息了。

西元 702 年，武則天把天山以北地區從安西都護府劃分出來，並且還設立了北庭都護府，用以治理庭州、碎葉、龜茲、于闐和疏勒等地。

武則天稱帝以後，在政治改革、人才選拔與培養、農業經濟的發展以及穩定邊境方面作出了不小的成績，從而也顯示出了一代女皇的卓越風采。

用奇才狄仁傑

武則天之所以能夠成功，其最重要的一個原因，就是她能夠選賢舉能、知人善用。在武則天時期，出現了一大批經國治世的賢才。這些人與武則天一起披荊斬棘，成就了一個繼往開來的武則天時代。

武則天非常重視用人之道，她一方面鼓勵告密，信任一些奸佞小人，以鞏固自己的政權；另一方面又能及時發現和重用一些治國愛民的賢才，以此來穩定社會和發展生產。

武周時期的一位名相狄仁傑，在豫州任刺史的時候，因辦事公平、執法嚴明，而受到了當地百姓的稱讚。武則天聽說了他的才能和品行後，立刻把他調到了京城，並任命為宰相。

武則天召見狄仁傑時對他說：「聽說你在豫州的時候名聲很好，但是，也有人在我面前揭你的短，你想知道他們是誰嗎？」

狄仁傑立即回答道：「別人說我不好，如果確是我的過錯，我應該改正；如果陛下弄清楚不是我的過錯，這就是我的幸運。至於是誰在背後說我的不是，我也並不想知道。」武則天聽了他的回答後，覺得他是個器量大的人，於是，便更加地賞識他了。

在來俊臣得勢的時候，他曾多次誣告狄仁傑謀反，並把狄仁傑打進了牢監。武則天愛惜狄仁傑是個正直的名相，不僅對他加以保護，而且還不斷地提升和重用他。此外，武則天還把他尊稱為「國老」，並且給予了特殊的禮遇。

狄仁傑出身於官宦世家，爺爺是貞觀時期的尚書左丞狄孝緒，父親狄知遜做過夔州長史。他聰明好學，通過了明經科考試，被任命為汴州判佐。在

高宗儀鳳年間，狄仁傑被提拔為大理丞，主管斷案。他剛正不阿，廉潔奉公，一年內處理了大量的積壓案件，一時間聲名大噪，朝野為之讚歎。

狄仁傑不畏權貴，敢於直言進諫。西元 676 年，武衛大將軍權善才因為誤砍了昭陵的柏樹，高宗想要處死他。可是，狄仁傑認為權善才罪不當誅，想請高宗免了他的職務就算了。

這時，高宗生氣地說道：「他砍了我先輩的樹，這不是將我陷於不孝之地嗎，我怎麼能放過他呢？」大臣們都看著狄仁傑，希望狄仁傑出來為權善才求情。

狄仁傑走上前，對高宗說：「我聽說遵循皇上的意思，權善才是忤逆主上，我覺得其實並不是這樣，忤逆祖上，在夏桀、商紂的時代是難以發生的事，但在堯舜時代這些事很容易發生。我很幸運趕上了像堯舜一樣的時代，所以我不懼怕會得到比干那樣的下場。漢文帝時，曾有人偷了高廟的玉環，張釋之在朝堂上進諫，偷盜者免於一死。魏文帝要遷徙冀州士家十萬戶，辛毗據理力爭，他的建議也被採用了。況且明主是講道理的，忠臣是不會因為害怕而退縮的。如果皇上您不採納我的意見，我死之後，就無法面對地下的釋之和辛毗這樣的忠臣了。皇上制定的法令都是有級別差異的，怎麼能在犯人沒有觸及極刑的情況下就將他賜死呢？如果不按法律行事，老百姓該怎麼辦呢？如果皇上你要變法，就從現在開始吧……」

這話說得十分巧妙，軟硬兼施。高宗理解了狄仁傑的意思，於是免了權善才的死罪。不久，狄仁傑被高宗任命為侍御史，負責審訊案件，糾劾百官。他不辱職責，對巴結逢迎的、貪贓枉法的、刻薄百姓的、仗勢欺人的官員進行彈劾。

西元 679 年，司農卿韋弘機在宿羽、高山、上陽等地修建宮殿，宮殿豪華壯麗。狄仁傑奏報韋弘機引誘皇帝追求奢靡，高宗便免了韋弘機的職。左

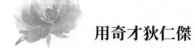

用奇才狄仁傑

司郎中王本立因為受到朝廷的重用，飛揚跋扈，朝臣很忌憚他。狄仁傑毫不客氣地揭露了他為非作歹的罪行，請求高宗交給相關部門審理。

當唐高宗想要包庇王本立時，狄仁傑說道：「國家雖然缺少人才，但是，怎麼會需要像王本立之流的人呢！皇上您何必為了一個罪人而損害王法呢？如果您一定要維護王本立，那就把我流放到沒人的地方去吧！好讓忠貞的大臣引以為戒！」因為狄仁傑的公正不阿，王本立最終還是沒有逃脫法網。

後來，狄仁傑被升任為度支郎中，就是管理國家預算、皇家吃穿用度的官員。高宗準備巡幸汾陽宮，狄仁傑被任命為知頓使，安排途中住宿問題。并州長史李沖玄征發數十萬人專門給高宗鋪路。狄仁傑知道後免除了數十萬人的勞役，高宗大加讚賞。

在揚州叛亂期間，狄仁傑出任豫州刺史。他除了為幾千人洗脫了罪名以外，還在這時得罪了一個人。他就是平定越王李貞的宰相張光弼，正當將士們以為自己立下了大功、會得到封賞時，狄仁傑不但沒有同意，反而狠狠地斥責張光弼不該大肆屠殺投降的兵卒，還要用殺降兵來邀功。

張光弼對狄仁傑十分憎恨，並且把這件事記在心裡。等到回到朝廷後，張光弼上奏說狄仁傑對自己不恭。此時，朝廷因為張光弼立了功，怕這時訓斥張光弼會引起將士寒心，於是，便將狄仁傑貶為復州刺史，同為洛陽司馬。

西元 686 年，狄仁傑任寧州刺史。當時的寧州各民族雜居在一起生活，狄仁傑知道因為文化差異、風俗習慣的不同，各民族之間，尤其是少數民族與漢族之間容易產生糾紛。

於是，狄仁傑十分注意處理少數民族與漢族之間的關係，在當地還被人立碑稱頌。御史郭翰在巡察到這個地區時，聽到寧州人人稱頌狄仁傑，於是在回朝後便舉薦了狄仁傑。狄仁傑又被升為了工部侍郎、江南巡撫使。

由於武承嗣勾結酷吏來俊臣誣告狄仁傑等大臣謀反，狄仁傑被逮捕入

獄。後來，透過狄仁傑的智謀和武則天的保護才沒有被致死，武則天將7位涉案人員給釋放，並貶為了地方官，而狄仁傑也被貶為了彭澤令。

在彭澤做縣令時，狄仁傑勤政愛民，忠於職守。就在他赴任的這一年，彭澤發生了旱災，莊稼沒有收成，百姓沒有糧食吃。狄仁傑上書請求朝廷發糧賑災，免除百姓饑餓之苦。由於他政績出色，又被任命為魏州刺史，後來又被任命為幽州都督。狄仁傑的聲譽和名望不斷提高，武則天為了表彰他的功績，賜給他紫袍和龜帶，並親自在紫袍上寫了「敷政木，守清勤，升顯位，勵相臣」12個金字。

西元697年農曆十月，狄仁傑被召回朝中，恢復了原來的宰相之職。還加封了銀青光祿大夫，兼納言。從此，狄仁傑便成了朝中重臣之一。

西元698年，武承嗣和武三思多次勸說武則天立太子，武則天都是猶豫不決。這時，狄仁傑也勸說她要順應民意，將政權還給盧陵王李顯。也有人說要讓李旦繼續做嗣，但是武則天看到李旦的懦弱，不想讓他做皇帝。

狄仁傑是何等聰明的人，他洞察人情，諳熟世故，知道武則天內心的憂慮與煎熬。所以便對武則天說：「立自己兒子，就可以在死後被安放於太廟；立自己侄子，還沒有聽過侄子成為太子以後，把自己姑姑放在廟裡的。」

武則天心情有些煩亂，於是對狄仁傑說：「這是我的家務事，愛卿你就不要參與了！」

狄仁傑沉思片刻說：「君王是以四海為家的，四海之內，哪分什麼臣和妾呢？哪裡不是皇上你的家呢？你是國家的首腦，我是左右手，道理上講是一體的，況且我在宰相的位置上，又怎麼能不預先知道呢？」武則天聽後，沉思良久，不置可否。經過一番思考，武則天還是暗中將李顯接回宮中，立為皇嗣，李唐江山得以傳襲。

西元698年秋天，就是突厥南下騷擾河北這一年，武則天命狄仁傑為元

用奇才狄仁傑

帥討伐突厥。突厥默啜可汗燒殺搶掠了趙、定等州，並將兩州男女一萬多人擄回漠北，狄仁傑卻沒有追上，武則天又任命他做河北道安撫大使。面對戰亂後的凋殘景象，狄仁傑提出 4 點建議：

1. 赦免河北諸州，過往不咎，這樣被突厥驅逼行役的無辜百姓就會願意回鄉生產。
2. 賑濟災民、貧民。
3. 修驛路。
4. 禁止部下騷擾百姓，違令者斬。這有利於河北的安定。這些措施實施後，河北的局面穩定了，狄仁傑的功德進一步彰顯出來。

西元 700 年，狄仁傑被提升為中書令。夏天時，武則天到三陽宮避暑。有位胡僧請她看安葬舍利，武則天信奉佛教，高高興興地想要和胡僧一起去。

這時，狄仁傑急忙跪倒在馬前，奏報說：「佛是外國人的神，不值得讓身為九五至尊的您屈駕，況且這個胡僧形跡可疑，如果他是真心想要邀請的話，就應該派車迎接才對呀。」

聽了狄仁傑這麼一說，武則天也覺得有些蹊蹺，於是便沒有同去。這年秋天，武則天想要造浮屠大象，工程預算費用達到數百萬，宮中沒有這些錢，於是便號召僧尼每天捐錢。

狄仁傑上表說：「如來本意是以慈悲為懷，怎麼能役使他們來修建虛空的東西呢？近來水災、旱災時有發生，邊境也是十分不安寧，如果耗費了國庫的銀兩，又用盡了人力，如果再發生了災禍，又該拿什麼去扶持呢？」武則天聽了狄仁傑的話後覺得十分有道理，於是，就取消了工程。

狄仁傑還有一個優點，就是善於發現和舉薦人才。他對武則天知人善用、愛惜、重用人才的做法也是十分欽佩的，於是，他也大力地為武則天推賢舉能。

有一次，武則天請狄仁傑推薦將相之才，狄仁傑向武則天推薦荊州長史張柬之做宰相。武則天將張柬之提升為洛州司馬，幾天後，武則天再請狄仁傑為他推薦將相之才，狄仁傑說：「之前我推薦的張柬之你還沒有任命呢！」

　　武則天說：「我已經提拔他了啊！」

　　狄仁傑笑笑說：「皇上，我給你推薦的是宰相，可不是司馬呀！」武則天眨了兩下眼睛，想了想答應任命張柬之為秋官侍郎。過了一段時間後，又將張柬之任命為宰相。

　　狄仁傑先後推薦了蘇味道、李嶠、張柬之、姚崇、桓彥範、敬暉等數十人，這些人後來也都成為了一代名臣，以至於有人對他說：「天下桃李，悉在公門矣。」

　　可是，狄仁傑卻堅定地表示：「薦賢為國，非為私也。」

　　對於真正的人才，只要舉薦可信，武則天基本上都能知人善任、量才為用。可以說，被武則天選出來的人才被委以重任之後，政風陡變，朝中出現了一種剛正之氣，這些人後來也都成了唐代中興名臣。

　　狄仁傑對少數民族的人才也是一視同仁的。契丹猛將李楷固多次率兵打敗武周軍隊，後來被周武軍隊打敗而投降，有的人主張將其斬殺。可是，狄仁傑卻認為李楷固驍勇善戰，如果饒他死罪，他一定會感恩戴德，為國家捨身效命。

　　於是，狄仁傑上書武則天授予李楷固官爵，派他專門征討契丹，武則天同意了他的請求。正如狄仁傑所料，李楷固等人率軍討伐契丹殘餘部隊，得勝還朝。武則天大擺筵席以示慶賀，她舉杯對狄仁傑說：「這都是你的功勞啊！」

　　武則天對狄仁傑的信任是其他大臣望塵莫及的，她對狄仁傑所提出的建議總是能仔細地思考。此後，狄仁傑不止一次地告老還鄉，武則天就是不允

用奇才狄仁傑

許。年邁的狄仁傑進宮見她,她總是不讓他下拜,不但如此,武則天還告訴大臣說:「如果不是什麼軍政大事就不要打擾狄公了。」

西元 700 年,狄仁傑去世,朝野為之悲痛。武則天也流下了眼淚,並說自己的朝堂空了。接著,她又封狄仁傑為文昌右丞,謚號文惠,追贈司空。可見,武則天對狄仁傑的愛惜與敬重之情。

用名將婁師德

在武則天時期，婁師德也是令她十分尊重的人。婁師德是鄭州原武人，20 歲時考中了進士，被任命為江都縣尉。揚州長史盧承業十分器重他，並說他是棟樑之材。果然不出盧承業所料，此後，婁師德的官位一直都在高昇。

西元 677 年，高宗為了應對來自吐蕃的威脅，頒發了《舉猛士詔》，並在全國進行招兵。婁師德一心報國，雖然是個文官，卻也應召入伍。高宗對婁師德的行為非常讚賞，讓他當上了朝散大夫。

西元 678 年，高宗派中書令李敬玄為洮河道行軍大總管，工部尚書劉審禮為洮河道行軍司馬，率領近 20 萬大軍大舉進攻吐蕃。吐蕃聽到消息後，命大將噶爾·欽陵督兵準備與唐軍大戰。

農曆七月，雙方在龍支交戰。唐軍仗打得很不順，劉審禮兵敗被捉，而此時身為唐軍主帥的李敬玄卻害怕起來，消極防守，使大唐軍隊處處被動挨打。當李敬玄率領唐軍奔逃到承鳳嶺時，被噶爾·欽陵的軍隊包圍了。幸好這個時候，左領軍員外將軍黑齒常之率領 500 名敢死隊偷襲吐蕃軍營，打敗了吐蕃軍。李敬玄這才得救，率領軍隊退回鄯州，但唐軍損傷已過半。

因為吃了敗仗，唐軍士氣低迷，如果此時吐蕃再次派兵攻打，唐軍便有全軍覆沒的危險。在這個危難時刻，婁師德挺身而出，他集合剩餘的兵力，重新鼓舞士氣。接著，婁師德便奉命出使吐蕃，與吐蕃首領在赤嶺會面。在會談中，婁師德大力宣揚唐朝要休兵的願望，借此把吐蕃穩住，並且贏得了鞏固河隴一帶防線的時間。

吐蕃首領見唐軍求和，也非常願意。隨後，雙方停止用兵，此後很多年吐蕃沒有侵犯大唐邊境，邊境稍微安定了些。高宗認為這是婁師德的功勞，

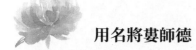

用名將婁師德

於是提拔他做殿中侍御史，兼河源軍司馬，知營田事。自此，婁師德成為抵抗吐蕃入侵的中流砥柱。

雖然吐蕃與大唐已經達成和解，不再大舉來犯。但是，還是會時常騷擾邊境，這讓大唐的統治者極為困擾。大唐此時在河隴一帶只採取守勢，屯田備邊。但高宗越想越不對勁，決定再次對吐蕃用兵。西元 681 年農曆五月，被高宗派為河源軍經略大使的黑齒常之出兵吐蕃，在良非川大敗吐蕃軍隊。

西元 682 年農曆五月，噶爾·欽陵率領大軍進犯柘、松、翼等州。十月，吐蕃進攻河源軍。為了應對吐蕃軍的進攻，婁師德率領軍隊進行反擊，雙方軍隊在白馬澗發生激戰。

由於婁師德指揮得當，使得唐軍八戰八捷。經過這些戰爭，唐軍威名遠颺，吐蕃攻勢也得到了極大的抑制。戰後，婁師德被封為兵部員外郎、左驍衛郎將、河源軍經略副使，與河源軍經略使黑齒常之在河源一帶共同抵禦吐蕃。

西元 690 年，婁師德又被提升為左金吾將軍、檢校豐州都督，依舊知營田事。武則天在這個時期極為重視儲糧備戰，婁師德在北方營田 10 多年，糧食儲備也達數萬斛。軍隊糧食供給充足，不必再把時間、精力和財力都花費在運輸上。周武時期安西四鎮的軍事能夠保持常勝，與此也有著很大的關係。

武則天因此對婁師德大加讚賞，為了表彰他的功績，武則天還特意下了詔書進行褒獎。

西元 692 年，婁師德被召回朝廷，封為夏官侍郎判，判尚書事；第二年，又被封為鳳閣鸞臺平章事，進入宰相行列。之後，武則天考慮到營田關係到邊鎮軍糧的供應，於是又找來婁師德，對他說邊境營田非他莫屬，派他做河源、積石、懷遠、河、蘭、鄯等地的檢校營田使，唐朝西北部以及北部邊鎮屯田因此變得十分興旺。沒過多久，婁師德被召回朝廷任秋官尚書。

就在這個時候，西北邊事又起，吐蕃軍進攻河西，想以此切斷唐朝與西

域的聯繫。西元 696 年，武則天派工孝傑為肅邊道行軍大總管，婁師德為副總管，率領軍隊迎戰。接著又提拔婁師德為左肅政御史大夫，並知政事。

這一年的農曆三月，唐軍與吐蕃軍隊在素羅汗山打了起來，吐蕃將領發誓要與唐軍決一死戰，拼了命地攻打唐軍，結果唐軍大敗，傷亡慘重。這一仗打得唐軍元氣大傷，唐廷上下頗為震動，婁師德也被貶為原州員外司馬。

西元 697 年農曆正月，武則天又讓婁師德做了鳳閣侍郎、同鳳閣鸞臺平章事，率領 20 萬大軍攻打契丹。唐軍經過浴血奮戰，終於平定了契丹。平定契丹以後，武則天命婁師德、狄仁傑等人安撫河北，婁師德為這一地區的安定作出了貢獻。九月，婁師德代理納言一職，一直升到譙縣子。西元 698 年農曆四月，婁師德被任命為隴右諸軍大使，檢校河西營田事。

緊接著，吐蕃又發生了內亂。婁師德因為熟悉吐蕃風土人情以及軍事情況，被武則天任命為天兵軍副大總管，負責招撫吐蕃。吐蕃因為內亂兵力大為削減，一蹶不振，所以婁師德輕鬆地招撫了吐蕃。

婁師德為人穩如泰山，有著豐富的行政、軍事和屯田經驗。此外，由於他器量超人，雖然處於大獄屢興、政治風浪翻滾的時期，但是卻從未動過他一絲一毫。他智慧超群，大智若愚，無論是在朝內，還是在軍中，他做得都是遊刃有餘，因而也能夠一直都保全著自己功名和身分地位。此外，婁師德還是個心地善良的人，他為人深沉，忍耐力也是極強的。

有一次，他與李昭德一同進朝。因為婁師德體型肥胖，所以行動緩慢，害得李昭德等來等去。他便生氣地對婁師德說：「都是你這個鄉巴佬慢吞吞地耽誤事。」

誰知，婁師德聽了不僅沒有生氣，反而笑呵呵地說道：「我不是鄉巴佬，誰是鄉巴佬。」被人罵了，他還坦然地承認，這又是怎樣的胸懷啊！婁師德在擔任納言平章政事後，經常巡察屯田。

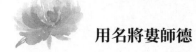

用名將婁師德

　　婁師德對別人親切友善，從來都不會擺架子。也正是因為這樣，他贏得了同僚的尊重。而婁師德能夠長久地遊刃於官場之中，更得益於他忍讓的性格。

　　婁師德的忍讓是出了名的，他的弟弟被任命為代州刺史，臨行之時，他問弟弟：「我是宰相，你又要去做州牧，這樣的榮耀必定會引起人們的妒忌。你怎麼才能免除由此可能產生的禍患啊？」

　　婁師德的弟弟跪在他的面前說：「就算現在有人把唾沫吐在我的臉上，我擦了就是，請哥哥不要掛念了。」

　　婁師德聽了以後更加顯出憂傷的神態說：「這正是我所擔憂的啊！別人用唾沫吐你，就表示對你很生氣。你擦了它，就表示你對他的不滿，這個人就會更加生氣，你要笑著接受，讓唾沫不擦自乾吧！」由此可見，婁師德的忍讓性格可見一斑。也正是因為如此，婁師德得到了武則天的信任。

　　婁師德為官清廉，生活清貧。他在揚州時，曾經和都尉馮元常一起去拜見善於看相的張囧藏。張囧藏見到兩個人後上下打量了一番，便對他們說：「你們兩人都有貴人相，馮元常的貴氣不如婁師德。馮元常收到的錢越多，官當得越大。而婁師德如果收了一點兒錢，就甭想當官了。」

　　果然，馮元常任淩儀縣尉時，行為放肆暴虐殘忍，巡察卻認為他辦事果斷，有能力。於是上奏皇上任命為雲陽尉，又因為他搜刮錢財的事得到平反，被任命為監察御史。

　　不知道婁師德是不是懼怕張囧藏的預言應驗，在做官的數十年裡，沒有為自己謀過一分好處。後來官都當到了臺輔，仍然家徒四壁。之後，馮元常一直做到尚書左丞，因為犯了罪被處死了，而婁師德卻是太平如故。

　　婁師德嚴於律己，卻也不是個呆板之人。他在任監察御史時，遭遇到旱災，為了表示求雨的誠心，按慣例禁止屠宰。婁師德到陝縣視察，當地官員一看這麼大的官來了，不能不有所表示，飯食上還是做了些安排，弄些羊肉

給他吃。婁師德看了便責問他們，說道：「你們怎麼能夠殺羊來吃？」

廚子回答說：「這隻羊不是殺的，是豺狼咬死的。」

婁師德知道這羊是廚子殺的，但事情已經這樣了，還有什麼好說的呢？只好笑笑說：「這只豺狼挺懂禮節的嘛！」

過了一會兒，廚子又端上了一條紅燒魚。婁師德詭異地一笑，瞪大了眼睛問廚子：「它也是被豺狼咬死的？」廚子滿臉通紅，不敢說話。

婁師德大笑說：「你怎麼不說是被水獺咬死的啊？這樣就不會露出馬腳了。」廚子謝罪，婁師德並沒有怪罪於他，而是讓廚子將這些東西分給下人吃。

此外，婁師德還是個愛民如子之人，他從來都不拿自己當大人物來看待，不但不收取錢財，就連吃喝也不願與他人有別。他在當兵部尚書時，曾經巡視并州。進入并州後，附近的縣員都出來迎接並且與之隨行。

到了驛站已經是中午時分，婁師德怕人多擾民，便讓大家聚在一起吃飯。婁師德見自己吃的是精細的白米飯，而別人吃的卻是粗糙的黑米飯，便找來驛長面帶不悅地說：「你對待同樣的人，怎麼用兩種不同的招待方式？」

驛長有些恐慌地說：「我們找不到更多的好米，罪該萬死啊！」

婁師德說：「突然來的賓客遇見了沒有準備的主人，大家一起吃黑米又有什麼關係呢！」於是便換了黑米飯和大家一起吃，在場的人都為之感動。此外，婁師德還是個宰相肚裡能撐船的人。在狄仁傑當宰相之前，婁師德曾在武則天面前竭力推薦他。對於這件事，狄仁傑卻是一無所知。

狄仁傑覺得婁師德就是一介武夫，沒有什麼大的能耐，於是很瞧不起他，並排擠他到外地做官。武則天察覺到狄仁傑對婁師德的不屑，便問狄仁傑：「婁師德是賢才嗎？」

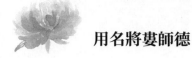

用名將婁師德

　　狄仁傑說道：「他作為一名將領倒是操守嚴謹，但是，至於他是不是個賢能之人，那就不知道了。」

　　武則天又進一步問道：「他有識別人才的能力嗎？」

　　狄仁傑略帶不屑地說：「我曾經和他做過同僚，沒聽說他有這方面的才能。」

　　武則天又笑著說道：「我任用愛卿你，就是婁師德推薦的，他是有識人才的能力的。」接著便拿出婁師德推薦狄仁傑的奏章讓狄仁傑看。狄仁傑看後頗為慚愧，不無嘆息地說：「婁公盛德，被他寬容相待卻還不知道，我不及他太遠了！」此後，狄仁傑也努力物色人才，隨時向武則天進行推薦。

　　當婁師德 70 歲的時候，武則天仍然讓他在朝中和軍中擔當重任，可見，武則天對他是多麼的信任。婁師德也從不推辭，默默承擔著。但是，終究是抵不過年紀的增長，聖曆二年，他去世了。對於婁師德的離去，武則天如失肱股，十分傷心。

　　其實，在武則天時代的人臣，多數都是屬於文武全才的人。同時，她能夠知人善用，也是她最大的優勢，這也是她能夠長期執政的重要原因之一。

用奇人裴行儉

西元 619 年，裴行儉出生於絳州，他是唐朝的名臣。他出身於三晉名門裴氏家族。傳說裴氏的祖先是嬴氏，是秦朝皇室的後代。因為繼承了秦王室良好的基因，這個家族人才輩出。「將相接武，公侯一門」，裴行儉就是這個家族中最令人矚目的人物。

一般來說，有大出息的人降生，都會給家族帶來些災難。也就說是這個人生命力太強了，因而克了家族成員。這雖然是個迷信的傳說，但是裴行儉的出生卻印證了這一說法。裴行儉的母親在懷著裴行儉時，他的家族便遭受了滅門之災。

裴行儉的父親叫裴仁基，他是隋朝末年的左光祿大夫，而裴仁基的大哥裴行儼是一名威武的猛將，號稱「萬人敵」，裴氏父子同朝為官。

後來，大隋江河日下，王世充在洛陽稱帝，割據一方，企圖奪取天下，裴氏父子為王世充南征北戰，立下了赫赫戰功。因為裴家是山西望族，而李淵本就在太原坐鎮，這也與裴氏有著千絲萬縷的聯繫。再加上父子幾人能力超群，於是，便遭到了王世充的猜忌和排斥。

西元 619 年，裴仁基父子密謀投奔大唐，但是，卻被人出賣，從而遭遇了滅族之災，裴氏在洛陽的一支全部被殺。也可以說，裴行儉一出生，就背負了整個家族的仇恨以及復興的希望。

從此，裴行儉與母親相依為命，過著清苦的生活。但是，幸運的是，當裴行儉長到少年時，作為名門之後、烈士遺孤的裴行儉得到了政府的照顧和培養，以蔭生的身分被吸收為弘文生。

憑藉著父輩累積下的功德，裴行儉成了國家人才培養系統中的官吏學

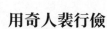

用奇人裴行儉

生。後來通過科考，正式進入仕途，接著被任命為左屯衛倉曹參軍，就是軍隊裡管理糧草物資的文職軍官。官職雖小，但他也是個吃皇糧的人了。

這時的裴行儉還不到20歲，就是在這裡他遇見了改變他一生命運的人──蘇定方。這個時候的蘇定方，也正處於鬱鬱不得志的階段。他是大唐開國功臣李靖的高足，這樣一個身懷絕技卻無用武之地的人，縶在小小的軍營裡自然憋悶壞了。

蘇定方見裴行儉天資聰慧，認為是老天賜給他的禮物，便不無欣喜地說：「我滿肚子的用兵之術，找遍全世界也找不到可以傳授的人，上天總算眷顧，送給我你這個不二人選，以後你就跟著我吧！」

接著，蘇定方又興致勃勃地把自己從李靖那裡學到的兵法奇術連同自己的實戰經驗，毫無保留地都傳授給了裴行儉。經過蘇定方的耐心教導，使得裴行儉的學問大增。

李靖的兵法和學問是很神奇的，蘇定方學成之後，就成了奇特的人，裴行儉居然也沾染了那種奇特的命運。他本出身豪門，雖然有族人在朝中做高官，但是沒有直系的親戚幫助他。所以儘管他本人少年登科、能力非凡，竟也十幾年沒有得到重用。

直到唐高宗永徽五年，36歲的裴行儉才被調任長安令。長安是首都，縣令級別為正五品，這在達官貴人雲集的京城，實在也算不上什麼官。而他居然憑著自己的豪門背景和書法特長，與當朝宰相褚遂良以及前朝宰相虞世南交往甚密。隨後一年，武昭儀慫恿高宗廢王皇后立自己，這遭到長孫無忌、褚遂良等人的強烈反對。裴行儉內心憂慮不安，覺得國家會因此出大麻煩。他在私底下多說了幾句，卻偏偏不巧，被大理寺的官員袁公瑜聽到了。

袁公瑜是武昭儀的人，當然馬不停蹄地前來報告。為了掩人耳目，袁公瑜沒有直接去找武則天，而是跑到榮國夫人那裡告密。

武則天聽到這個消息後，自然不會讓反對自己的裴行儉把長安令坐穩了，於是，便把裴行儉貶到西州，做了都督府長史，西州就是現在的吐魯番。

雖然遠離京城，生活條件也大不如前了，但是，裴行儉並沒有因此而消沉下去，反而將邊疆治理得井井有條。他在西域待了十來年，一邊做經濟建設，一邊做好民族團結工作。

經過一番努力，西域出現了較為安定的局面。此時的高宗和武后聽了也頗為高興，將他一升再升。從六品長史升到安西都護，成為威震一方的封疆大吏。

西元 669 年，朝廷把裴行儉召回京城，封他做司文少卿，沒過多久就任命他為吏部侍郎，與李敬玄、馬載等人一起參與選拔官吏的差事。

隨後，裴行儉又主持制訂了官員候選人資歷的長榜，也就是所謂的人事檔案。同時，他又完善了選拔考核人才的規章流程，又為地方官員的考核任免定下了升降標準和等級評定辦法。這套人才選拔、評價與考核辦法對後世產生了深遠的影響。

在唐朝初年，舊有官制與新官制並存，因而也使得官吏管理比較混亂。透過這種途徑選拔上來的官員人數多、素質不等，需要規範化管理。這個時候，士族衰落，庶族崛起，統治者需要有一套完備的官員管理制度來加強統治。

裴行儉的這次人事制度改革，雖然得到了高宗和武則天的支持，但也得罪了朝中的士族階層，因此面臨著巨大的政治風險。可是，在經過一番努力和鬥爭，他最終贏得了朝廷和庶族的肯定。西元 675 年，裴行儉獲封榮銜銀青光祿大夫。

其實，裴行儉最令人稱奇的不是他的文治能力，而是他的識人與鑒人之術。在他做吏部官員時，見到了當時還是官吏候選人的蘇味道和王勮。

用奇人裴行儉

仔細端詳之後，裴行儉對他們說道：「你們兩個將來都是做宰相的人，我估計我是見不到自己的兒子長大了。如果兩位當上了宰相，要照顧一下我的兒子啊！」

當時，兩個人還以為裴行儉是奉承之言，所以只是一味地謙虛迎合。李敬玄對楊炯和盧照鄰等人的才華很是欣賞，並且還在裴行儉面前大大地美言了一番。

當裴行儉見過他們之後，便說了一番讓李敬玄瞠目結舌的話。他說：「判斷一個人能不能成大器，要先看他是不是有器量和見識，然後再來看他們的才華。」李敬玄聽了這個心裡感到有些不舒服。

裴行儉在擔任武將期間，所提拔、推薦的副將偏將，諸如程務挺、張虔勗、王方翼、劉敬同、李多祚、黑齒常之等人都成了大唐的名將，由他鑒別和推薦而做到刺史、將軍的人多達數十個。裴行儉成了當時官場上頗為神奇的人物，人們對他又敬又怕，既想得到他的好評、推薦，又怕他有什麼預言應驗在自己的身上。

西元 676 年，吐蕃違反了與唐的盟約，邊境再起狼煙，吏部名臣李敬玄率領的軍隊在青海戰役中被吐蕃軍打得潰不成軍。裴行儉在緊急危難之中受命離京出任洮州道左二軍總管，後又改任秦州右軍總管，第一次以武將的身分正式上任。

第二年，突厥別部首領李遮匐以及原屬於西突厥族裔的十姓可汗阿史那都支聯合鼓動並誘惑各民族部落一起反唐，此舉震動安西，還與吐蕃聯合，互為呼應。

朝廷想要派兵討伐，又唯恐吐蕃藉著這個機會進攻。裴行儉上書說：「現在吐蕃叛亂氣焰囂張，而我方李敬玄又戰敗，依現在的情形看，怎麼能夠再發動大規模的戰爭呢？正巧波斯王去世了，王子泥涅師現在在長安，我

們不如派使節把他送回國繼承王位。路過阿史那都支和李遮匐的領地時，如果能見機行事，很可能不需要勞師動眾就能成功。」高宗覺得這個主意不錯，於是便派裴行儉為安撫大使，送波斯王子回國。

當時位於伊朗的呼羅珊王朝一直與唐交好，當地人篤信摩尼教和拜火教，喜歡經商，經常往返於伊朗與大唐之間進行買賣活動，尤其對古董和珠寶生意更為熱衷。後來，呼羅珊王朝被新興的阿拉伯帝國所滅。國王被殺，王子卑路斯不願改變信仰向異族臣民屈服，於是便率領數十萬人東逃吐火羅，向唐朝求援。

唐朝鞭長莫及，便在中亞劃出一塊地方建立了波斯都督府，用來安置逃離故土的波斯難民，讓王子卑路斯擔任都督，併入朝掛右武衛將軍的銜。後來，隨著波斯難民的大量內遷，摩尼教在中國傳播演化，成了傳說中的魔教。而拜火教則成了明教，兩者曾在歷史中掀起過狂濤巨浪。

裴行儉奉命帶領保衛軍護送波斯王子回他的封國，裴行儉路過他曾經奮鬥、生活過的西州，各部落聽說曾經的長官回來了，都到郊外真誠而熱烈地歡迎他。

隨後，裴行儉從這些人中挑選出 1000 多個青年幹將跟著他，並四處散布消息說：「因為天氣太熱，不能再走下去了，等到秋涼以後再上路。阿史那都支派出的密探得到消息後稟報給了他，唐軍數量不多，又顯得矜持嬌貴，沒有強大戰鬥力的樣子，阿史那都支便放鬆了戒備。

讓阿史那都支防備鬆懈以後，裴行儉便悄悄地找來安西四鎮的各部酋長，邀他們一起出去打獵。他說：「真懷念當年在這裡痛痛快快打獵的日子啊！你們誰還願意再陪我打打獵懷懷舊呢？」

這一邀請，便邀請了一萬多人。在這種明修棧道、暗度陳倉的計策下，他暗中整編訓練好軍隊，祕密出發。不出幾天就到達了離阿史那都支牙帳只

用奇人裴行儉

有 10 餘里的地方，接著，他又派使者前去問候，說大唐使節裴行儉途經這裡，想要約曾經的老朋友、老搭檔到這裡來遊玩涉獵，如果您有空，不如出來玩玩。

此前，阿史那都支聽聞裴行儉等人要到秋天才上路，本打算與李遮匐在秋天的時候合兵抗擊大唐使者。還沒等準備好，大唐使者就帶著兩萬多人浩浩蕩蕩地來到自家門口。阿史那都支手足無措，只好帶著 500 多人來到唐營拜見，於是，裴行儉便將 500 多人一網打盡。

阿史那都支的令箭也被裴行儉繳獲，裴行儉拿著令箭召集阿史那都支所管轄下的各部酋長來聚會。各部酋長紛紛趕來，投入裴行儉的羅網，裴行儉高唱著凱歌將這些人送到了碎葉城。

接下來就是對付李遮匐。裴行儉在消滅了阿史那都支的軍隊後，還沒有休息一下就開始精選騎兵，然後又輕裝上陣了。隨後，裴行儉又迅速地襲擊了李遮匐的隊伍。

裴行儉恰好在路上抓住了李遮匐的使者，於是便告訴使者：「你回去告訴李遮匐，阿史那都支已經被我們抓住了，你們要是再負隅頑抗，就別怪我們不客氣了。」

當李遮匐聽到這個消息後，一下子便傻了眼。他知道自己勢單力孤，硬碰硬恐怕不是唐軍的對手，只好向裴行儉投降。

對於上戰場，裴行儉可是個初出茅廬的將領。可是，他卻以迅雷不及掩耳的招式迅速解決了兩個叛亂的頭頭。接著，他又押著俘虜返回京師，並且命令副將王方翼繼續送波斯王子趕赴西亞，還讓手下人刻碑記錄這件事。

高宗根本沒有預料到事情會是如此的順利，當勝利的消息傳來時，朝堂上為之雀躍。當裴行儉回到京城後，高宗親自為他舉行慶功宴，並在慶功宴上對他進行了一番評價。高宗說裴行儉沒用一兵一卒便剿滅了叛賊，真是個

文武兼備的人才。後來，高宗還封他為禮部尚書兼檢校右衛大將軍，文官、武官集裴行儉集於一身。

西元 679 年，北方草原的突厥部族又開始反叛。阿史德溫傅擁立阿史那泥熟匐為可汗，並鼓動其所管轄的 24 州一起響應，叛軍人數也增至數十萬。都護蕭嗣業帶兵平亂，結果屢戰屢敗，唐軍傷亡慘重。

朝廷心急如焚，再命裴行儉為定襄道行軍大總管，開赴前線。突厥人數眾多，大唐不得不派遣與其人數相匹敵的軍隊。裴行儉帶領著太僕少卿李思文、營州都督周道務統兵 18 萬，趕到邊境。接著又在當地整合西軍程務挺、東軍李文暕等將領的兵馬，共有 30 多萬人，旌旗飄揚千里，刀槍林立。

先前蕭嗣業軍隊的慘敗，多是因為敵人突襲唐軍的送糧分隊，使軍隊補給無法供應，導致唐軍饑憊交加、戰鬥力嚴重削弱造成的。裴行儉料定敵人還會耍此花招，就決定將計就計，偽裝了 300 輛運糧車，每輛車裡埋伏下 5 名壯士，配備好大漠刀和勁弩，還故意用老弱兵士趕車，然後派精兵暗暗跟隨其後。

結果，叛軍果然中了計，氣勢洶洶地前來搶奪糧草，趕車的士兵按照事前的安排，四散逃亡。叛軍還以為撿了大便宜，歡天喜地趕著運糧馬車到水草豐滿的地方，解鞍牧馬。

就在突厥軍要取車上糧食的當口，埋伏在車裡的壯士突然殺出，與尾隨而來的士兵一起剿滅了截糧的叛軍。從此以後，叛軍再不敢靠近唐軍的糧草了。

西元 680 年，叛軍主力駐紮在黑山與唐軍決戰，裴行儉運籌帷幄，指揮著唐軍展開大規模陣地戰。唐軍戰無不勝，攻無不克，叛軍被打得沒有一點反擊之力，竟然產生了內訌。叛軍的部下殺死偽可汗泥熟匐後投降唐軍，首領奉職也被唐軍生擒，殘餘勢力逃往狼山。裴行儉再立戰功，得勝還朝。

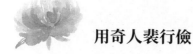

用奇人裴行儉

裴行儉剛回到京城，又傳來突厥叛亂的消息。原來，突厥貴族阿史那伏念集合叛亂餘黨再稱可汗，他與阿史那溫傅聯合繼續頑抗。他只好再次趕赴前線，屯兵代州的陘口。這一次，裴行儉用了一招反間計，派間諜去挑撥伏念和溫傅的關係，使兩人產生隔膜，進而互相猜忌。當時，阿史那伏念全部家當和家眷都在金牙山，他帶領主力繞道襲擊唐軍，裴行儉事先探知了這些事，便做好了充分的準備。

趁著伏念在唐軍左右徘徊的時機，裴行儉派程務挺、何迦奇突襲金牙山，俘獲了伏念的妻兒老小以及全部家產。伏念沒想到唐軍把自己的家都給收拾了，便坐立不安起來，於是便偷偷派人向唐軍示好，許諾抓住溫傅後前來投降。裴行儉封鎖了這一消息，不動聲色地等待伏念的捷報。幾天後，一群異族的大隊人馬踏著滾滾煙塵而來。唐軍偵察兵以為敵軍來襲，火速向裴行儉報告。裴行儉從容、淡定地對手下說：「這是伏念抓住了溫傅前來投降，不必擔心。不過受降就像受敵，還是要做好準備才行啊。」

於是，唐軍顯示出嚴陣以待的樣子，派使節前往問訊。正如裴行儉所料，伏念帶著溫傅來投降了。這麼一來，突厥叛亂全部平息。高宗十分高興，便派戶部尚書崔知悌領隊去慰勞前線的戰士。

裴行儉在說服伏念投降的時候，曾經答應過伏念不會殺他。但是，令人沒想到的是同族侍中裴炎卻向朝廷諫言說：「伏念是程務挺、張虔勖打敗的，後面又有回紇軍隊逼圍，沒有辦法才投降的。」

裴炎鼓動朝廷把伏念和溫傅一起處斬，而裴行儉的功勞也在這場爭辯中被忽略了。雖然裴行儉在事後被封為聞喜縣公，但他卻因為言而無信而感到恥辱，並對裴炎的品行感到質疑和無奈。於是心灰意懶，從此稱病不出。

西元 682 年，十姓突厥中的阿史那車薄部落再起叛亂，朝廷再次起用休病在家的裴行儉，任命他為金牙道大總管，但是，這次上天並沒有給裴行儉

發光發熱的機會。大軍還沒來得及出發，鼎鼎大名的裴行儉便因病辭世，終年 64 歲，後被朝廷追贈為幽州都督，謚號為「獻」。

當時裴行儉的 4 個兒子都未成年，小兒子裴光庭才 7 歲，因此高宗叫皇太子指定一名七品官員專門幫助裴家打理各種事務，直到裴行儉的孩子們能夠自立為止。

可以說，在高宗執政時期，政務上幾乎都有武則天的參與。武則天甚至比高宗更加清楚裴行儉的能力，任用這樣的能臣為大唐穩固江山，武則天也確實極為有眼力。

用姚崇為宰相

西元 650 年，姚崇出生在江蘇吳興，祖輩世代在陝西做官，後來便跟著家族定居在陝州硤石。父親死後，他跟隨母親一起回到汝州梁縣廣成的外婆家。

從小生活在官宦之家的姚崇，養成了謹慎和好學的習慣，久而久之，便成了一位胸有大志的博學之士。入朝為官之後，他對朝廷提出的問題也是對答如流，而且落筆成章。由此而得到了武則天的賞識，並被封為侍郎。

在距離汝州 60 里處有一個廣成澤，它是東都洛陽外圍的一處名勝。東漢朝廷曾經把這裡營造成宮苑，供皇帝狩獵、遊玩。姚崇繼承了父親尚武的遺風，每天在廣成澤一帶習武，還經常和鄉間的小夥伴們到山野射獵比武。

經過 10 多年的艱苦鍛鍊，姚崇練就了一身強健的體魄，以及大無畏的精神，十八般兵器樣樣精通。就在姚崇很努力地練習武藝時，他遇到了一個改變他人生軌跡的一個人，這個人就是張憬藏。

張憬藏是個飽學之士，他四處遊學，在路過廣成澤時，落腳在姚崇家。他見姚崇氣宇軒昂，眼神裡透出一股靈氣，完全不同於一般的山野村夫。交談之中，張憬藏發現姚崇知識貧乏，文理欠通，於是，便極力地勸說姚崇好好讀書，增長自己的才學和見識。

同時，張憬藏還鼓勵姚崇，說道：「廣成是上古聖賢廣成子居住過的地方，皇帝還曾經向廣成子問道。你將來會以文才而顯赫，此外，你也是做宰相等一級大官的材料，因此，千萬不要自暴自棄，你可要好自為之啊！」

姚崇聽後極為震撼，他的確擁有一番抱負，可是應該從哪裡入手，自己也不十分清楚。此次經過張憬藏的一番教導之後，姚崇開始潛心學文，刻苦攻讀，學業也是大有長進。

後來，姚崇參加了科舉，並且考中了進士，從此步入政壇。姚崇入朝為官後，負責理案刑獄，他秉公執法，並解救了許多遭誣陷的人，因而引起了朝野的關注。從此，他的官職連連晉升。

西元 698 年，姚崇被武則天破格提拔為尚書，兼相王李旦府長史。5 年後，姚崇因為得罪了張易之和張昌宗兄弟，被派往邊境做了安撫大使。在臨行前，姚崇推薦張柬之出任宰相。

西元 705 年，武則天病重期間，姚崇從邊關回京，張柬之與其密謀殺死了張昌宗兄弟。姚崇對於「二張」的惡劣行跡也是有所耳聞，認為剷除「二張」是非常必要的。可是，張柬之還要逼迫武則天讓位給太子李顯，姚崇卻不願意參與這件事。在張柬之逼宮的時候，姚崇並沒有參加。

李顯復位以後，任用姚崇和張柬之為宰相，還加封姚崇為梁縣侯。此後，姚崇又被貶到亳州。接著，又發生了張柬之被殺、武三思和韋后掌權、太子殺死武三思、韋后和安樂公主合力毒死中宗而掌握朝中大權、李隆基殺死韋后擁立李旦繼位等宮廷政變。姚崇卻因為人在地方而倖免於難。

張柬之等人在一舉剷除「二張」之後，武則天被迫退了位，遷到了上陽宮居住。此後，揚眉吐氣的中宗帶著文武百官前去請安，很多大臣都是禮儀性地問武則天好，接著便相互慶賀起來。只有姚崇不合時宜地痛哭流涕。

張柬之、桓彥範等人吃了一驚，張柬之對他說：「姚公啊！今天是什麼日子，不是哭的時候吧？你恐怕要惹出禍端來了。」

姚崇卻很坦然地說：「我侍奉武皇帝已經有些年頭了，突然間要離開她，總會有所觸動。這是發自內心的感情，實在控制不住啊！我參加你們組織的誅殺兇逆的舉動，是盡做臣子的義務，不敢說有什麼功勞；今天因為與舊主子告別而傷感，也是做臣子應有的節操，如果因此獲罪，我也心甘情願。」

這件事情很快便被中宗知道了，中宗十分不高興。於是，他便把姚崇貶

用姚崇為宰相

到了亳州去做刺史。有人說，姚崇是有先見之明的，他預見到了武皇帝的退位，朝廷之中必定會出現大的波動，甚至還將是一場惡鬥。為了讓自己不致陷入更深的漩渦之中，於是，他便想出了這個既有人情味，又能保全自己的脫身之計。其實，姚崇的表現也同樣是出於對武則天深厚的感情。

姚崇承襲了父親身上的武將氣質，為人豪邁，崇尚氣節，走上仕途後，因為才華出眾而青雲直上。在武則天執政時，他被提拔為夏官郎中。也就在這時，東北的契丹族不斷侵擾中原，武則天不斷地派兵抵禦。

因為派兵次數比較多，所以兵部軍事繁忙。姚崇的才幹在這個時候才充分地發揮出來了，紛繁複雜的軍務，到了他的手裡，便被處理得乾淨俐落、井井有條。兵部統屬於中央，姚崇的能力很快被武則天發覺了。

武則天愛才是出了名的，她十分賞識姚崇的才幹，於是馬上讓他做了兵部侍郎。這種知遇之恩，姚崇銘記於心。武則天的賞識，讓姚崇卯足了幹勁，他的才幹進一步被激發出來。

姚崇在做宰相的時候，經常兼任兵部尚書，所以對兵部之事瞭如指掌；邊防哨卡、軍營分布、兵器儲備、兵員情況全都裝在他心裡，每每奏報時都分析得鞭辟入裡，武則天大為歎服。

姚崇被任命為侍郎後，可以直接參與朝政的議論。西元 697 年，武則天對大臣們說：「之前，周興、來俊臣等人審理案件，朝中的大臣多被牽連其中，以謀反罪居多。國家法律擺在這兒，我怎能帶頭違反呢？我也曾懷疑其中有冤情，是濫用刑罰造成的，所以才派近臣到監獄中去審問。結果呈上來給我看的都是他們手寫的狀紙，且都是自己認的罪，我這才不懷疑了。自從周興、來俊臣死後，我再沒聽說有謀反的事情了。那麼，之前所殺的人中，是不是有被冤枉的呢？」

姚崇因為做過刑部的官員，辦案公道，救過不少人，所以對這方面情況

比較熟悉。他在朝廷為官也有些年頭，對武則天較為了解，他知道武則天重用過一些酷吏濫殺無辜，卻沒有被人控制。一些正直之臣還在主管刑法，在這個問題上是能夠聽得進去意見的。

姚崇針對武則天所提出的問題，坦誠而直率地發表了自己的看法：「自垂拱以來，很多人被告得家破人亡，這些人基本上都是被冤枉的。告密的人因為誣告別人而立功，天下的人都開始用這樣的方式編造別人的罪行，這種情況比漢朝的黨錮之爭還要嚴重。被皇上派到監獄中查問的人，連自保都不能做到，又怎麼敢替人申辯呢？而被審問的人如果要翻案，又懼怕遭受那些人的毒手。現在老天保佑，皇上你醒悟過來了，殺死了這些小人，使朝廷得以安寧。我用我以及我全家百餘口的性命擔保，現在朝野官員沒有一個謀反的。皇上你以後要是再收到類似的奏報，請將它們收存起來，不要追究。倘若以後有證據證明有人謀反，我情願擔當知而不告之罪。」這話說得已經相當嚴厲了，批評和建議都有，一般的皇帝很難忍受大臣的當面斥責。

唐朝之所以出現盛世局面，與統治者的廣開言路不無關係。武則天不但沒有生氣，反而表現得很高興。她有些欣慰地說：「之前的宰相任由事態發展，結果害我成了濫行刑罰的君主。你的說法，很符合我的心意。」接著，還給他賞賜。從此，姚崇和武則天之間有了更進一步的了解。

武則天后期對道教情有獨鍾，使得道教也成了唐代的又一大教。那時上自皇家、下至富戶，無不利用宗教大撈特撈一番。但是，宗教的盛行，也引起了許多的社會弊端。

姚崇對這一現象強烈不滿。武則天時期，男寵張易之要把 10 名有名望的京城佛教高僧調往定州私建新寺，高僧們不願意去，便向朝廷請求留在京城。姚崇接受了他們的請求，讓他們踏踏實實地在京城待著。

後來，張易之一再堅持要調他們走，姚崇拿定了主意，就是不肯，結果，

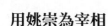

用姚崇為宰相

得罪了張易之。不久，姚崇就被武則天調出京城，派往靈武做靈武道大總管。

中宗時期，公主、外戚有度民為僧、為尼的權力，有的人還私造寺廟。基於此，出家人便增加了。當時有一個對寺廟很有利的規定，但凡出家人都可以免除賦稅，於是一些富戶強丁紛紛出家。

姚崇在做了玄宗的宰相之後，提出要改變這種狀況。他的理由是：對佛教的信仰，不在於外在的形式，而在於內心的虔誠，百姓安樂才是佛教的要旨，何必妄度壞人為僧尼，反而破壞了佛法呢？玄宗認為他說得有道理，就命令相關部門暗中調查。經過一番查證後，讓12000多名冒充的僧尼還俗務農。

姚崇至死仍反對過這種宗教流弊。他在遺囑裡猛烈地抨擊佛教，無情地揭露那種把佛教傳說當成既成事實的無知行徑，對於抄經寫像而導致的傾家蕩產和為死人造像追福等愚昧風俗也進行了嚴厲的批評，他說這些都是「損眾生之不足，厚豪僧之有餘」。

姚崇還嘲笑那些所謂的飽學之士也跟風追捧，成了上述種種怪現象的俘虜。姚崇始終都認為宗教活動對百姓是沒有好處的，同時，他也讓他的子侄們多加小心，謹防上當。如果自己去世、辦理喪事時，不能完全擺脫舊有習俗的束縛，在齋祭和布施等各方面，敷衍即可，不可鋪張浪費。

此外，姚崇還提到了道教，提出道教只是叫人修身養性，不參與各種不必要的競爭，後來由於受到佛教的影響才走了樣。姚崇對宗教的否定態度已經接近樸素的無神論了。

姚崇對兒孫也不會偏袒。魏知古是經姚崇引薦成為宰相的名臣，後來被調任到東都洛陽管理吏部事務。姚崇的兩個兒子在東都洛陽做官，知道魏知古是姚崇提拔過的人，就想要走魏知古的後門，謀取私利。

魏知古將這件事告訴了玄宗，玄宗便找來姚崇閒談。玄宗有意無意地問道：「你兒子們的才能和品德怎樣？現在都在做什麼官？」姚崇知道自己兒

子的品行，也猜到玄宗話裡有話，於是坦白地對玄宗說：「我有 3 個兒子，兩個在東都洛陽，人有些貪婪，做事思慮不周，一定會走魏知古的後門。不過，我還沒有來得及問他們這些事。」

玄宗還以為姚崇要為自己兒子遮掩，沒想到姚崇竟然如此坦白，玄宗很是高興。他接著又問姚崇：「這些情況你是怎麼知道的呢？」

姚崇說：「魏知古在低位之時，我曾經保護、提拔過他；我那兩個不爭氣的兒子，認為魏知古一定會因為感激我而寬容他們的行為，所以定會去找魏知古。」

玄宗聽後，越發覺得姚崇為人正直、高尚，魏知古反而顯得有些沒氣量，玄宗要罷免魏知古的官。姚崇忙跪地請求玄宗說：「我的兒子胡鬧，犯了法，皇上你赦免他們的罪就已經是萬幸了，倘若因為這個罷了魏知古的官，天下人一定會認為你是出於對我的偏袒才這樣做的，這樣會毀了皇上的聲譽啊！」但是，玄宗認定了的事是不容易改變的，魏知古最終被左遷為工部尚書。

姚崇是個腳踏實地的實幹派，有著腳踏實地的務實精神。西元 716 年，山東鬧蝗災，百姓們迷信宗教，不但不敢捕殺，反而還設了祭臺進行焚香禱告，眼睜睜地看著蝗蟲吃掉莊稼。

姚崇將此事上奏朝廷，他引用《詩經》以及漢光武帝的詔書，證明蝗蟲是可以捕殺的。蝗蟲之所以捕殺不盡是因為人力不足，只要同心協力就可以將它們消滅。

玄宗疑慮地說道：「蝗是天災，是因為不修德政造成的，你要求捕殺，這不是違反天道嗎？」

姚崇則說道：「古人就曾經捕殺過蝗蟲，皇上這麼做是為民除害的行為。這是國家的大事，請皇上考慮清楚啊。」後來，玄宗被說服了。但是，這件事卻引起了朝廷的爭議，因為朝廷內外都說不能捕殺蝗蟲。

用姚崇為宰相

玄宗便對大家說：「我和宰相已經商量過了，滅蝗一事已經定了，誰要是再反對，馬上處死！」緊接著派遣御史分道督促，指揮百姓滅蝗。結果成效非常顯著，莊稼也獲得了好收成。

第二年，山東蝗災又起。姚崇依照先前的做法，派人到各地督促捕殺。朝廷上議論紛紛，覺得老天在報復先前的滅蝗之舉，人們都說蝗蟲捕殺不得。

玄宗也開始猶豫起來，便找來姚崇和他商量。姚崇說：「這些讀死書的人就知道照本宣科，根本不懂變通的道理。凡事都有違反傳統的時候，有時要逆流而上才是好辦法。」

接著，姚崇又列舉了歷史上反覆出現過的蝗災，後果都很可怕。他分析當前的形勢：「現在山東到處是蝗蟲，如果田裡沒有收成，人們就要遷移，社會就會出現不安定因素，國家就難以保住了。即使現在我們無法根除蝗蟲，總好過氾濫成災。皇上你厭惡殺戮，恐怕感到為難，請允許我下文處理吧！如果我除不了蝗蟲，您可以削除我的一切官爵。」姚崇又一次說服了玄宗。

當時的汴州刺史倪若水是個死腦筋，就是不肯執行命令。他說：「蝗災是天降的災禍，要以仁德感動天。」

姚崇知道後怒氣衝衝地寫信給他說：「古時，有好太守的州郡，蝗蟲就不會侵犯。如果修德能夠免災的話，那麼蝗災的出現就是太守無德造成的！現在你眼睜睜地看著蝗蟲毀掉莊稼卻坐視不管，你於心何忍哪！如果因為這件事引起災荒，我看你拿什麼來保住性命！你不要有所遲疑，否則後果自負！」

倪若水見信傻了眼，他嗅出了信裡的味道：不是說蝗蟲是因為無德造成的嘛，那你就是無德之人。你要是治不好蝗災，就讓你好看。倪若水只好執行命令，焚埋蝗蟲。他所捕殺的蝗蟲共達 14 萬石，投入汴河的不計其數。

朝中的另一個宰相盧懷慎也反對捕殺蝗蟲，說辭也不過是天所不容之類的話。姚崇力排眾議，堅持進行滅蝗蟲的行動。所以，儘管這一時期連年發生蝗災，卻並沒有造成嚴重的饑荒。

　　姚崇的滅蝗行動，不僅要衝破朝廷上下的阻力，還要面對來自朝廷之外的非議。可是，也正是因為姚崇的堅持，滅蝗行動才取得了一系列的勝利。

　　但是，姚崇並沒有因此而獲得獎賞，相反在這之後不久就從宰相的寶座上跌了下來。這可能有兩個原因，第一個原因是時間拉得過長，成效不顯著；另一個原因是上至玄宗、下至百姓，內心裡還是對滅蝗有牴觸心理。

　　玄宗即使知道滅蝗有些成效，也不願意褒獎姚崇，他不僅要安撫他自己，還要安撫天下的人。姚崇手下犯了事，玄宗要懲辦他，姚崇卻想幫他過關。

　　正好在這個時候，京師大赦，玄宗特意交代不可赦免此人的罪。機智的姚崇馬上意識到玄宗此舉的不同尋常。他的目的已經不在犯人本身，而是針對自己來的。於是請求辭去宰相職務，推薦宋璟為宰相。後來，宋璟又成為一代賢相。

　　西元 721 年，姚崇去世，去世前姚崇曾立下了遺囑，告誡自己的子孫要適可而止。自己做宰相時，那也是經過了驚濤駭浪，才能從高位上退下來，老於田間是感到滿足的。人終有一死，這是自然規律，誰也逃避不了。

　　接著，姚崇又把事先分配好的家業，分給子侄。子侄們有些奇怪，沒見過這樣分家產的。姚崇跟他們解釋說：「我見過不少達官貴人，他們死後，子孫因為失去了蔭庇，漸漸地貧困下來。緊接著便產生了互相爭奪的現象，最後甚至到了水火不容的地步。這不僅讓他們本人失去體面，也讓自己的祖先蒙羞。不管孰是孰非，都會被人恥笑。另外，田地是公有的，就會互相推諉不進行管理，最後導致荒蕪。我現在把它們分好了給你們，以後就不會因

用姚崇為宰相

為這個發生爭端了。」子侄們愈加感慨姚崇的先見之明，姚崇還要子侄們薄葬自己，不搞封建迷信活動，姚崇這種思想水準在封建時期是不多見的。

姚崇最為賢德的是能著眼於現狀，務實肯幹。他曾經問過自己的屬下：「你們說，我作為一個宰相，能和歷史上的誰相提並論呢？」屬下你看看我，我看看你，不知道怎麼回答好。

姚崇見沒人答話，便笑著說：「能跟管仲、樂毅相比嗎？」

下屬聽後便說道：「管仲和樂毅的政論雖然不能施行到後世，但是，至少他們可以施行到死。可是，你的政令不斷地更改，恐怕趕不上他們吧！」

姚崇不甘心，又追問道：「那麼到底可以和誰相比呢？」

下屬答道：「你可以算是救時的宰相。」姚崇聽後竟然很高興，認為這是很高的評價了，救時的宰相也是不容易得到的呀！

用大將郭元振

西元 656 年，郭元振出生於魏州貴鄉，他是唐代著名的軍事將領和宰相，同時，也是個文武全才。在郭元振所處的年代，科舉之風極其盛行。在隋朝以來，讀書人多是透過科舉考試進入仕途。人們都希望自己的孩子透過仕途獲取功名，富人家更是如此。

因為出身於地主家庭，郭元振自幼便被送入私塾讀書。他少有大志，生得風流倜儻，性格也頗為豪爽，從不吝惜錢財。16 歲時，他與薛稷、趙彥昭等人同為太學生。有一次，家中送來 40 萬貫錢，有人自稱：「一家五世沒有入葬，希望能借些錢把他們的屍體遷到同一個墓穴。」郭元振同情他便把錢全都給了那個人，周圍的人全都驚嘆不已。

郭元振聰明好學，他在 18 歲時便參加了科舉考試，並且成績優異，考取了進士。不久之後，他便出任通泉尉，從此走上了仕途。當了官的郭元振，依然保持著他粗放的個性，做事也是不拘小節，曾經販賣管轄內的人口，贈送賓客，從而使得老百姓十分怨恨他。

當武則天聽說了這件事以後，大為惱火，便召他入京責問此事。在經過了一番交談之後，武則天竟然發現他是個才華橫溢之人，於是便向他索要文章。

郭元振把自己寫的《寶劍篇》呈給武則天看，武則天看後連連讚歎，這樣的人才竟被自己忽略了這麼久，真是太可惜啦。接著，她又把文章拿給學士李嶠等人進行傳閱，學士李嶠等人看了之後，也是大加讚賞。武則天一向愛惜人才，便封郭元振為右武衛鎧曹參軍，進奉宸監丞。

此時，吐蕃是武則天執政時期最大的麻煩。萬歲通天元年，也就是西元 696 年，吐蕃請和，武則天命郭元振出使吐蕃。吐蕃大將論欽陵要求唐朝撤去安西四鎮的守軍，並求取十姓突厥之地。

用大將郭元振

這時，郭元振說道：「安西四鎮、十姓突厥與吐蕃是不同民族，現在請撤朝廷守軍，難道不是有兼併的打算嗎？」

論欽陵說道：「吐蕃如果想要貪求土地，想成為唐朝的邊禍，那就會東侵甘州（也就是現在的甘肅張掖）、涼州（也就是現在的甘肅武威），又怎麼會謀利於萬里之外呢！」於是，便派遣使者隨郭元振入朝提出上述請求。

當時，朝廷對於此事，也是猶豫不決。於是，郭元振上奏說道：「論欽陵要求罷兵割地，這是利害的關鍵，確實不應輕易作出決定。現在如果直接拒絕他，肯定會招致很深的邊患。四鎮的利益距離我們很遠，但是甘州、涼州的受害離我們很近，不可不慎重考慮。因此，對於此事，應當用計策來進行拖延時間。那四鎮和十姓，吐蕃是很想得到的，而青海和吐谷渾，也是我們想要的。那麼，就不如答覆四鎮、十姓之地本來對唐朝沒有什麼用處，之所以去派兵進行戍守，也是想安定撫慰西域，現在，如果吐蕃並無東侵的打算，就應當歸還我吐谷渾各部及青海故地，而西突厥五俟斤部也應當歸還吐蕃。這樣，就可以堵住論欽陵的嘴了，而且也未與他斷絕關係。如果稍有違背，則是他沒有道理了。而且四鎮、十姓誠懇歸附已久，現在還未發現他們有反叛的情況，做有害於我們的事情，又因為遙遠而拋棄他們，恐怕要使各國傷心，不是控制四夷的良策。」武則天聽完郭元振的建議後，便同意了。

郭元振接著又說道：「吐蕃百姓身受徭役和兵役之苦，早就希望能夠與我們和好；只有論欽陵圖統兵專制的私利，不想歸附。如果我們每年都派去表示和好的使者，而論欽陵常不從命，吐蕃百姓就會對他的怨恨變得日益加深，盼望得到國家的恩惠就會日甚一日，這時，他要是想大規模發動百姓，肯定就困難了。這也是逐漸離間的辦法，可以使他們上下猜疑，禍亂從內部產生。」對於這個說法，武則天深表贊同。

後來，由於這個逐漸離間的方法的使用，吐蕃君臣果然相互猜忌。聖曆

二年，也就是西元 699 年，吐蕃發生了內亂，論欽陵被誅殺，其弟贊婆率部降唐。武則天聽到這個消息後，立即命郭元振與河源軍大使夫蒙令卿率騎兵前往迎接。郭元振所獻的離間之計，對武朝穩定西部邊疆、避免戰亂起了重要作用。這也是郭元振初顯其才能的事件。

西元 700 年農曆閏七月二十一日，吐蕃贊普親自率領大軍出征。他將大軍駐紮在河州，以作援軍。隨後命令手下大將麴莽布支率領數萬兵馬進攻涼州，包圍了昌松。唐軍在隴右諸軍大使唐休璟的指揮下，與吐蕃軍在港源谷展開了激戰，唐軍六戰六捷，大獲全勝，郭元振因出謀劃策而被提升為主客郎中。

西元 701 年，郭元振升為涼州都督、隴右諸軍州大使。郭元振剛到涼州時，涼州境內南北界相距只有 400 多里，州內軍民常年受到吐蕃和突厥的騷擾。涼州城池雖然堅固，但只要敵軍猛攻，用不了一天工夫就能攻到城下。

郭元振到任之後，仔細分析敵我狀況，制定應對之策。為了鞏固涼州防務，他在涼州城南部的邊境峽口設了一個和戎城，在北部設置了白亭軍，以此控制交通要道，為周武王朝拓地 1500 裡。這兩個地方易守難攻，每打一仗敵軍就會損兵折將。從此，敵軍不敢再進犯，涼州得以安寧。郭元振又派遣甘州刺史李漢通選擇水草豐美、土地肥沃的地方進行屯田，保證軍隊糧食供應。不僅如此，他還在這裡興修水利、推廣蠶桑養殖、改進耕作技術等。

在郭元振沒有實行屯田以前，涼州地區的穀子和小麥每斛值數千錢。屯田之後，只要一匹細絹就可以換到數十斛糧食，儲存下來的糧食可供軍隊用上 10 年。武則天能夠平定契丹叛亂，與此不無關係。

郭元振擔任涼州都督 5 年，保護了涼州安寧，促進了地方經濟發展。他不僅拓地千里，而且所治之處，百姓豐衣足食，人們安居樂業。他又是一個偉岸果斷的人，周邊的少數民族都不敢來犯，結果出現了「河西諸郡置生祠，揭碑頌德」的現象。

用大將郭元振

　　西元 706 年，郭元振升任為左驍衛將軍、安西大都護。這時候，突騎施的烏質勒部落興盛起來，希望與大唐建立友好關係。於是，中宗在十二月派郭元振到突騎施商議相關的軍事事宜。當時，天上正下著鵝毛大雪，冷空氣幾乎要將人凍結起來。郭元振站在帳外與烏質勒交談。雪越下越厚，越積越深，郭元振一動不動地站在那裡。

　　烏質勒年事已高，又生了病，會談結束竟然被凍死了。烏質勒的兒子娑葛以為是郭元振故意害死烏質勒，於是謀劃起兵攻打大唐。面對突發意外，副使、御史中丞解琬得到消息後，勸郭元振連夜出逃。郭元振凜然地說：「吾以誠信待人，何所疑懼，且深在寇庭，遁將安適？」之後，他便在大帳裡睡了起來。

　　第二天，郭元振親自到突騎施牙帳弔唁，大聲痛哭。娑葛疑慮不決。弔唁之後，他還留下來和娑葛一起為烏質勒辦理喪事，接連數十日。娑葛最終被郭元振的誠意所打動，與唐軍和好如初。還派遣使者進貢 5000 匹馬、200頭駱駝、10 餘萬頭牛羊。二十八日，中宗讓娑葛承襲懷德王、嗢鹿州都督。郭元振因為表現出色而被授予金山道行軍大總管的職位。

　　西元 708 年，娑葛與曾是他父親部將的阿史那闕啜忠節失和，並多次發生武裝衝突。闕啜忠節因為兵少，勢力漸漸衰退下來。郭元振看到了好機會，他請求朝廷召闕啜忠節進京宿衛，把他的部落遷移到瓜、沙等州，中宗答應了他的請求。

　　闕啜忠節奉命率領部落向東撤離，走到播仙城時，碰巧遇到了唐西域經略使、右威衛將軍周以悌。周以悌得知情況後，對闕啜忠節說：「國家有以高班厚秩待君者，以君統攝部落，下有兵眾故也。今輕身入朝，是一老胡耳，在朝之人，誰復喜見？非唯官資難得，亦恐性命在人。今宰相有宗楚客、紀處訥，並專權用事，何不厚賂二公，請留不行。仍發安西兵並引吐

蕃以擊娑葛，求阿史那獻為可汗以招十姓，使郭虔瓘往拔汗那征甲馬以助軍用。既得報讎，又得存其部落。如此，與入朝受制於人，豈復同也！」

闕啜忠節聽了以後，覺得是這麼一回事。便派人用重金賄賂宗楚客、紀處訥等人，請求唐廷派兵進攻娑葛。

郭元振得知此事後，極力上書勸阻。他在奏疏中十分詳細地闡述了目前邊關的形勢，同時指出，如果將吐蕃引入西域，「四鎮危機，恐從此啟」。而闕啜忠節所求立的阿史那獻同他的父兄阿史那元慶和阿史那斛瑟羅一樣，沒有過人的才華，是不能治理西域的。但他的上書並沒有被採納。

這年的十一月，唐朝派遣御史中丞馮嘉賓持節安撫闕啜忠節等人處置安西四鎮，將軍牛師獎為安西副都護，發甘、涼以西各州之兵，攻打吐蕃娑葛。當時，在長安有個娑葛派遣的向唐廷進貢寶馬的使者，他叫娑臘。娑臘得知這一消息後，立即返回碎葉城報信，娑葛聽到這一消息後，又驚又怒。於是自立為可汗，接著派自己的弟弟遮弩率領重兵攻打安西，吐蕃軍兵分四路向唐軍大規模進攻。

娑葛兵來勢兇猛，郭元振的兵力顯然不足，他在疏勒赤河河口設柵不敢出擊。闕啜忠節帶領著自己的兵馬到計舒河口前去迎接馮嘉賓，娑葛探明情況後派兵偷襲，活捉了闕啜忠節，殺死了馮嘉賓等人。

此後不久，安西副都護牛師獎所率領的甘、涼各州的軍隊陸續趕到，唐軍與吐蕃軍在火燒城展開激戰，結果唐軍大敗，牛師獎全軍覆沒。娑葛乘勝攻陷了安西，阻斷四鎮交通，安西局勢岌岌可危。

之後，娑葛便派遣使者上表，請求唐廷處死宗楚客、紀處訥等人。但因為韋后等人的阻撓，中宗非但沒有懲罰宗、紀二人，還派周以悌取代郭元振做安西大都護。並封阿史那獻為西突厥十姓可汗，派軍進駐焉耆，討伐娑葛。

就在唐軍將要到達焉耆時，娑葛上書暫時還是安西大都護的郭元振，說

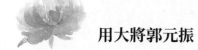

用大將郭元振

道：「我本不想與唐廷交惡，只是對闕啜忠節耿耿於懷。而唐廷的宗尚書收取了闕啜的賄賂，想要消滅我的部落，馮中丞、牛都護接踵而至，我不能坐視等死啊！又聽說阿史那獻也要來，邊境恐怕永無寧日了。希望您設法阻止唐軍啊！」

郭元振深切地同情娑葛，知道他是迫不得已才這麼做的，於是，便把這件事原原本本地上奏了朝廷。沒想到，這下子卻激怒了宗楚客，他誣陷郭元振別有所圖，朝廷立即召郭元振回朝。郭元振知道回京後肯定是兇多吉少，便以「西土未寧，事資安撫」為藉口，聲稱暫時不能回京。之後，他又派兒子郭鴻帶著娑葛的書信抄小路回京。

後來，在太平公主的努力下，最終扭轉了朝議。而引發此事的周以悌也被流放白州，郭元振再次被任命為安西大都護，娑葛也被赦免。這事過了沒多久，娑葛得到咽面、葛邏祿、車鼻施和弓月四姓部落的歸附，實力大增，他便自立為賀臘毗伽十四姓可汗。

西元709年農曆七月，娑葛派使者向唐廷請降，中宗高興地冊封娑葛為賀臘毗伽欽化可汗，賜名守忠，他的弟弟遮弩被賜名為守節，突騎施汗國正式建立。郭元振在整場事件中造成了力挽狂瀾的作用，如果沒有他的極力周旋，恐怕西域在很長時間裡都不會太平。

西元710年農曆六月，李隆基發動宮廷政變，除掉韋后了集團。之後，李旦即位，成了睿宗。郭元振的才學和理政能力很得睿宗的賞識，又被封為太僕卿，加銀青光祿大夫。

郭元振在離開安西赴任時，安西各部族的酋長哭著相送。離涼州還很遠時，涼州的百姓就準備好了酒食夾道歡迎，這些足可以見證郭元振的人格魅力。

西元711年農曆正月十三日，郭元振與張說並列為同平章事，後同中書門下三品。十月，睿宗召郭元振等幾位大臣到承天門，責備他們：「政教多

有疏漏，災害到處都是，府庫空虛，官僚機構卻越來越多；就算是我沒有多少德行，也不致如此，你們不是能輔佐我的賢才！」隨即免除了幾位宰相的職務，重新任命新宰相。其中郭元振取代宋璟為吏部尚書。後轉兵部尚書，封館陶縣男。

西元 712 年，李隆基登基，也就是唐玄宗。郭元振被任命為朔方軍大都督，建豐安、定遠城，使戍守軍隊有了屯駐的地方。西元 713 年，他被任命為兵部尚書，同中書門下三品。

玄宗即位之初，朝中官員很大一部分都是太平公主的黨羽。太平公主又控制了左羽林大將軍常元楷、左金吾將軍李欽等將領，掌握了部分軍權。她想架空玄宗，進而取得皇權。

經過一番準備之後，太平公主決定發動叛亂，結果卻被玄宗預先探知。玄宗與郭元振等人一起商議如何除掉太平公主，商議之後玄宗採取了行動，最後滅掉了太平公主。

太平公主被除之後，玄宗論功行賞，封郭元振為代國公，實封 400 戶，賜一子為官，賜錦千緞。不久又兼御史大夫，復為朔方大總管，以此來防備突厥的來襲。

這個時候內患已經平息了，玄宗的大權基本穩固。他有了足夠的精力來管理國家，於是加強邊防也被提上了日程。

在面對西方的吐蕃和西突厥、東北的契丹和奚、北方的東突厥等的軍事威脅時，玄宗採取了設置節度使、增強邊兵、嚴格訓練軍隊等措施來加強防禦能力。

此外，玄宗還十分地重視軍容和軍紀等軍法的貫徹執行，他覺得這些是提高軍隊戰鬥力的最佳途徑。

西元 713 年農曆十月，玄宗到新豐視察邊情。他與文武官員在驪山腳下觀看士兵習武，共有 20 多萬人軍，旌旗綿延 50 多里。他看到軍隊這樣拖沓

的樣子，不覺有些生氣。

玄宗只好親自擊鼓鼓舞士氣，這時，郭元振突然在玄宗擊鼓的時候向玄宗奏事。玄宗鼓聲一停，軍隊立刻混亂起來。玄宗更加生氣，他想借此樹立聲威，於是，便讓郭元振跪在軍旗下，準備斬首示眾。

這時，大臣劉幽求和張說等人急忙勸諫：「元振有翊贊大功，雖有罪，當從原宥。」玄宗這才免了郭元振的死罪，將其流放到了新州。

不久，玄宗念及郭元振立過的功勞，想重新起用他做饒州司馬。但是，郭元振由於遭到貶損，心情極度抑鬱，在赴任的途中就病逝了，終年58歲。開元十年，他被追贈為太子少保。

郭元振守邊多年，以建設、安撫見長，故能「克致隆平」「安遠定邊」。他「武緯文經」，以誠信來對待邊疆的少數民族，因而深得他們的愛戴。此外，郭元振還能化干戈為玉帛，不戰而屈突厥、吐蕃之兵，這就是所謂的「善戰者之勝也，無智名，無勇功」。這樣的邊將，對於保持邊疆穩定和維護國家統一，造成了極為重要的作用。

誅殺殘忍酷吏

在武則天執政的後期，她做出了一些令人很不滿意行為。其中的一大弊病就是任用酷吏，因而引起了很多大臣的不滿，如果武則天不將這股勢力清除便無法在朝廷中站住腳了。

在李敬業謀反事件發生以後，武則天對自己所面臨的形勢越來越感到憂慮，她覺得必須以暴制暴，才能將反對自己的勢力鎮壓下去。於是，她想到任用酷吏來鞏固自己的統治，這也是酷吏產生的主觀原因。

女皇在實行選賢舉能、知人善用政策的同時，又先後任用了索元禮、周興、來俊臣、侯思止等一大批酷吏，讓他們來掌管制獄，這也是統治者善用的雙面刃。

武則天想借酷吏之手，嚴厲打擊反對自己的元老重臣、勛貴舊族，同時，也以此打破了大族的控制政局、壟斷高官的局面。這一方面的確滿足了武則天的願望，但是這些酷吏殘暴之舉的罪狀，卻也附加到了女皇的頭上。

其實，女皇當初任命周興和來俊臣審理告密者的案件，只是想讓他們幫助自己分擔一下多如牛毛的案件，並沒有授意他們要嚴刑逼供，以殘酷的刑法逼迫被告人就範。但是，在實際中他們卻假公濟私，利用公職殘害了許多無辜之人；利用誣陷、控告和慘無人道的刑法，殺害了許多正直無辜的文武官吏和平民百姓。

如果被告者一旦落入酷吏的手中，能活著出獄的沒有幾個。這樣，隨著告密之風的日益興起，被酷吏嚴刑拷打致死的人數日漸增多。

於是，在朝廷內外便形成了十分恐怖的政治氣氛，以至於大臣們每次在上朝之前，都要和家人進行訣別，每天都惶惶不可終日。武則天也知道這些

誅殺殘忍酷吏

情況的存在，只是鑒於當時的政治形勢，鑒於自己還有許多關係需要理順，許多政敵還沒有掃除，許多抱有男人主宰天下觀念的臣民還在暗中作梗等原因，這一切都需要她盡快擺平，可是親己者又有幾人呢？

因此，武則天沒有太多的選擇餘地，只要肯為她效力者，就要委以重任。一旦時機成熟了，一旦他們的罪惡昭彰，武則天就會出手為民除害。

西元 686 年，武朝出現了武則天當政時期的第一個酷吏。這個人的名字叫索元禮，他是個胡人。他祕密向朝廷舉報了反對武則天執政的人後，朝廷便派人去抓捕，結果有一批人都給抓住了。

因為當時反對武則天的人很多，所以武則天對此也並沒有懷疑。在這個非常時期，為了肅清反對派的勢力而犧牲一些人，武則天也是在所不惜的。

此時，武則天覺得索元禮是個辦事乾淨、俐落的人，同時，也是剷除反對派的得力助手，於是，便賞了個將軍的官給他。

索元禮得到重用後，被很多別有用心的小人看在了眼裡。不用真才實學，只要會告密，會抓人就有官做，這種方式比十年寒窗苦讀容易多了。於是，一個接一個的索元禮便誕生了。尚書都事周興和來俊臣就是其中最為成功的兩個人。

周興得益於此，被提拔為刑部司郎，而來俊臣也被擺上了御史中丞的位置，此時的兩人極為顯赫、風光。

酷吏們不僅對抓來的人動用酷刑，就連抓人都是誣告的。他們收買了一群地痞流氓一起上告，把沒有的事生出有來，把極小的事情，又說得極為誇張，如果你不承認就會動用酷刑，折磨到你招供為止。

接著，他們還會用屈打成招的供狀來向武則天進行邀功。此外，周興和來俊臣等人還發明了不少整人的酷刑。周興等人還專門編撰了一套誣告別人的《羅織經》，只要是能看懂文字的，再加上一顆黑心，就能學會這個低級的遊

戲。酷吏們就是憑藉著這些手段，踩著別人的屍體，爬上了盡顯榮華的高位。

剛開始時，酷吏們只是誣告那些沒有什麼名氣的人。這樣的人好對付，又可以暫時不引起朝臣的非議和恐慌，風險性也比較小。憑著這些小人物，酷吏們不僅抬高了自己的身價，而且也漸漸地有了對付朝中反對派的力量和膽量。

西元 689 年農曆九月，周興誣告宰相魏玄同謀反。周興在高宗時期做過河陽縣令，高宗想要升他的官，但是朝中有人反對。周興不知道情況，就在朝堂上等。

這時，身為地官尚書、檢校納言的魏玄同見到周興，便對他說：「周明府你可以離開這裡了。」周興認為是魏玄同讓他無法陞官的，之後便記了仇。周興想搞垮魏玄同，於是千方百計地陷害他。

由於魏玄同和裴炎的關係很要好，於是，周興便利用了這層關係，來陷害魏玄同。武則天聽到了周興對魏玄同的誣告之詞後，十分害怕，她火冒三丈，立馬將魏玄同賜死在了家中。

監刑御史房濟知道魏玄同是被冤枉的，便讓他密告周興保住自己的名節。魏玄同卻說：「被人殺，被鬼殺有什麼區別呢？怎麼能做告密者呢？」於是便從容而死。

實際上，魏玄同是武則天改革的支持者，一直反對門閥制度。周興誣告手段高明，魏玄同又不申辯，最後只落了這麼一個下場，多少有些不值。與魏玄同遭受同樣命運的還有夏官侍郎崔詧、百濟名將黑齒常之，這些人都被周興誣告而死。

酷吏橫行霸道、濫殺無辜的行為，受到了很多人的譴責和反對。其中唐朝著名文學家陳子昂的反對最為激烈。在武則天臨朝時，他被封為麟臺正字，並且受到了武則天的賞識。

誅殺殘忍酷吏

陳子昂是一位富有遠見的改革派，積極支持武則天的新政。後來，他被封為了右胄衛曹參軍。當他看到了酷吏的危害時，立即上表反對任用酷吏。奏表上說：「周頌成康，漢稱文景，皆以能措刑也。今皇上之政，雖盡善矣，然太平之朝，上下樂化，不宜有亂臣賊子，日犯天誅。比者大獄增多，逆徒滋廣，愚臣頑昧，初謂皆實，乃去月十五日，皇上特察繫囚李珍等無罪，百僚慶悅，皆賀聖明，臣乃知亦有無罪之人掛於疏漏者。皇上務在寬典，獄官務在急刑，以傷皇上之仁，以誣太平之政，臣竊恨之。又九月二十一日，赦免楚金等死，初為風雨，變為景雲。臣聞陰慘者刑也，陽舒者德也；聖人法天，天亦助聖，天意如此，皇上屈可不承順之哉！今又陰雨，臣恐過在獄官。凡系獄之囚，多在極法，道路之議，或是或非，皇上何不悉召見之，自詰其罪！罪有實者顯示明刑，濫者嚴懲獄吏，使天下咸服，人知政刑，豈非至德克明哉！」

奏表從人事、天命出發勸阻武則天停用酷吏，武則天接受了陳子昂的勸諫，並提升他做右拾遺言官。右拾遺的主要職責是挑皇帝的毛病，管理日常大臣們呈遞奏摺所用的匣子。

這個官職看似不大，但也不能小覷，奏摺是要經過他們這裡的，如果有什麼誣告之事，他們可以直接向武則天提出。但酷吏並不管這些，他們見陳子昂沒有被提拔到手握重權的位置上，便更加猖狂起來，繼續進行著誣告和濫殺的行為。

在這個時候，武則天並沒有採取實際行動，使得酷吏繼續為非作歹，同時，酷吏的隊伍還在不斷地擴大。其中，最為荒謬的事情是有一個以賣餅為生的醴泉人，名叫侯思止，他因為與恒州刺史裴貞教訓的一個小官關係要好，便與小官合計陷害裴貞。他們告發裴貞和舒王李元名謀反，結果搞得李元名被廢掉舒王的頭銜，發往和州，裴貞也送掉了性命。

而侯思止因為告發有功，也得了個將軍之職。但是，他並不滿足於自己的地位，希望做更大的官，於是面見武則天。武則天聽說他想當監察御史，不覺大笑起來問他：「你不識字，怎麼能夠擔此大任呢？」

侯思止不慌不忙地說道：「獨角獸也不認識字，但是它能分辨出是非曲直、善惡忠奸啊！」武則天沒想到他回答得如此巧妙，很是高興，便封他為朝散大夫、侍御史。一個賣大餅、不識字的人也能憑誣告官居高位，那些心懷不軌的人怎會不競相效仿呢？

此外，在衡水有個無賴叫王弘義，也因誣告有功，被封為了將軍，後來，他又被提拔為殿中侍御史。有人告發勝州都督王安仁謀反，武則天便派他去審理這個案件。

王弘義一見到被押解來的王安仁，就用木枷砸他的頭，接著又派人抓了他的兒子，最後把王安仁給殺了。殺完人了才發現有個漏洞需要補，由於這是無故殺人，被人知道了會被殺頭的。王弘義有辦法應付，他編造了案情和供詞上報給上面，結果竟然還得到了嘉獎。

周興、來俊臣、侯思止是當時最負盛名的酷吏，而徐有功、杜景儉在朝中是出了名的正直之臣。徐有功是個很有個性的人，但凡是酷吏陷害的人，他都要為他們辯護幾句，類似的事前前後後發生了很多次。

縣尉顏餘慶與瑯琊王李沖的家奴有幾分交情，來俊臣便誣告他參與謀反，顏餘慶被定為死罪。徐有功則對武則天說：「皇上你頒發過赦令，只殺帶頭的人。其他沒有告發的人都赦免了，現在又要治他們的罪，還不如不赦免呢！放人家一條生路，又要殺掉人家，還不如不放生呢！」

武則天反問了徐有功一句：「你認為顏餘慶還不算是帶頭的人嗎？」

徐有功則慢條斯理地說：「所謂帶頭人是最先謀劃這件事的人。李貞才是元謀，現在已經被殺了，顏餘慶不過是小黨羽而已，按照赦令是該赦免的。」

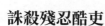

誅殺殘忍酷吏

徐有功和武則天你一言、我一語地爭執起來，朝殿上的文武百官嚇得面如土色，徐有功卻泰然自若。武則天一看徐有功這樣堅決，必定是有一定道理，於是便聽從了他的建議，免了顏餘慶的死罪。

與徐有功一樣正直的人是司刑李日知，在一次判案中，他與另一個司刑胡元禮發生了嚴重的爭執，爭執焦點是關於一個囚犯是否該判死刑的問題。

胡元禮硬是要處決那個囚犯，而李日知死保囚犯，結果鬧到了武則天那裡。李日知不肯退讓，武則天看胡元禮拿不出什麼有力的證據證明囚犯的犯罪事實，便釋放了那個囚犯。

武則天任用酷吏，害死了許多無辜的人。雖然她是出於清除反對勢力的目的才採用了這一手段，但是，卻產生極為嚴重的後果。

其實，在武則天稱帝之初，武承嗣勾結周興，陷害隋州刺史李上金、舒州刺史李素節謀反。李上金、李素節都是李家皇室，武則天對李家人叛亂尤為敏感，不管情況屬不屬實，只要有風吹草動便要深究細問。

武家子侄又竭力想剷除李家皇室的勢力，便極盡誣告之能事，把小事做大，李家兄弟最終沒有逃脫酷吏的魔掌。李素節被絞死，李上金自殺，李家宗室慘遭迫害。

其實，武則天也是個極為精明的人，她在利用酷吏整頓完朝中的主要反對派之後，又把眼光瞄向了酷吏本身。這一次，酷吏誣陷的是道州刺史李行褒兄弟，誣告他們的罪名是謀反。因為只有謀反才能置人於死地，所以李行褒兄弟被定了滅族的重刑。

這時，徐有功極力地進行勸阻。於是，周興便告發徐有功故意祖護，這時候武則天出手了，她不僅沒有治徐有功的罪，反而升他做了侍御史。可是，徐有功卻不幹了，他跪著請求武則天不要升他的官。他對武則天說：「我聽說鹿若在山林裡，終究會被殺了吃肉。我做刑官的時候，危險沒有那

麼大。但是，如果做了御史，遲早會被酷吏殺死的。」

武則天看了看周興，又對徐有功說道：「你放心好了，沒人敢陷害你。」朝臣聽到武則天這麼一說，心中多少有些數了，於是，便靜觀其變。

西元 691 年，擔任御史中丞的李嗣真上書武則天，委婉地陳述酷吏的危害：「今告事紛紜，虛多實少，恐有兇惡陰謀離間皇上君臣。古者獄成，公卿參聽，王必三宥，然後行刑。比日獄官單車奉使，推鞫既定，法家依斷，不令重推。或臨時專決，不復聞奏。如此，則權由臣下，非審慎之法，倘有冤濫，何由可知？況以九品之官專命推復，操殺生之柄，竊人主之威，按復既不在秋官，省審復不由門下，國之利器，輕以假人，恐為社稷之禍。」

武則天有個最大的優點，就是對於直言進諫的大臣，她從來都不會報復嚴懲。其實，這道奏摺實際上是責備武則天任用酷吏的失誤，只是把罪過推給了周興等人而已。武則天看後，不置可否。實際上，她已經下定決心要拿這群酷吏開刀了。

就在李嗣真上奏後不久，左金吾大將軍丘神被人告發。丘神也是個酷吏，他在平息李沖的叛亂中曾大肆屠殺無辜官民。這件事武則天早就知道了，但是當時還不是時候，所以就沒有採取行動。

現在，既然下定決心要剷除酷吏，那就得先找個人來開這個先河。於是，丘神便撞在了刀口上，被武則天斬首了。丘神一死，朝野為之雀躍，人們知道酷吏的末日就在眼前。有了榜樣的鼓舞，那些受酷吏陷害的人、知道酷吏暴行的人也都紛紛起來揭發酷吏的種種罪行。

有一天，一封告密信送到了武則天的手中，內容竟是告發周興與已經處死的丘神聯絡謀反的事情。武則天看了之後大為震怒，立刻下密旨給來俊臣，叫他負責審理這個案件。朝中官員對於武則天的這種做法也是拍案叫絕。

誅殺殘忍酷吏

　　說來還真巧。太監把武則天的密旨送到來俊臣家時，來俊臣正在跟周興在一起邊喝酒，邊議論案件。來俊臣看完武則天的密旨後，不動聲色，把密旨往袖子裡一放，仍舊回過頭來跟周興聊天。

　　可是，這時的他大腦卻沒有閒著。他想，周興是個狡猾奸詐之徒，僅憑一封告密信，是無法讓他說實話的。可是，要是萬一查不出個結果，皇帝怪罪下來，我來俊臣也擔待不起呀。這可怎麼辦呢？在他苦苦思索了半天之後，終於想出一條妙計。

　　這時，來俊臣故意唉聲嘆氣地說：「兄弟我平日辦案，常遇到一些犯人死不認罪，令我萬分頭痛，不知老兄有何妙招？能否賜兄弟幾招？」

　　已有三分醉意的周興便得意地說：「這還不好辦！」說著端起酒杯抿了一口。

　　來俊臣立刻裝出很懇切的樣子說：「請快快賜教。」

　　周興陰笑著說：「這還不容易！我最近就想出一個新辦法，你找一個大甕，四周用炭火烤熱，再讓犯人進到甕裡，你想想，還有什麼犯人不招供呢？」

　　來俊臣連連點頭稱讚說：「果然是高招啊！」隨即命人抬來一口大甕，按周興說的那樣，把甕放在火盆上。盆裡炭火熊熊，烤得整個廳堂的人禁不住流汗。

　　周興正醉眼矇矓地望著烤熱的大甕納悶，來俊臣卻站了起來，拉長臉說：「宮裡有人密告你謀反，上邊命我嚴查。現在，就請老兄自己鑽進甕裡吧！」

　　周興一聽，嚇得魂飛天外，手裡的酒杯「啪嗒」一聲掉在地上。來俊臣的手段，他是最清楚的。他連忙「撲通」一聲跪倒在地，連連磕頭求饒說：「我願意招認，我有罪，我招供。」來俊臣根據周興的口供，定了他死罪，上報給武則天。

看了周興的認罪口供，武則天想，周興畢竟為她幹了不少事；再說，他是不是真的謀反，也是有點懷疑的，因此就赦免了周興的死罪，把他革職流放到了嶺南。

可是，周興幹的壞事太多，冤家也多，到了半路上就被人暗殺了。後來，武則天發現索元禮害人太多，民憤很大，也找了個由頭，把他給殺了。

武則天除掉了周興以後，未經舉報便殺死了索元禮，因為他，無辜者死傷無數，搞得民怨紛紛。武則天對他的罪行早有耳聞，覺得只有殺了他，才能安撫民眾的心。只是還有兩個人，武則天並沒有展開行動，一個是來俊臣，一個是自己的侄子武承嗣。由此不難看出，只要有他們的存在，誣告就不會停止。

留下的來俊臣，仍舊得到了武則天的信任，又繼續幹了好幾年誣陷殺人的事，前前後後不知道殺害了多少無辜官吏和百姓，就連宰相狄仁傑也曾經被他誣告謀反而被關進了牢監，差一點就被他害死。

狄仁傑的才幹和名望越來越受到人們的讚揚，同時也得到了武則天的信任。西元 691 年農曆九月，狄仁傑被提拔為戶部侍郎，同鳳閣鸞臺平章事，進入宰相之列。

這個時候正是武承嗣顯赫的時候，他十分忌憚狄仁傑的才幹，認為狄仁傑是他被立為皇嗣的障礙，因此想方設法想把他剷除掉。

西元 692 年，武承嗣和來俊臣祕密商討如何除掉狄仁傑、任知古等高官，這也是他們的宿敵。有這樣一批正直的大臣在朝，武承嗣繼承周武王朝的企圖就難以實現。而來俊臣也懼怕自己的罪行會被大臣們拿來治罪，所以，他們為了自保也要剷除這些人。

他們深知武則天最大的弱點，就是懼怕有人謀反，只要一聽有人要謀反，她全身的神經立馬就會繃得緊緊的。

誅殺殘忍酷吏

有一天，武則天正在午後小憩，這時，近侍報說左臺中丞來俊臣有緊急事要求見。女皇急忙坐了起來，傳來俊臣入宮覲見。

來俊臣入了內殿，三拜九叩之後，氣喘吁吁、一臉驚慌的樣子，鄭重其事地向女皇奏報：「啟奏陛下，新任鳳閣鸞臺平章事地官尚書狄仁傑、風閣侍郎任知古、冬官尚書裴行本，以及司農卿崔宣禮、前文昌左丞盧獻、御史中丞魏元忠、潞州刺史李嗣真 7 人合謀造反。」

武則天聽到後被嚇了一跳，剛任命沒幾天的幾個宰相也要造反嗎？武則天一拍床幫喝問道：「果真有此事嗎？」

「臣只是收集了部分材料，但謀反大事不可不察，臣請收此 7 人入獄推問鞫訊，有無謀反，一問便知。」

只要一涉及「謀反」二字，武則天總是會感到心驚肉跳，對此也是極為敏感，恨不打一處來，當即頒詔準奏，令來俊臣從速審理此案。

來俊臣出了皇宮門，興奮得直搓手，嘴裡罵道：「我來俊臣當不上宰相，你們幾個也別想幹成，非讓你們幾個入獄不可。」

回到左臺後，來俊臣立即召集幾個死黨，交代任務，他指著侯思止說道：「你負責抓捕審訊魏元忠。魏元忠是個倔種，你一定要負責從他的嘴裡掏出謀反的口供來。」

侯思止拍著胸脯，大包大攬地說：「沒問題，他魏元忠骨頭再硬，也硬不過我的孟青棒。我保證一天之內就會結案。」

來俊臣又指著判官王德壽說：「你隨我抓捕審訊其餘幾個人。」當天下午，6 位重臣連同因公滯京的潞州刺史李嗣真被抓捕入獄。

刑訊室裡，爐火熊熊，油鍋裡的熱油被燒得翻著花兒向上冒。各種刑具依次擺開，地上、牆上和刑具上也是血跡斑斑，打手們光著上身，氣勢洶洶，空氣中彌漫著一股逼人的殺氣。這時，狄仁傑、任知古、裴行本、崔宣

禮、盧獻、李嗣真 6 人被鐵鏈鎖著，牽進了刑訊室。

來俊臣深知狄仁傑和魏元忠都是些不好惹的硬漢，沒有犯罪事實不會蒙受不白之冤，所以他為了從速結案，避免夜長夢多，便拿著赦令去見這些人。所謂赦令，就是只要第一時間承認謀反，便可以減輕罪責。

這時，來俊臣走到狄仁傑的面前，說道：「狄公，這裡面數你任高，你是怎麼考慮的呢？」

狄仁傑心中暗忖，落到此種沐猴而冠的禽獸手中，好比秀才遇到兵，有理說不清，不如來個一問即承，先逃過嚴刑拷打這一關，只要留下一條活命，再進行翻案也不遲。因為在唐法中有一條如果一審中承認自己謀反的，就會減免死罪。所以當來俊臣逼狄仁傑承認「謀反」時，狄仁傑出乎人們意料地一口承認了自己「謀反」。

只聽狄仁傑說道：「大周革命，萬物惟新，唐室舊臣，甘從誅戮，反是實！」來俊臣見狄仁傑老老實實地認罪，便不再嚴加審問，狄仁傑免受了皮肉之苦。

來俊臣點點頭，感到十分的滿意。接著，他又喝問其他人，說道：「你們又是怎麼考慮的呢？」

其他 5 個人見狄公都已經「招供」了，於是也來個好漢不吃眼前虧，齊聲說道：「我等追隨狄公，皆願承反。」

來俊臣沒想到案子會辦得如此痛快，高興得哈哈大笑，當即指示判官王德壽：「趕快給他們錄口供！」王德壽便聽從來俊臣的指示一一給狄仁傑等人錄了口供。

這時，王德壽見來俊臣出去了，便想為自己陞官發財累積些資本，於是他到了一杯水，走到狄仁傑的面前雙手遞上，小聲地說道：「狄公，想跟你商量個事情。」

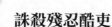

狄仁傑看了王德壽一眼，說道：「請說。」

只見王德壽故意摸了摸旁邊的刑具，又拿過來在狄仁傑的跟前晃了晃，帶著威脅的口吻說道：「德壽當了這個差，就有一定的生殺予奪的權力。就是我這個判官幹了十幾年了，老是升不上去。我想借你的口，扳倒夏官尚書楊執柔。」

見狄仁傑不說話，王德壽又進一步說道：「狄尚書既然已經錄好供狀，且得減死，多說出一些人和少說出一些人，又有什麼區別呢？」

這時，在狄仁傑的心裡已經十分明白了，但是仍然故作不解地問道：「你想怎麼樣呢？」

王德壽湊近狄仁傑，進一步「指點迷津」，說道：「狄尚書原來在春官，楊執柔任某司員外。你當過他的上司。如今你已經承認了謀反，正好可以誣引他為同黨呀。」

對於這種赤裸裸的害人行徑，狄仁傑實在是忍無可忍，原來他們就是以這樣的手段來陷害別人的，於是便屬聲說道：「皇天在上，朗朗乾坤，你們竟然叫我做這樣的事情！」說完後，狄仁傑便以頭觸柱，頓時血流滿面。王德壽看到這種情形，一下子便嚇傻了眼，一個勁兒地作揖謝罪，不敢再逼迫狄仁傑了。

魏元忠在被酷吏侯思止審問時，侯思止企圖用來俊臣的方法說服魏元忠認罪。可是，魏元忠卻是個硬骨頭，聽到這個怒不可遏，把侯思止罵了個狗血噴頭。

這時，侯思止覺得肚子有些餓了，於是便命令暫停審訊，然後叫夥房端上了自己喜愛的火燒吃。正在這時，一個小令史走了進來對他說道：「侯御史，那邊狄仁傑等幾個案犯都已經招供了，就剩下你這邊的魏元忠了，來大人叫你加快審訊的速度。」

一聽到其他案犯都已經招供了，唯有自己這邊落了後，侯思止急了眼，三下兩下把一個火燒塞進嘴裡，囫圇吞了下去，噎得直翻白眼。只見他順了口氣後立刻說道：「帶魏元忠！」

　　魏元忠被鐵鏈鎖手帶上堂來，剛剛站定，侯思止一拍驚堂木，劈頭吼道：「快招！」

　　魏元忠是個視死如歸、死不奪志的硬漢，又豈會在乎一個小小的「籠餅御史」。於是便指著侯思止罵道：「無恥小人，大字不識一個，竟敢在你魏爺面前耍威風？」

　　侯思止因告密有功，驟得高官，平日驕橫慣了，見魏元忠敢當面頂撞自己，揭自己老底，氣得撲了上去，把他推倒在地，倒提雙腳，在地上拖來拖去。拖了一會兒，他便累得呼呼直喘，這才停下了手問道：「你到底是招還是不招啊？」

　　這時，魏元忠已經被拖得頭暈腦脹、痛苦不堪，但是，心中的銳氣卻是絲毫不減。只見他慢慢地從地上爬了起來，指著侯思止繼續挖苦道：「我運氣不佳，乘惡驢墜，雙足在鐙，被惡驢牽引。」後來，侯思止不再提審魏元忠，可是又迫於來俊臣的催逼，於是只好叫人偽造了一份魏元忠自承謀反的供狀呈上了事。

　　此時，關在監牢裡的狄仁傑深知，既然承認了造反，依法當死，等一天就會離死亡更近一天，得盡快想個辦法訴冤於女皇，藉以自救。

　　狄仁傑想著想著，眉頭一皺，計上心來。於是，他敲了敲牢門，叫來了獄卒。由於他曾當過大理丞，其以斷案公正而聞名，因為被人所敬仰，就連獄卒也十分佩服他。獄卒來到牢房門口後，客客氣氣地問道：「狄公，您有什麼事情嗎？」

　　「老陳，能不能給我拿些筆硯來，我想寫些字。」狄仁傑說。

「這小人可不敢做主，紙墨筆硯進監牢控制得很緊，必須當班的判官王德壽王大人批準才行。」獄卒為難地說道。

「那麻煩你給王判官說一聲，就說我有一些事情想要交代一下。」狄仁傑說道。獄卒老陳答應了一聲就走了。王德壽聽說狄仁傑尚有未交代完的事，感到非常高興，急忙帶上紙墨筆硯來到了監牢裡。

「狄尚書，你想寫些什麼呢？」王德壽問道。

狄仁傑站在牢裡，隔著牢門作揖道：「自從入獄以來，判官對我照顧得非常好，吃穿都沒受什麼委屈。仁傑心中十分感動，想多交代一些事情，以報答判官大人。」

王德壽聽到狄仁傑這麼一說，十分高興，於是便急忙問道：「尚書還願意牽楊執柔嗎？」

狄仁傑搖搖頭說：「執柔是皇上母親的侄孫，是皇上親手提拔的國戚，若牽之不成反受其害，不如檢舉一些其他人吧！」

王德壽一聽連連點頭，說道：「還是狄公考慮事情周到，憑公牽誰都行。」王德壽即命獄卒打開了牢門，把紙筆墨硯遞了進去。此外，他還特意讓獄卒弄來了一張小桌子，放在牢房裡，讓狄公沉住氣地書寫。狄仁傑看見王德壽眼巴巴地看著自己，站在旁邊不走，便笑道：「我得慢慢考慮一下，判官有事就先忙去吧！」

「好，好，你忙你忙，我走我走。」王德壽說道。

等王德壽和獄卒走後，狄公拆開被頭撕下了一塊布帛，鋪在桌上，抬筆寫道：

光遠吾兒：父陷牢獄，為人所誣，旬日之間即死。可速持書赴闕，以告皇上，求今上召見為父，以鳴我不白之冤也，父字。

寫完之後，狄仁傑把帛書疊了起來，從線縫間塞進了棉衣裡，整理完畢

後敲了敲牢門，叫著遠方看守的獄卒。

「狄公，又有什麼事嗎？」獄卒走過來問道。

「天熱了，麻煩你把棉衣交給我的家人，去掉裡面的棉花改成裌襖。」

獄卒面有難色地說道：「按規定這件事情也得跟王判官匯報一下。」

「請務必幫忙。」狄仁傑說。

這時，王德壽正是有求於狄仁傑的時候，聽說他想換件單衣，豈會不同意呢，於是他手一揮，命令獄卒：「跑步前進，速把棉衣送到狄公家。」

獄卒答應了一聲，便拿著狄仁傑的棉襖一路小跑來到了他的家中，把棉衣交給了狄仁傑的兒子狄光遠，說道：「狄尚書說天熱了，讓速把棉衣拆了，去其棉，做成裌襖，做好後馬上送到獄裡去。」

狄光遠給了獄卒一些謝銀，把他打發走了。回到後堂，狄光遠把這事跟家人一說，母親的淚就流了下來，說道：「如今才二月天，時方寒冬，如何說熱，難道是獄中生了火爐不成，按理說寒獄更冷。」

狄光遠的妻子也說：「何必再拆去棉絮做成裌襖，現成的裌襖，拿去一件不就行了嗎？」

「不對。」狄光遠覺得有些蹊蹺，於是急忙拿過棉衣一把撕開，翻檢了一下，果然在夾層裡找到了帛書。捧讀父親的手書，狄光遠的眼淚就流下來了，和母親說了一下，當即決定持書詣闕訴冤。

狄光遠風風火火地趕到了宮門口，向值班的內侍說：「我是地官尚書狄仁傑的兒子狄光遠，有非常事變，要緊急求見皇上！」內侍一聽說有非常事變，急忙上報給武則天，武則天當即傳旨狄光遠覲見。

入了朝堂，三叩九拜之後，狄光遠便把父親寫的帛書呈上，請求武則天召見父親，允其當面訴冤。武則天一聽是如此的非常事變，不屑地說道：「你回去吧！朕會慎重處理這事的。」狄光遠無奈，只得含淚再三磕頭，離開了朝堂。

誅殺殘忍酷吏

這時，站在一旁的上官婉兒見武則天對這件事情無動於衷，便進言道：「7位重臣，共謀造反，甚為蹊蹺，皇上不如召來俊臣當面問問。」

「那就傳來俊臣問問吧！」武則天說道。

不一會兒，來俊臣便趕來了。磕頭晉見完畢後，武則天問道：「卿言仁傑等承反，今其子弟訟冤，這是為什麼呢？」

來俊臣是何等奸滑的小人，鬼點子比誰都多，哄女皇的鬼話也多得很，當即便振振有詞地說道：「狄仁傑等人下獄，臣未嘗褫其巾帶，官服還都讓他們穿著，住處和生活的待遇也都很好，不打他們、不罵他們、不歧視他們，他們在獄中生活得也很舒適，如果沒有謀反的事實，他們會承認謀反嗎？」

武則天聽了來俊臣的一番謊話，也感到疑疑惑惑，一時難以下決斷。這時，上官婉兒近前小聲地說道：「不如派個人到獄中看看如何？」

武則天點點頭，於是便叫人召來了通事舍人周琳跟著來俊臣到獄中看看，看看狄仁傑他們在獄中生活得怎麼樣？

周琳也是個膽小鬼，平時見了酷吏來俊臣心裡就打怵，到了獄中，也被嚇得不敢四處看，只是跟在來俊臣的身邊唯唯諾諾。

周欽差看見來俊臣就如芒刺在背，怕待的時間長沒有好處，敷衍了一下便想溜之大吉，說：「我這就回去向皇上匯報去，免得皇上多心。狄仁傑他們確實是自己承認謀反的。」

說完，周琳拔腳就想走，卻讓來俊臣給一把拉住了：「稍等一會兒，我讓他們幾個寫謝死表，請你代為呈給皇上。」聽到來俊臣這麼一說，周琳急忙拉過一個板凳坐了下來，一步也不敢再動。

不一會兒，王德壽拿了7份謝死表走了過來。來俊臣接過來看了看，遞給周琳，威脅他說：「好好跟皇上說說，有什麼差錯你我都不好交代呀。」

周琳接過謝死表後害怕地說道：「一定照辦。」望著周琳離去的背影，來俊臣哈哈大笑起來。

回到皇宮後，周琳據「實」向武則天作了匯報，並將七人所寫的謝死表呈給了她。聽了他的匯報和所呈上來的謝死表，武則天更加深信不疑了。於是便說道：「可傳語來俊臣，對仁傑等 7 名謀反之人，速速宣判，擇日處斬。」

來俊臣知道了武則天的宣判後，十分高興，並且做好了行動準備。對狄仁傑等 7 人宣判完死刑，還沒等刑部核準，來俊臣就急不可待地命人把布告貼了出來。

這時，在看布告的人群中衝出來一個十一二歲的少年，只見他手拿鋼叉，怒不可遏地上去把來俊臣的名字戳了個稀巴爛，接著，他又把整張布告也戳了個稀巴爛。眾人大吃一驚，唯恐惹禍上身，紛紛躲得遠遠的。

原來，這是前鳳閣鸞臺侍郎、平章事、前宰相樂思晦的小公子樂金釗，他爹樂思晦去年就是被來俊臣殺死的。親人被害，家又被酷吏所毀，樂金釗對酷吏懷有刻骨的仇恨。

如今又有這麼多的重臣被羅織入獄，性命危在旦夕，不由激起他的俠骨義膽，於是他衝到了皇宮門口。對值門的內侍說：「有非常事變，我請求皇上緊急召見。」

武則天聽說有個小孩要求緊急召見，覺得奇怪，急忙令其覲見。朝堂上的文武大臣見一個 10 歲左右的孩子，打著赤腳來到了朝堂，甚覺稀奇。

「臣樂金釗叩見皇上，願我皇萬歲萬萬歲。」

武則天見他小小的年紀，卻是如此的禮貌，心裡十分高興，於是便和藹地問道：「你是誰家的孩子，見朕有何事要奏。」

「啟奏陛下，臣是前朝宰相樂彥瑋的孫子，本朝宰相樂思晦的兒子。臣告左臺中丞來俊臣苟毒害虐，欺君枉法，包藏禍心，羅織構難，毒陷良善。

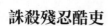

前者殘害數百家，今又憑空誣陷狄仁傑等7位重臣謀反。臣請將來俊臣收獄服法，以謝天下！」

見這個小孩說話雖稚氣未脫，但口齒伶俐，義正詞嚴，在場的人都暗暗稱奇。這時，武則天問道：「你說來俊臣誣陷良善，有什麼證據嗎？」

樂金釗拱了一下手，毫不畏懼地說道：「臣父已死，臣家已破，但惜陛下為俊臣等所弄，陛下不信臣言，乞擇朝臣之忠清，陛下素所信任者，為反狀以付俊臣，則無不承反矣。」眾大臣聽後，也都不由自主地點點頭。

這時，武則天想起了狄光遠的告變，覺得此事確實有些蹊蹺，於是決定親自審理此案，於是傳旨說道：「速把狄仁傑等人押至朝堂，朕要禦審此案。」

當值殿中御史急下朝堂，去提狄仁傑等人。不一會兒，狄仁傑等人就被押到了朝堂上。上了朝堂，7人便跪在地上大呼冤枉。

武則天問道：「既然說是冤枉，那又為什麼會承認謀反呢？」

狄仁傑回答說：「要是不承認自己謀反，早就被鞭笞而死了。」武則天又問道：「那為什麼又要寫謝死表呢？」

7人一聽，急忙異口同聲地說沒有此事。武則天見他們不承認，便命上官婉兒拿出謝死表，拋到了7人的跟前，問：「那這又是什麼呢？明明上面都有你們的簽名。」

7人搶過謝死表一看，大喊冤枉，說：「這謝死表是偽造的。」

武則天急忙命上官婉兒對7人的筆跡進行一一核實。不一會兒，上官婉兒向武則天報告說：「啟奏陛下，謝死表確實不是他們所寫。」

武則天聽後，怒問來俊臣：「這謝死表是怎麼回事啊？」

來俊臣早在一旁徨惶不安了，見武則天喝問，忙「撲通」一聲跪在地上，連磕幾個響頭說：「此7人承反以後，拒絕寫謝死表，臣又不敢動刑，不得已而私偽之。臣知錯了，下次一定不敢了。」來俊臣擦著額上的冷汗說。

武則天知道是酷吏在下面動了手腳，但是，此時處理來俊臣的時機還不夠成熟，於是便說道：「來俊臣身為御史中丞，辦案不慎，扣其兩個月的俸祿。」

狄仁傑等人見翻了案，便等待武則天赦令，官復原職。可是沒想到，武則天卻指著幾人說道：「按我朝律法，即為被告，無論有罪無罪，一律要受貶職處分。可貶狄仁傑為彭澤令、任知古為江夏令、崔宣禮為夷陵令、魏元忠為涪陵令、盧獻為西鄉令。裴行本、李嗣真，事由其出，罪加一等，免官流放於嶺南。」

狄仁傑等人雖然心裡對武則天的判決憤憤不平，但是好歹也撿回了一條命，因而也不敢再辯解什麼了，只好跪地磕頭，說完謝主隆恩後一起下殿去了。

可是，來俊臣仍舊不知道收斂，還是在繼續害人。他曾向左衛大將軍泉獻誠勒索賄賂被拒絕，因此對泉獻誠懷恨在心。於是，便偽造證據，誣告他謀反。

西元 692 年，武則天為了表示對佛教的敬仰，下令全國禁止殺生。也就是在這個時候，左拾遺張德家生了一個男孩，這可是個大喜的日子，自然要宴請同僚，宴請總不能只吃素吧！於是，便宰了羊款待賓客。

補闕杜肅也在受邀之列，他竟然偷偷地藏了一塊羊肉，上書告狀。第二天，大臣們上朝，武則天對張德說：「我聽說愛卿家生了個男孩，朕很為你高興啊！」

張德愣了愣，心想，皇帝的消息果然是靈通啊！於是俯身拜謝。這時，武則天又問道：「你拿什麼招待大家的呢？」張德知道自己犯了禁令就承認了錯誤。

武則天說：「朕下令禁止屠生，並不包括紅白喜事，但是你要招待客人就要選人來邀請了。」說著，把杜肅呈上的奏表拿給他看。

誅殺殘忍酷吏

此時，杜肅的臉一會兒紅，一會兒白，恨不能找個地縫鑽進去。大臣們也是個個都盯著他看，有的人竟然衝著杜肅吐起了唾沫來。人家好心好意請你去喝喜酒，你卻反過來告別人的狀，這種小人怎能不為人所唾棄？

大臣們看到武則天的態度，也都漸漸明朗起來，便紛紛上奏，奏疏的內容大多涉及酷吏如何組織人告密，又是怎樣給別人杜撰罪行的，他們對其他人是怎樣逼供等情況。武則天見到奏本以後，進行了深入的分析，感觸頗深。於是，她下定決心要剷除酷吏。

這個時候的來俊臣，胃口也是越來越大了，他甚至做起了獨掌朝廷大權的黃粱美夢，還不知天高地厚地把矛頭指向了武則天的侄兒武三思和女兒太平公主。

來俊臣覺得他們的勢力太大，從不把他放在眼裡，便記恨在心，於是索性收集起了他們的黑資料，把他們也舉報了上去。這些人當然也不是吃素的，他們得到消息後立即先發制人，把來俊臣平時誣陷好人、濫施刑罰的老底全部都揭露了出來，並且還把他抓了起來。

武則天本來還想庇護來俊臣，可是一看，反對他的人真是太多了，滿朝文武竟然沒有一個人站出來肯為他求情的，因此也只好批準把他給處死了。來俊臣被處以死刑的那天，人人稱快。

此後，武則天又命令監察御史嚴善思，對告密之人進行嚴加查辦，很快就有 800 多個告密者被逮捕歸案，這些人都是酷吏們的爪牙，結果都受到了嚴懲。侯思止的下場就更慘了，因為私藏絲錦，被李昭德抓來在朝堂上活活地打死了。

隨後，有人告發嶺南流人謀反，武則天便派司刑評事萬同俊去查辦此事，結果他自作主張殺死了百名流人。武則天知道此事後，處死了萬國俊，並派使者安撫流人說：「我之前派使者是來安撫你們的，誰知道使者沒有領

會我的意思，擅自殺害流人，這真是酷吏的危害呀。」接著，便放了沒有遭殺害的流人。

實際上，這便是武則天的聰明之處，朝中酷吏多被清除，但是，百姓氣憤難平。透過這樣一件事情，便可以讓老百姓知道，這些並不是她的主意，是酷吏們自作主張的行為，她也是被蒙在鼓裡的。因此，也使得百姓們對她自然不會有以前的怨恨了。

但是，不管怎麼說，酷吏總算是被清除掉了，酷吏時代也已經謝幕，真是大快人心啊！從此，大臣們便可以安安心心地睡上好覺了，每天提著的心也可以放下來了。

酷吏被剷除後，政局也變得寬鬆了許多。這個時候，便有許多人提議召回魏元忠。武則天二話沒說，立馬任命魏元忠為御史中丞。魏元忠三次被流放，一次被貶，也真是險象環生。

有一天，武則天大擺酒席，宴請群臣，其實也就是謝罪宴。席間，她問魏元忠：「卿往者數負謗，何也？」

魏元忠說：「臣猶鹿耳，羅織之徒欲得臣肉為羹，臣安所避之！」武則天心裡也頗為難過，看著良臣被糟蹋成這個樣子，還有什麼好說的呢？也只能以行動來證明自己的悔改之意吧！

後來，在監察御史魏靖請求為那些受冤者平反昭雪之時，武則天立即批準。經過一番徹查，許多蒙冤之人得以昭雪。此後，朝中沒有重大獄情，君臣關係也逐漸變得和諧起來，朝廷之中也出現了欣欣向榮的局面。歷經幾年的酷吏風波也終於平息了下來。

其實，不能不說武則天在任用酷吏時，對壓制、肅清反對勢力也造成了很大的作用，這使她能夠震懾朝臣。但是，同時這也使武則天大失民心，從而引起了朝野對她的不滿，這也成了武則天執政以來最為昏暗的一段時光。

神龍政變爆發

晚年武則天所做出的一系列荒唐事，引起了當時人們的強烈不滿，其中最為朝臣所不滿的就是她與男寵「二張」的事情。所謂「二張」，指的就是張昌宗和張易之。

張昌宗聰明伶俐，通曉音律，名門出身；張易之是張昌宗的親哥哥，是兼具詩人、美食家、醫藥學家、美容專家於一身的美男子。

武則天對「二張」十分滿意，於是，便不斷地為他們加官晉爵。張昌宗被封為了散騎常侍，張易之則做到了司位少卿。這樣的行為引起了大臣們的不滿。

西元 704 年，朝臣與「二張」的鬥爭愈演愈烈，因而也使得朝中的人事發生了變動。韋安石被提拔為知納言事，李嶠知內史事。這兩個人都是女皇一手培養的大臣。

唐休璟因多次在西陲作戰，熟悉西部邊事，被封為夏官尚書、兼幽州和營州等都督，又兼安東都護，入將相之列。前宰相韋思謙之子、天官侍郎韋嗣被提拔為鳳閣侍郎、同平章事，桓彥範等人被任命為御史中丞。崔玄暐也是武則天一手提拔的人，現在也被選入將相之列。

張柬之是襄州襄陽人，高祖時出生，少年時入補太學生。勤奮好學，精通經史，尤其精於三禮。先曾得到監察御史的職位，因為得罪武則天被貶，後經狄仁傑、姚崇多次推薦，才被任命為同平章事。可是這時他已經 80 歲了。

張柬之一直對武則天當皇帝心存芥蒂，進入宰相行列之時，也正是「二張」橫行霸道的時期。他極度厭惡「二張」的所為，於是暗中聯絡朝中反張、反武勢力，謀劃除掉「二張」、逼迫武則天退位，恢復李唐江山。可以

說，從張柬之入相開始，摧毀周武王朝的一場大雨就已經在開始醞釀了。

反對「二張」的大臣還有很多，其中宋璟對「二張」的意見最大，當初，魏元忠被罷免時，他的反應也是最為激烈的。宋璟是邢州南和人，才華橫溢，官路順暢。考中進士後便被任命為上黨尉，漸漸被提拔為監察御史、鳳閣舍人。他性格耿直，為官清廉。武則天看到他的才幹，提拔他做御史中丞。他對張昌宗兄弟極為鄙視。

「二張」能形成勢力，除了武則天的寵愛外，當然也離不開一群善於諂媚、隨風倒的小人。宰相楊再思就是這群小人中的一員，他雖位高權重，但卻甘願被張氏兄弟利用，為其馬首是瞻。

張易之的哥哥司禮少卿張同休，經常舉行宴會招待公卿。有一次在宴會上，有人戲弄楊再思說：「楊內史長得像高句麗人啊！」楊再思聽後竟然做出了一個讓人始料未及的舉動：他當場把官服脫下，反穿過來，戴上紙制的帽子，跳起高句麗舞來，這一舉動引得在場的人哄堂大笑。

對一個男寵這樣的奴顏媚骨，還真虧他一個宰相能做得出來！更甚的是，有人稱讚張昌宗「面似蓮花」時，楊再思巴結著說：「是蓮花似六郎。」正因為有這樣的一群人圍繞在「二張」周圍，才使得「二張」變得更加驕橫放縱了。

張同休、汴州刺史張昌期以及尚方少監張昌儀倚仗著「二張」貪贓枉法，結果被查出來，身陷囹圄。司刑賈正言等人上奏，張昌宗與此案有關聯，應該一起治罪。御史中丞桓言範也上奏說：「張同休、張昌宗貪汙了4000餘緡，請求免除張昌宗的官職。」

張昌宗為自己脫罪說：「我對國家是有貢獻的，雖然犯了罪，但還不至於免官。」

武則天便問下面的宰相：「昌宗有什麼功勞嗎？」

楊再思看女皇的意思根本就不想免張昌宗的官，於是走上前來說：「張

昌宗兄弟之前煉的神丹，皇上服用後很有效果，這是社稷的福分，哪還有比這更大的功勞呢？」武則天聽此一說，正中下懷。於是，便免了張昌宗的罪，張昌宗有驚無險地做回了原來的官。

其實，這個時候的武則天已經病了，到了年底，武則天病得已經不能再上朝了，一直住在長生院。國不可一日無君，宰相們沒有皇帝的首肯不能下達政令，政務就一直擱置著無法辦理。此時，病床邊也只有張氏兄弟陪侍。

有一天，武則天的精神有所好轉，宰相崔玄暐請求進諫。武則天讓他進來，問有什麼要事。崔玄暐建議說：「皇太子、相王仁明孝友，足侍湯藥。宮禁事重，伏願不令異姓出入。」

也就是說，武皇帝有兒有女，且又是有孝心的人，他們足可以照顧你了。宮中禁地，就不要讓外姓人進入了。言外之意，讓「二張」走人。

武則天微微一笑，說謝謝你們的關心，我會處理好這件事的。其實，她也知道，這個時候自己的兒女在身邊服侍才正常。但是還活著的兒子被自己折騰得夠嗆，來伺候自己也不是出於真心，說不定還會借此謀害她。倒不如外姓人踏實，她覺得張氏兄弟沒能力興起大的風浪。

雖然女皇一直沒有動「二張」，但是「二張」心虛，見到女皇病重，唯恐大臣們在這個時候對自己不利，便開始聯絡同黨，拉攏親張大臣，準備在合適的時機謀亂。

他們這一動作，立即引起了反張大臣的注意。有人寫了招貼，希望大家提高警惕。一時間，街頭巷尾都傳說張氏兄弟要謀反。當消息傳到武則天耳裡時，她不信，也不予理睬。

直到許州人楊元嗣上書說：「張昌宗曾召術士李弘泰占相，弘泰言昌宗有天子相，勸於定州造佛寺，以示天下歸心。」武則天才猛然警醒。

其實，武則天對天命一說尤其敏感，只要一聽說哪個人利用讖語造勢，

她立馬就打起十二分精神。這還真不能掉以輕心，一定要查清楚。再者，事情都鬧到大臣上書的地步了，就不能裝作不知道了，總得給天下一個說法，於是命令宰相韋承慶、司刑崔神慶、左臺中宋璟一同審訊張昌宗。

審訊完畢後，丞相韋承慶上書說，張昌宗已經自首了，可以免治他的罪，只要把散布謠言的弘泰問罪就可以了。宋璟可不幹了，好不容易找到一個剷除賊子的機會，竟然放過他，這不是遭天譴嗎？

於是，宋璟不妥協地上奏：「張昌宗已經得到這樣的榮華富貴了，他還要招術士占相，目的是什麼呢？弘泰聲稱占卜到純乾，是天子的卦。如果張昌宗真認為是妖言惑眾，為什麼不把他交給相關部門辦理？雖然是先已奏聞，終是包藏禍心，依法應抄家問斬。請皇上把他收監，一一查明他的罪過。」

武則天聽罷，許久沒有說話。她本就身體不好，心煩意亂，出了這麼一檔棘手的事，還沒有釐清思路，不知如何辦才好。這時，宋璟又說：「如果不將他收押，恐怕他會蠱惑眾人。」

武則天嘆了口氣說：「就到這裡吧！等詳細查明情況再上書討論。」宋璟只好退下。

這個時候，諫官李邕又進諫說：「但凡宋大人上奏的事，都出於安邦定國的考慮，絕不是為自己謀福利，請皇上準其所奏。」

武則天皺了一下眉頭道：「愛卿還是下去吧！稍後再說。」

其實，現在的武則天還是信任「二張」的，畢竟他們並沒有做出實質性的謀反動作。所謂的讖語，也不過是別人所說，張昌宗並沒說。她想保住張昌宗，於是想出了個好點子，就是調宋璟出京，讓他審理幽州都督的貪腐案件，又想讓宰相李嶠出使隴蜀之地。

宋璟不僅自己不去，也不同意派李嶠去。他對武則天說：「地方的案件應該交由侍御史或監察御史來審理，中央大臣不插手此事。而隴蜀之地也沒

有異常情況，李嶠是御史中丞，按規定也不應到地方上管理這些事。」

大臣們見宋璟等人不聽從調遣，膽子也都大了起來，紛紛上奏請求武則天懲處「二張」。司刑少卿桓彥範上奏說：「張昌宗無功得寵，卻包藏禍心。他招致禍患，是皇天降怒；皇上不降罪，是違背天意的……」好嘛，把老天爺都搬出來了，可見張昌宗與朝臣的積怨有多深。崔玄暐等也紛紛上奏，請求處置張昌宗。

武則天看到這個架勢，無法再跟朝臣抗衡下去了，只好將張昌宗交給有司處置，有司立即決定處以死刑。武則天有氣無力地說道：「昌宗已經自己奏報了。」

宋璟義正詞嚴地說：「昌宗是因為寫著他陰謀的飛書已經傳到宮中，才迫不得已自首的，不是出於自願。謀反是大逆不道的事情，不能因為自首就免了他的罪過，如果張昌宗不能服刑，那還要國法幹什麼呢？」

武則天希望宰相們可以法外開恩，饒他死罪，大臣們就是不肯。武則天知道，自己無論從身體還是從力量上都不能跟朝臣們較勁了，於是悶悶不樂地讓張氏兄弟到御史臺受審。

宋璟審問「二張」的罪案，還沒有定案，武則天就急急忙忙地派來使者宣布敕令，特赦張氏兄弟。宋璟氣得直跺腳：「事先沒有把他殺了，真是太遺憾了！」

事後，武則天命令張昌宗到宋璟家去謝罪，宋璟是個牛脾氣，劈頭蓋臉就是一句：「公事就在公家的地方說，如果是私會，法律是不講私交的。」張氏兄弟悻悻而歸，但終究是保全了性命。

這時的武則天正處於兩難境地，她知道張氏兄弟確實有罪，她也知道這些進諫的大臣都是忠心耿耿的人。即使大臣們與她針鋒相對，她也沒有怪罪他們。

大臣們嫉恨「二張」也是因為自己貪圖享樂，過度寵愛他們所致。張氏兄弟陪自己這麼些年，耗費了大好的青春，總不能就這樣把他們給解決了吧？年老的武則天顯得有些心慈手軟了，在面對朝中挺張和反張勢力的爭鬥時，也只能是盡量地安撫。

神龍元年，也就是西元 705 年，武則天生病，張易之和張昌宗侍奉左右，外人不得入內。此時，朝中大臣張柬之等 5 人機密謀劃，除掉「二張」、逼迫武則天退位的政變也在悄悄地醞釀著，史稱「神龍政變」。

春節過後，冰河解凍，萬物復甦。凜烈砭骨的酷寒在悄悄地隱退，一切隱身於地下和黑暗處的生命都在慢慢地蠕動起來。這個時候，首輔宰相張柬之也開始有所行動了，他就像一條悄無聲息的蛇，在經過了漫長的蟄居和沉默之後，終於要蜿蜒出洞了。

這位 80 多歲的老翁，一生幾乎都是在默默無聞中度過的。以前，張柬之只是一個名不見經傳的地方小吏，朝臣中大多不知其人是誰。後來，經過狄仁傑的反覆力薦之後，這棵幽澗老松才被移植到了中庭之中。

入朝 5 年來，張柬之仍然是默默無聞。當朝臣們與諸張、諸武的鬥爭，已經激烈到了白熱化程度的時候，他仍然是不為所動，一直都是在冷眼旁觀。在大是大非面前，甚至在朝廷重臣生死攸關的大事上，他依舊是不置一詞。

因此，也使得許多朝臣都十分憎惡張柬之，認為他是個毫無人性、毫無正義可言的冷血動物。其實，要想幹大事的人，必須要練就一套爐火純青的「忍」道功夫，必須深諳韜光養晦之術。

大臣們整天吵嚷著要扳倒「二張」，出現了亂紛紛的你方唱罷我登場局面，在張柬之看來簡直如同兒戲。只要有女皇這棵大樹在，你們上書再多，言辭再激烈，甚至陪上幾條人命也是徒勞無功。

張柬之認為要殺「二張」，文諫不行，必須武諫，而武諫必須要等待最

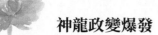

佳時機，確保萬無一失方可行動。更何況殺了他們並不是最終的目的，其最終的目的是要恢復李唐江山。像這樣改朝換代的易姓革命，光靠耍嘴皮子怎麼能行呢？

但是，張柬之不能說話，他必須把自己包裹得嚴嚴實實，在近乎殘酷的寂寞中忍耐著，從而來等待最佳時機的到來。當然，也有幾個最知己的大臣知道他在想什麼。其實，從他入朝的伊始，便是抱著匡復李唐的雄心而來的。

當年，張柬之被應召入京，接替他職位的是楊元琰。張柬之提議到茫茫大江之上，一面泛舟中流，一面交割公務。一葉輕舟飄蕩在滔滔江流之上，有什麼話盡可以暢所欲言，再不怕隔牆有耳了。

當話題扯到則天革命、諸武擅權、二張恃寵亂政時，楊元琰慷慨激昂，大有匡復之意。這個80歲的老頭子卻仍是點頭微笑而已，一言不發。

初入朝時，張柬之在刑部任職。刑部的一批朝臣，像桓彥範、宋璟，袁恕己、崔升等人，都是一些對武周不滿，誌在匡復的有識之士。張柬之雖然從不與他們議論朝政，卻在暗中不斷地與他們聯絡感情，因為他知道這些人將是他成就大事的中堅力量。

而張柬之最為倚重的要數桓彥範、崔玄暐、敬暉、袁恕己、姚崇諸人。這些人果斷有謀，沉穩老辣，將來行大事時必然是能夠挑大梁的人選。後來，他在暗中與他們聚過幾次，雖然沒有進行過深談，但是大家都已經是心知肚明了。

這幾個人都是經狄國老推薦入朝的。在狄仁傑病危之時。他們勿須避諱，結伴前往探視。狄相讓他們圍到床前，曾語重心長地託付道：「所恨衰老，身先朝露。不得見王公盛事。冀各保愛，願盡本心。」

狄相所說之意，各人都是十分清楚的。那就是在女皇百年之後，5人各

盡其心，匡復李唐基業。這是對他們有知遇之恩的狄國老的臨終囑託。狄公千方百計引薦他們入朝輔政，恐怕也是為了讓他們來遏制武氏兄弟篡權，最後成就匡復大業的吧！

從此，這些人自然成了領導匡復的核心力量，而沉默寡言的張柬之，則是他們的舉旗人。

張柬之又推薦桓彥範、敬暉和右散騎常侍李湛為左、右羽林將軍，讓他們控制禁軍，為脅迫武則天退位做準備。

桓彥範是潤州丹陽人，得祖上的蔭庇成為三衛之一的右翊衛，狄仁傑對他的評價是：有能實現遠人抱負的才能。他歷任監察御史、司刑少卿，也是一位響噹噹的權臣。

當時宋璟請求治張昌宗的罪，武則天不予應允時，他直接批評女皇是放縱他們的所作所為，要求把張昌宗交付三司審判。他還曾經多次上書，奏請武則天赦免所有的政治犯，言辭激烈，被女皇採納。他在張柬之帶頭發動的宮廷政變中，發揮了很大的作用。他參與謀劃，先行控制軍權，遂調為左羽林將軍，為政變鋪路。

崔玄暐系出名門，明經考試成為官員，先後被任命為尚書省庫部員外郎、天官郎中、鳳閣舍人等職位，後被提拔為文章左丞，成為武則天晚年的重要宰相之一。

崔玄暐幾乎不吃葷，他被升為宰相時，官員們都設齋表示慶祝。武則天還以為他們要幹什麼壞事，趕緊把他降回原職，做天官侍郎，後又見他做官清正廉明，才明白是怎麼一回事，於是又拜他為相、兼任太子左庶子。他建議將「二張」除掉，讓太子、相王侍奉武則天。他弟弟任職司刑少卿，主張誅殺「二張」。崔玄暐也是神龍政變的謀劃者之一。

狄仁傑推薦的敬暉，透過科考進入仕途，初時被任命為刺史。在打擊突

221

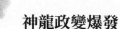

神龍政變爆發

厥騷擾的過程中，因為保護衛州而立功，被提升為夏官侍郎，就是兵部侍郎，後又被提升為洛州長史。

武則天對敬暉很是器重，在巡狩西京時，讓他做神都副留守，還多次讚揚他。後來被提升為中臺右丞。他也是這次兵變的策劃人之一，張柬之在兵變前把他安排在了左羽林將軍的位置上。

張柬之不僅團結了一批漢族官員，同時對少數民族的官員也盡量進行勸服。

這日夜晚，懸月如鉤，寒星閃爍，皇城大內一如平常，到處是一片淒冷和寧靜，只有巡哨的侍衛禁兵偶爾走過，這兒那兒不斷響起更夫們敲響的梆子聲。

老宰相張柬之來到了洛陽宮北門，他要來拜訪右羽林衛大將軍李多祚。這也是一位年過 70 的老人了，他多年來都一直穩居中央禁軍眾將領之首。

李多祚原是末竭的酋長，驍勇善戰，長於騎射，為人忠肝義膽，正直豪俠。入唐以來，屢經大戰，功勳纍纍。當年深得高宗皇上的信任和器重，命其掌管羽林禁軍。

張柬之深知要舉大事，沒有軍隊特別是宮掖禁軍的支持，那是不行的。而駐守在洛陽宮北門玄武門的左右羽林軍，則是發動政變必須首先掌握的一支重要的軍事力量，同時，這也是通向皇宮大內主要門戶上的一把巨鎖。

其實，張柬之已經觀察李多祚好多年了。李多祚雖然是一位純粹的軍人，但平時卻從不參與朝政，只以衛戍皇城為己任。但是，從各方面的跡象來看，他對李唐皇朝的感情極為厚深，每談及高宗時，常為念其知遇之恩而唏噓不已。

張柬之敲開了北宿衛署的房門，李多祚將他迎進屋內，心中卻深感訝異。這位當朝首輔深居簡出，落落寡和，數年來兩人幾乎連話都沒說過幾

句，偶爾見面，也只是點頭微笑而已。今日深夜造訪，必有大事。

李多祚讓侍從們泡上茶，皆退出去。兩個老人圍火盆而坐，一面品茶，一面取暖。

這時，張柬之問道：「李老將軍，你執掌北門有多少年了？」

「已經有三十年了，一晃之間，人都已經老啦。」李多祚捋了捋花白的鬍鬚，話音中不無自豪。

「是啊！我們都老了。不過，老將軍勛勞素著，功存社稷，既對得起國家，也不虛此生了。」

「張相謬獎了。我李某一介武夫，憑著一身蠻力，從死人堆裡爬出來。原以為這輩子能混個飽暖，有個妻子家室也就行了。若不是先帝垂青，哪會有今天？」

張柬之看看李多祚，覺得時機到了，便感慨地說道：「這話倒也是實情。將軍如今鐘鳴鼎食，金章紫綬，貴寵當代，位極武臣，可全是先帝之恩啊！」

「張相說得極是，先帝對我李某之恩，可比東海南山。這些年來，每想起先帝的恩寵，我便食不下嚥，寢不安席。可惜啊！先帝天不假壽，早升仙界。我李某今生無以為報，只能到來生了。」

張柬之微微一笑，把坐椅向前挪了挪，壓低了嗓音說道：「將軍既感大帝殊澤，欲報大恩，何須來生呢？」

李多祚見張相突然變得嚴肅起來，忙問道：「李某正愁報效無門，還請張相賜教。」

張柬之慨然說道：「先帝之子，現在東宮，年過半百，尚不得即位。而豎逆張易之兄弟恃寵專權，朝夕危逼。一旦今上有變，張氏兄弟篡取大位，第一個要殺的，恐怕就是東官太子。如果真到了那一天的話，先帝在天之靈，何以瞑目呢？將軍若真欲報恩，當在今日。」

神龍政變爆發

一聽此言，李多祚頓時熱血沸騰。只見他霍地站起身來，對張柬之說道：「該怎麼辦，請張相明言，李某一切都聽你的。」

「朝中大臣，已眾志成城，欲殺二張，扶太子正位，匡復李唐社稷。李將軍手握大內禁軍重柄，大事成敗，就看將軍的了。」

聽到這裡，李多祚十分激動，大聲地說道：「為了李唐皇室，我李多祚可置妻子性命於不顧，破家興唐，在所不辭。」

「好，危難之時方見英雄本色。老將軍，在下願與你一起盟誓。」

於是，李多祚便擺好了香案，兩個白髮蒼蒼的耄耋老人雙雙面北而跪，磕過3個響頭之後，齊聲說道：「天地神祇在上，先帝在天之靈為證，為匡復唐室，刀斧不避，死而無憾。若違此誓，天雷殛之。」皇宮北大門的這把巨鎖，就這樣被張柬之給打開了。

緊接著，左羽林軍將軍敬暉又向冬官侍郎朱敬則詢問計策，朱敬則胸有成竹地說：「你假借皇太子的命令，帶領北軍誅殺易之兄弟，兩飛騎就可以解決問題！」

敬暉認為這個計策很好，於是採取行動控制北軍。所謂的北軍是駐屯在玄武門的左右羽林軍等軍隊的統稱，只有控制了北軍，政變才有可能成功。

要發動一場政變，光有幾個文臣武將是不夠的。張柬之還說服了一些人，成王李千里在張柬之的動員下，也參與其中，可見張柬之的說服能力還是很強的。就連女皇的孫女婿、典膳郎王同皎也被勸說，共同做著政變前的準備。

此外，武則天的表外甥、右衛郎將楊執一也在張柬之的組織下向張柬之、崔玄暐集團傾斜，願意協助他們剷除張易之兄弟，擁立中宗復位，逼迫武則天退位。

太子婿右衛郎將楊慎交，也參與到這件事中來。推薦張柬之為宰相的姚崇回到京城時，也贊同剷除「二張」，但是對逼武則天退位有所保留。羽林

軍將領趙承恩、司刑詳事冀仲甫、檢校司農少卿翟世言等人，也都團結在張柬之周圍。

此時，太子李顯根據宰相們的提議，已經從東宮搬到北宮居住了，表面上的理由冠冕堂皇——「母皇病重，作為人子，自然應該住在離母皇寢宮最近的地方，也好早晚侍奉湯藥，隨時聽從召喚，以盡孝道」。而實際上，卻是為了進一步加強對「二張」的監視，以防不測。

諸事都準備停當後，該是向這位未來的皇帝通報情況的時候了。桓彥範和敬暉兩位大臣擔當了此項任務，他們連夜來到了太子的住處，謁見之後，密陳其策。

這位太子爺當年曾經當過幾天的皇帝，被趕下臺來後蟄伏多年，幾同傀儡。雖然一提此事便被嚇得心口亂跳，顏面變色。但是，在面對九五至尊的誘惑之時，卻又不能無動於衷。

太子沉吟多時，突然問道：「你們有把握嗎？」

「此事已經醞釀已久，萬無一失。」桓彥範和敬暉二人同時說道。

問鼎大寶的野心在長期的壓抑之後終於抬頭了，一想到自己可以重新登上帝王寶座，威加四海，從此再也不會受任何人的窩囊氣了，他激動得渾身發顫，也不顧得表白一下對母皇的「孝心」，便急忙地說道：「好吧！就按眾愛卿的主意去辦吧！」李顯很痛快地全面允準了政變計劃。

至此，政變者已林林總總遍及朝廷。他們完全掌握了軍權、政權和司法大權，同時，又有了皇太子李顯的支持，真可謂是萬事俱備，只欠東風。

當然，張柬之的最終目的是恢復李家王朝的統治，打著誅殺「二張」的口號是想團結能夠團結的人。事實上，就算「二張」有武則天庇護、有一群烏合之眾支持，也用不著這樣勞師動眾地發動一場政變。

機會終於被他們等來了。女皇再次因病退養長生殿，已無力掌握朝政。

神龍政變爆發

朝臣們經過了這麼長時間的鬥爭，恢復李唐已是眾望所歸。因此他們不能再等了，有「二張」圍在女皇身邊，一旦有變，隨時都能矯詔。

不能等到皇上升天再動手，那樣就有可能橫生枝節，功虧一簣。女皇陛下，臣子們不是對你不忠。實在是為了李唐江山不至落於佞臣之手，只能委屈您老人家了。一切準備就緒，政變即將到來了。

在正月二十二這天，張柬之、崔玄暐、桓彥範及左威衛將軍薛思行，羽林將軍李多祚、李湛、楊元琰等率領著組織好的大軍，兵分三路進入皇宮，發動了改寫周武王朝歷史的神龍政變。

這三路大軍，一路由張柬之親自帶領，崔玄暐和楊元琰等500將士隨從，直奔玄武門，目的就是攻進皇宮，挾持女皇，如遇抵抗殺無赦。

另一路大軍是由李多祚、李湛和王同皎率領，前往宮中迎接太子，接著到玄武門與張柬之隊伍會合。還有一路大軍是由司刑少卿袁恕己帶領南衙兵做好警備工作，以備不時之需。

為了師出有名，這次行動打出的旗號是「清君側，誅豎兇」，這時，有太子主持大計，那就更加地名正言順了。

當李多祚等人來到了太子住處時，不料太子卻臨時變卦了，他關上了宮門，躲在屋內就是不肯出面。原來，這個懦弱的李顯，因為多年來的腥風血雨，被嚇破了膽，怕一旦事情敗露，自己會身首異處。此時，他還是在故作姿態，假惺惺地擺出一副「孝心」可鑒的模樣。

箭在弦上，不得不發。不管是什麼原因，在這千鈞一髮的時刻，都不允許將領們有絲毫的遲疑。

這時，駙馬王同皎等得不耐煩了，竟然破門而入，直闖宮內。見到太子，他怒氣衝衝地說道：「先帝以神器付殿下，橫遭幽廢，人神同憤，迄今已23年了。今日北門、南衙同心戮力，欲誅豎兇，復李氏社稷，願殿下快去北門，以副眾望。」

太子卻虛情假意地推讓道：「兇豎固然該當夷滅，但母皇聖體欠安，不能驚嚇。此事還望諸公日後再圖？」

後進來的李湛怒不可遏：「諸將相們都以家族性命來殉社稷，到了這個時候，殿下卻要退避，莫非要把眾人納於鼎鑊之中，置於刀斧之下？宗社安危，已在須臾。眾將相生死，亦在此一舉。外面兵士已群情洶洶，請殿下自去制止。」

就是這樣，連勸帶嚇，終於讓李顯扯下了假面具，隨之走出門來。可是，他竟然被嚇得連馬背都爬不上去了。還是駙馬將他抱上了馬背，跟隨眾人來到了玄武門，與張柬之等人會合。

當兩路人馬會和之後，便浩浩蕩蕩地向長生殿衝去了。一路上竟未遇到任何抵抗。整個後宮都是李多祚的人馬，老將親自前來除惡，誰還敢來進行抵抗？

這時，張昌宗和張易之兄弟正在長生殿內，忽然聽到殿外人聲嘈雜，不知出了什麼事，急忙跑出來進行察看。剛拐過一處迴廊，忽見一隊人馬全副武裝，氣勢洶洶而來，頓時嚇得面如死灰，轉頭就跑。此時早有十幾名禁軍衝了上來，將二人團團圍住。

張柬之也不多說話，嘴裡只說出了一個字：「殺！」

於是，兩柄寒光四射的利劍，幾乎同時插進了兄弟二人的胸膛之中，兩人「啊」了一聲，便頹然倒地死去了。這時，500 名禁衛軍將長生殿團團圍住，張柬之與太子李顯及桓彥範、李湛諸人，帶上十幾個禁軍侍衛闖進殿來。

其實，剛才聽到張氏兄弟一聲慘叫，武則天就已經知道情況有變，正欲起身，就見一幫人已來到內宮。頓時，她心裡就什麼都明白了。

智者千慮，必有一失。朝臣們反對自己庇護「二張」，都希望自己這個女皇帝應該早日退位，還政於李唐，這些她都是知道的。但是，她無論如何也沒有想到，在經過了幾十年的反覆清洗和誅殺之後，竟然還有人敢以這種

方式來迫使自己交權。大概自己是真的老了，連起碼的警覺都喪失了。

武則天苦笑著看了看闖進來的人，只見他們的劍鋒上還沾著鮮紅的血跡。這時，上官婉兒、老太監武壯和五六個太監侍女，一起將女皇的龍榻圍了個嚴嚴實實，一個個眼冒火花，對這些闖入者怒目而視。

他們雖然手無寸鐵，但是，如果這些闖入者敢動皇上一根毫髮，他們將以血肉之軀與之拚命，和他們的女皇陛下一起飛昇極樂。

「婉兒，沒你們的事，快扶朕起來，他們不敢對朕撒野。」武則天淡淡地說道。上官婉兒聽到女皇這麼一說，便略有些放心了，於是，她將女皇攙扶著坐在床上。

這時，武則天看了看太子李顯，心平氣和地問道：「顯兒，這件事是你辦的嗎？」

李顯「撲通」一聲跪在床前，只顧著哭泣，不知道該說些什麼。

「諒你也沒有這等本事，如果真的是你辦的，那麼，朕倒是也放心了。張柬之，是你策劃操縱前來逼宮的嗎？」頓時，女皇變得聲色俱厲。老辣的張柬之，也不禁心中為之一凜。

「稟皇上，臣等意在誅滅豎兇，以清君側，並非逼宮。」張柬之說道。

「誰是豎兇，難道是昌宗兄弟嗎？其實，朕心裡都明白，你們心裡更明白，張氏兄弟有什麼能耐能夠謀反呢？這只不過是自欺欺人的藉口罷了。行了，你們也不用再遮遮掩掩的了，其實，你們不就是想讓朕交出皇權嗎？」武則天直接說出了他們的心裡話。

這時，張柬之不失時機地說道：「皇上聖聰燭照。太子年齒已長，久居東宮。天意人心，久思李氏。群臣不忘太宗、大帝之德，故奉太子誅賊臣。願陛下傳位太子。以副天人之望。」

女皇笑笑說道：「眾卿所望，也正是朕之所願。若不想傳位李氏，朕何

必立顯兒為太子呢？這只是遲早的事，朕本欲在歸天之前，再行傳位。既然你們是如此的迫不及待，也罷，朕今日便將大寶交與顯兒。婉兒，你去把東西拿給他們。」

於是，上官婉兒捧出了一個小巧玲瓏的鑲金紅木匣，並從中拿出了兩份詔書，一份是《命太子監國製》，另一份則是傳位于太子李顯的正式詔書。武則天本來是想在病危時再分期進行頒布的，現在就只能兩步並作一步走了。看著這兩份詔書，張柬之等眾大臣皆變得啞口無言了。

這時，女皇又看了看崔玄韋，說道：「他們都是經別人推薦擢升入朝的，唯有崔卿是朕親自擢升的，怎麼你也會在這裡呢？」

崔玄時愣了一下。可是，他畢竟是久歷宦海的練達老臣，迅即答道：「臣這樣做，正是為了報答陛下的浩蕩之恩。」

女皇開懷大笑，說道：「說得好，既然如此，朕就把顯兒交給眾位愛卿了。你們既是朕的老臣，也是新皇帝的擎天保駕之臣，以後就靠你們來善輔新主了。」

「臣等遵旨。」眾人不約而同地跪倒在地，齊聲答道。

武則天又把目光轉向了李顯，緩緩地說道：「回去準備一下，近日即可登基。朕接管江山數十年，自覺無愧於國家，無愧於萬民。現在，朕要把這個尚屬富強的國家交還於李家，你要勵精圖治，善加經管，對得起上蒼，對得起李家的列祖列宗啊！」

直到此時，武則天終於把視為生命的皇權交出去了，這當然也是無奈之舉。但是，她卻在談笑間化解了一場劍拔弩張的兵變，即使是在最後的時刻，都保持了她至高無上的尊嚴。這不能不令在場的所有人，包括那位老謀深算的張柬之，都為之傾倒和折服：這才是一位真正的強者啊！即使是在她失敗的時候，也不會失掉強者的風範。

神龍政變爆發

那是在正月二十五，李顯即位。此後，李家皇室曾經被貶官的、發配的，以及死去之人的子孫都經過斟酌得以續官。正月二十六，武則天遷居到上陽宮中居住，由李湛守衛，實質上也就是被軟禁起來了。

神龍政變後，張柬之被任命為夏官尚書、同鳳閣鸞臺三品；崔玄暐被提拔為內史，袁恕己同鳳閣鸞臺三品；敬暉、桓彥範皆為納言。一干人等封王拜相，李多祚被封為遼陽郡王爵；王同皎被任命為瑯琊郡公；李湛為右羽林大將軍；趙國公與其他參與者按功勞大小依次加官晉爵。

政變的第六天，中宗皇帝李顯帶領著文武百官，到上陽宮拜見女皇，給武則天上尊號為則天大聖皇帝。此後，中宗每十天便探視一次武則天。

武則天躺在上陽宮中的病榻上，無奈地回憶自己曾經經歷的叱咤風雲。現在，她已經無能為力了，屬於她的時代已經結束了，任她怎麼掙扎都是無濟於事的了。可是，她並沒有因此而傷心落淚，她覺得作為女人，她這一生值了。雖然有些不甘心，但是，終究都是掙脫不了命運的。

中宗李顯終於在群臣的簇擁之下當上了皇帝。但是，當上了皇上的李顯並沒有向群臣們所期望的那樣讓朝堂安寧，反而致使朝堂動盪，這也頗讓參加政變的臣子們感到失望。

中宗本來就是個昏庸之人，當上皇帝後，他的皇后韋氏便干預朝政。武三思與韋后十分親近，因而很是得寵，張柬之等人看在眼裡、急在心上。他們多次諫言中宗除掉武三思，削弱武氏權力，加強皇權的力量。但是，中宗卻只信任韋后，根本就聽不進去勸。此前，監察御史崔皎就曾經向中宗提過此事，中宗非但不聽，反而把他的話原原本本地告訴了武三思。

後果可想而知，崔皎不久就被降了職。武三思也知道張柬之等人視他為眼中釘、肉中刺，一心想要除掉他，便想先下手為強。於是，他便找來親信御史周利用、冉祖雍、太僕丞李俊、光祿丞宋之遜、監察御史姚紹之幾人商

議計策。這 5 個人是武三思的耳目，被稱為「三思五狗」。「五狗」經常給武三思出壞主意，這次也沒讓武三思失望。武三思有了主意後，來到宮中與韋后商量。經過一番謀劃之後，他們便向中宗說起張柬之、崔玄暐、桓彥範、敬暉、袁恕己 5 位大臣的壞話，說他們恃功專權，意圖不軌。

中宗信以為真，便向他們詢問解決辦法。韋后和武三思建議他封這五個人為王，用明升暗降的方法奪取他們手中的實權，中宗覺得這個辦法挺好就同意了。之後，中宗便封張柬之為漢陽郡王、崔玄暐為博陵郡王、桓彥範為扶陽郡王、敬暉為平陽郡王、袁恕己為南陽郡王，還賞賜五大臣很多金銀馬匹、綾羅綢緞。這種明升暗降的方法，使得 5 位大臣手中的權力被剝奪了。

5 位大臣被暗降之後，武三思便把持著朝政。他有韋后在後面撐腰，更是飛揚跋扈、不可一世。他排除異己，把反對自己的人一個一個趕出了京師；而聽命於他的人，全部被委以重任。

之後不久，武三思覺得對 5 位大臣下狠手的時機成熟了，便杜撰了他們的罪名，以誣陷韋后為由，告到中宗那裡。中宗言聽計從，遂頒布詔令，把五大臣流放到遙遠的邊疆。

張柬之被流放到了襄州，憂憤而死；敬暉被流放到崖州，後被謀害；桓彥範被流放到貴州，遭杖殺而死；崔玄暐被放到白川，半道身亡；袁恕己被流放到環州，被逼至瘋，後遭擊殺。總之，5 位大臣沒有一個得到善終。

曾經遭到武則天貶職的宰相魏元忠，在「神龍政變」後被召回朝廷，重新拜為宰相。他深知中宗昏庸，難有作為，於是苟安在朝。可是，即便是這樣，他也沒能倖免於難。西元 708 年，魏元忠被貶為縣尉，途中死亡。

作為「神龍政變」軍事支柱的李多祚，在政變後得到遼陽郡王爵位。西元 707 年，又擁立太子李重俊發動政變。他帶人殺了 10 多個武三思的親黨，接著進攻皇宮。

神龍政變爆發

中宗、韋后逃上玄武門樓，李多祚與守軍作戰，結果戰敗被殺，眾將軍死的死、逃的逃，李多祚政變以失敗告終。此後，生性耿直的宋璟也遭到了武三思的排擠，被貶為檢校貝州刺史。

武則天的確沒有看錯李顯，他確實不是一個能夠擔當大任的人。從「神龍政變」他上臺，到最後被韋后毒死，他做了 5 年的皇帝。在這 5 年裡，他吃喝玩樂樣樣不落，就是不能夠做好一位皇帝，結果大權被韋后和女兒以及武三思掌控著。

說李顯不務正業也不是信口開河，他經常命令宮女和大臣們在宮中做買賣遊戲，拿討價還價取樂。他還命令三品以上的大臣拔河，看著大臣們拔得東倒西歪、衣冠不整，他拍手大笑。更離譜的是，他還拿大臣的婚姻開玩笑。

西元 708 年，大年三十這一天，李顯召集文武百官進宮守歲。大家喝酒喝到興頭上的時候，他突然對御史大夫竇從一說：「我聽說你還未娶妻，倒是很為你擔憂。今天是除夕夜，我為你成婚吧！」

竇從一是個善於阿諛逢迎的人，聽到皇帝要為他賜婚，高興得直拜謝，中宗便等著看笑話。過了一會兒，內侍們端著燈籠、步障、金縷羅扇自西廊走了過來，扇後有一女子身穿嫁衣，臉施朱粉，一派喜氣洋洋的景象。

中宗命令竇從一與扇後之人相對而坐，又命令他朗誦《卻扇詩》，這是當時成婚時的習俗，新郎誦後，新娘從扇後出來，稱之為「卻扇」。竇從一唸完詩後，新娘去掉頭上的頂中，大家仔仔細細地打量，原來是皇后的老乳母王氏，結果弄得哄堂大笑。

中宗當即封她為莒國夫人，嫁給竇從一做妻。王氏比竇從一大很多歲，但因皇帝主婚，竇從一哭笑不得只好認命。

中宗昏庸也就罷了，偏偏韋后也不是個會管理國家的人。中宗愛玩，她

愛胡鬧，先後與武三思、光祿寺卿楊均、散騎常侍馬秦客等人私通，朝野上下盡人皆知，夫妻兩人把宮中搞得烏煙瘴氣。

　　「神龍政變」除掉了武則天身邊的「二張」，扶中宗即位。雖然皇帝是李家的，但是，政權卻旁落他人，同時，也致使許多老臣被害，從此政局也變得動盪不安。

愛女太平公主

在後武時代，出現了一些類似於武則天的女強人。這些女人個個都是不讓鬚眉的人物，她們渴望在歷史的長卷裡留下自己的足跡，也渴望得到至高無上的榮耀。只是她們並沒有看到武則天的成功源自於哪裡，她們看到的只是武則天頭上的光環，於是，她們便猶如飛蛾撲火般朝著光環撲了過去。

太平公主的父親是高宗李治，母親是武則天。她是武則天的小女兒，繼承了母親的雄心壯志，處處都不甘人後。李氏家族雖然是皇族，但並非當時一等一的門第、一等一的門庭是山東士族。從高祖建立大唐以來，幾代皇帝都對傳統的一等大族，尤其是山東士族採取了「以抑為主，軟硬兼施」的政策。

西元 659 年，高宗還下詔禁止太原王氏、荥陽鄭氏、清河崔氏、范陽盧氏等「自為婚姻」，也就是說這幾家都不能自己決定婚配，以此來削弱山東士族的勢力。

當時的皇族也多與當世名臣或關中、代北貴族聯姻，卻基本上不與山東士族通好。正因為這樣的「國策」，也直接影響到了太平公主以後的婚姻。

太平公主不僅生活在開放的大唐王朝，更生活在「不守禮法」的大唐皇家。大唐皇族裡的人，在私生活方面一向比較開放；本為太宗才人的武則天可以與太子李治私通；而武則天的姐姐韓國夫人在丈夫死後和妹夫高宗有私情，並把她的女兒也送入宮中，侍奉姨父；武則天養了不止一個男寵；武則天的侄子武三思與表嫂韋皇后又牽牽連連……太平公主生活在這樣一個大家族裡，不可能不受這種風氣的影響。因此，她也不把風流當作一回事。

太平公主是武則天的最後一個孩子，因此武則天對她也是疼愛有加，因

而也自然助長了她飛揚跋扈的氣焰。太平公主長相酷似武則天，母女倆不光長得像，就連脾氣秉性也都十分相似。她也擅權謀、喜參政，自幼就不循規蹈矩。

太平公主的第一段婚姻是薛紹，她在十四五歲時便萌生了嫁人的念頭，明示了自己想要結婚的想法。在大唐前期，作為皇族的李氏家族基本上只和非山東士族的家族聯姻。

薛氏正是這樣的大族，薛氏向來有與李唐家族結親的傳統。薛紹的父親是駙馬，母親是城陽公主。實際上，太平公主的這次婚姻，也是一場政治婚姻。薛紹本不願意娶太平，但是迫於皇室的壓力，不得不接受，而太平公主想嫁的人也不一定就是薛紹。

武則天知道薛家不願意後，竟然使出計策要挾薛家同意。這其中已經不是簡單的門戶問題，它有更急迫的原因。在高宗晚年，吐蕃勢力逐漸增強，唐蕃幾次戰爭都以唐軍大敗而告終。

西元 680 年，吐蕃派使者前來求和，雖然武則天說了一些託詞，暫時打發了吐蕃使者，但總歸不是長久之計，將公主嫁出去才是解決問題的根本。

那是在西元 681 年，公主與薛紹結婚。婚禮舉辦得相當隆重，連高宗都因此累得病重起來。太平公主和薛紹的婚姻持續了 7 年，並且還生了兩男兩女。

西元 688 年，薛紹被揭發與瑯琊王李沖聯合謀反武則天，武則天一怒之下將其「杖一百，餓死於獄」。太平公主的第一次婚姻也隨著這場政治風波而結束了。

大唐開放的社會風氣是允許改嫁的，武則天在殺了自己女婿之後，覺得對不起太平公主，於是，替她另謀了一個夫婿，這個人就是她的堂侄武攸暨。

愛女太平公主

武攸暨已經是個有家室的人了，而且據說夫妻感情還不錯。不過，不知怎麼回事，武攸暨的妻子卻莫名其妙地被人殺死了。據說，這是武則天所為，她要強迫武攸暨做太平公主的丈夫。

至於為什麼不惜採用極端的手段，急急忙忙地把太平公主嫁給武攸暨，可能是因為武則天想要在稱帝前，把自己親近的人盡量團結起來，最大限度地保護好太平公主。

西元 690 年農曆七月，太平公主嫁給武攸暨。時隔兩個月，武則天稱帝。改「唐」為「周」，封武氏子 14 人為王，武攸暨被封為千乘郡王。太平公主因為與武氏聯姻，避免了武氏在迫害李氏時，將太平公主傷害。武攸暨與太平公主也生了兩男兩女，這段婚姻存續了 22 年左右。

太平公主被父母安排的這兩次婚姻自然是不幸福的。兩個駙馬都不是出於自願娶她，對她自然也好不到哪兒去。

太平公主的婚姻生活並不美滿，但是她在物質上的享受卻是應有盡有的。當她沒有形成勢力時就已經「崇飾邸第」，等到她的勢力形成以後，她已經「田園遍於近甸膏腴」，私有僕人也達到了千人之多，一切娛樂活動設備她都不缺少。同時，還有一萬戶戶丁交稅養著她。

太平公主「食」的戶都按大戶計算，一戶七丁。若一丁交絹二匹，太平公主在一年裡得到的絹就有 14 萬匹，而當時國家年收入的絹最多也就百萬，少的時候只有七八十萬匹。這樣算下來，太平公主算是富可敵國了。

太平公主這種窮奢極欲、聚斂財富的行為，是對國家經濟實力的損害，正直的大臣對此也頗為不滿。太平公主在政治鬥爭中的失敗，也與她的橫徵暴斂、貪圖享樂有關係。

在太平公主的一生中，參與的大的政治鬥爭有 3 次，並且捲入的程度一次比一次深，作用也是一次大過一次。

在武則天執政時期，雖然沒有公開讓太平公主參與政務的商討，但是，卻常常找她「預謀議」，到了武則天的晚期，她想要除掉給她不斷製造麻煩的男寵薛懷義。這個時候太平公主就派上了用場，母女經過一番謀劃之後，用太平公主的關係網把薛懷義給剷除了。

張柬之等起兵誅殺「二張」是太平公主參與的第一場重大政治事件。在武則天的晚年，「二張」倚仗武則天的寵愛，專橫跋扈，權傾朝野，大有順之者昌、逆之者亡的勢頭。

西元701年，張氏兄弟竟然膽大包天地將私自議論他們的邵王李重潤以及其妹永泰郡主、妹夫魏王武延基下獄逼死。這下可把李、武兩家給激怒了，於是，李、武兩家便聯合起來反對「二張」。

西元705年，張柬之等人剷除了「二張」，逼迫武則天傳位給中宗，改「周」為「唐」。太平公主也參與到了這次政治鬥爭中。她參與這次鬥爭的原因有兩個：主要的原因是她作為李家子孫、武家的媳婦，決不允許張氏兄弟掌握政權；還有一個私人原因就是為自己的愛人高戩報仇。

張昌宗曾誣陷高戩，把高戩送進了大獄。太平公主想借此機會，將「二張」送進地獄，也算是為高戩報了仇。李重潤兄妹都是中宗的子女，後來李重潤被追封為懿德太子、永泰郡主被追封為永泰公主。

在這場政治鬥爭裡，太平公主似乎只是「預誅張易之謀」，並沒在實際行動中發揮作用，但也就是這一「謀」讓她的威力得以發揮。宮廷政變後，她因功被封為了「鎮國太平公主」。從此，太平公主的影響力正式顯現出來。

李隆基誅殺韋后是太平公主參與的第二次重大政治事件。中宗即位後，太平公主的三嫂韋氏想要效仿武則天主持朝政。因此，她不斷地擴充自己的勢力。也就是在這個時候，太平公主從後臺走到了前臺。

西元706年，太平公主開府置官屬，迅速擴張自己的勢力。最後，竟發

愛女太平公主

展到與中宗的女兒安樂公主競相培植勢力、互相詆毀的地步。韋后集團與太平公主及其四哥相王、相王之子李隆基展開了明爭暗鬥，太平公主也成為韋后當權的主要障礙。

後來，皇后韋氏與女兒安樂公主合謀毒死了中宗，立溫王李重茂為皇帝，自己臨朝攝政，並且想要害死小皇帝，獨霸朝堂，攫取李氏江山。當然，要達到這一目的就要先除掉相王和太平公主。

面對這種緊迫的局面，李隆基聯合陳玄禮等人起兵，殺死了韋后和安樂公主，迎接相王即位。太平公主已經有政治鬥爭的經驗了，她對這次鬥爭始終抱著積極、樂觀的態度，不僅參與了此事的全盤謀劃，而且還派兒子薛崇簡直接參加這次行動。

太平公主贊同李氏掌權，也可以贊同武氏掌權，就是不允許韋氏得到天下。李氏是自己的娘家，武氏是自己的婆家，無論哪一方掌權都不會損害到自己的利益。

而之所以說太平公主在這次鬥爭中發揮重要作用，是因為在處理小皇帝問題時，她扮演了一個形式上廢舊立新的角色。她出面將小皇帝從「御座」上請了下來，扶著自己的四哥李旦坐上了帝位。

太平公主參加的第三次重大政治事件，也是最為激烈的一次政治鬥爭，是她與太子李隆基之間的鬥爭。睿宗這一時期的政治焦點是聯合太平公主希望保住皇位，而太子李隆基則要爭奪皇位，因而，雙方必然要進行一場相互壓制的明爭暗鬥。

太平公主當然希望選出一個弱小者立為太子，從而使睿宗不至於大權旁落，也使自己更容易掌握朝綱。在與李隆基對峙的幾年裡，她不僅製造出李隆基不是長子、沒有當太子的資格等言論，甚至召集宰相要求廢掉太子，另立新儲。

在這些行動中，睿宗與太平公主站在了同一戰線上。有一次，睿宗召見宰相韋安石時，對他說：「我很擔心眼前的情況，看來多數大臣都倒向了太子一邊。」

韋安石說：「您這話一定是太平公主教的吧！」當時太平公主正在簾子裡偷聽，聽完韋安石的話後，勃然大怒，立即想將韋安石打入大獄。

由此可見，太平公主經常在睿宗這裡密謀太子的事情，也經常在簾子後面偷聽睿宗和其他人的談話。及至睿宗末年，在宰相 7 人中，就有 5 個人是來自於太平公主一派的，因而就形成了「在外只聞有太平公主，不聞有太子」的局面。

此外，左、右羽林將軍也都投靠了太平公主，她的勢力也變得空前膨脹，也使她逐漸有了剷除李隆基的底氣和信心。

西元 713 年，太平公主準備派遣羽林兵從北面、南衙兵從南面起兵廢掉李隆基。這個消息被李隆基事先探知，他先發制人，首先誘殺了左、右羽林將軍，而後以迅雷不及掩耳之勢，迅速除掉了參與此事的兩位宰相。太平公主本人也逃入山寺中，3 天之後才出來，結果被賜死了。

太平公主在睿宗在位的 3 年中，參與的政治活動最頻繁，個人的勢力也達到鼎盛。她希望做母親武則天一樣的人物，於是，便加大了對朝政的干涉力度。但是，她的願望卻落空了，太平公主失敗的原因有以下幾點：

第一，也是最直接的原因，太平公主沒能做出得人心的事情。她透過瘋狂的斂財來滿足自己的窮奢極欲，最令人感到憎恨的，是她一再縱容自己的手下搜刮民脂民膏，弄得民怨沸騰。

第二，太平公主以金錢為手段來達到擴張個人勢力的目的。這樣做就導致眾多品行不正的人跟隨她，同時，這些人也不以國家社稷為重，而是一味地熱衷於權力，用自己得到利益的多少來決定維護太平公主的力度。就用人

愛女太平公主

而言，太平公主遠遠不如李隆基。李隆基手下的宋璟和姚崇等臣僚的品行與能力，遠遠勝過了太平公主的烏合之眾。

再次，也就是更重要的原因，是太平公主在政治上沒有建樹。她會弄權，卻不會對政治作出貢獻。換句話說，她不具備武則天的深謀遠慮。她一心想要掌權，只是為了參與政治，滿足權力的慾望而已。

中宗時期，有一個「斜封」授官的政策。一般授官按照正常的程序走，是由皇帝下詔封好交給中書省辦理，但是，太平公主等人則是賣官鬻爵，只要花上 30 萬貫錢，就算你是販夫走卒，也可以當上官。

「斜封官」是女人干預政治的一個明顯代表。睿宗即位之初，姚崇、宋璟等大臣把數千名「斜封官」全部罷免了。誰料，只過了 4 個月，在太平公主的精心安排下，「斜封官」又被恢復了。

太平公主把「斜封官」當作自己參與政治的籌碼，自然不會在政治上有所作為。她除了在除掉「二張」、廢掉韋后的過程中發揮了不同程度的輔助作用外，可以說再無其他利國利民的功績。

當然，太平公主不能取得武則天的成績，與她所處的背景也有關。武則天干預朝政、稱帝以後，朝野上下對女人涉足政治都抱有強烈的戒備心理。

在這種社會大背景下，不管什麼樣的女人想要再起風雲都是難上加難的事。韋后失敗，太平公主被賜死。此後，唐朝再沒有出現女人干政的情況，太平公主的死也標誌著大唐女人干政時代的結束。

悍女安樂公主

在中宗李顯的 8 個女兒中，安樂公主排名第七，名叫李裹兒。她是中宗被廢后與韋氏在奔赴房州時，韋氏在顛簸之中所生。由於當時情況窘迫，匆忙中解下衣服做襁褓，因此取名為裹兒。

李裹兒自幼聰明伶俐，容顏嬌美，很得父母喜愛，所以養成了蠻橫驕奢的習性，下人對她無不懼怕。

後來，中宗被召回到東宮，武則天看到李裹兒後，不覺得有些恍惚。她認為這個孫女不僅長得傾國傾城，人也是機靈得不得了。李裹兒刻意討巧，就使得武則天更加喜愛這個孫女了，於是，便封她為安樂公主。

安樂公主在宮中受到了眾星捧月般的待遇，因此，氣焰也越加囂張。當她長到了該嫁人的年齡時，武則天想著為這個孫女找個人家，她選中了武三思的兒子武崇訓，實際上這也是一種無奈之舉。

武崇訓比安樂公主大一歲，經常出入宮中。他在宮中不幹好事，動不動就偷香竊玉，和宮女做下許多風流事。醜事傳千里，最後，外面竟然沸沸揚揚地傳說武崇訓和祖姑母通姦。

武則天聽到這個傳言後十分生氣，於是，便決定把安樂公主指配給了武崇訓。這樣，一方面可以平息謠言，另一方面也想讓安樂公主管理一下這個浪蕩公子。

在安樂公主出嫁前，大臣們都紛紛前來道賀。宰相李嶠、蘇味道，郎官沈佺期、宋之問等人還獻詩文稱頌。後來，安樂公主還生了個男孩。

之後，武則天病逝，中宗已經當上皇帝，安樂公主變得也就更加有恃無恐了。她與母后韋氏一起勾結朝野奸佞之臣，形成了權傾一時的勢力集團。

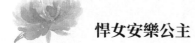

悍女安樂公主

武崇訓有個同族兄弟，名叫武延秀，是個風度翩翩的美少年。他在突厥數年，懂得異邦的語言和歌舞，因而時常拿來取樂，又比武崇訓年輕英俊，常來駙馬府閒談。一來二去，安樂公主便和武延秀產生了感情。

安樂公主是驕橫慣了的人，和武延秀交往也不避諱他人，兩人在一起有說有笑，武延秀對這位天香國色的公主也是愛不釋手。全府上下也都知道他們之間的關係，只有武崇訓還被蒙在鼓裡。不過，就算武崇訓知道了，他也沒辦法。

太子李重俊因為不是韋后所生，所以經常受到韋后的排斥，安樂公主也不把他放在眼裡，並且還經常欺侮他。就連武三思也會時常戲弄他，他自己無權無勢，只好忍氣吞聲。但是，李重俊卻十分不甘心，暗地裡積蓄勢力。

後來，武崇訓唆使安樂公主請中宗廢掉太子李重俊。李重俊知道後十分惱火，在神龍三年發動部分羽林軍要殺掉武三思和武崇訓，武崇訓在這次叛亂中被殺身亡。

安樂公主並不感到悲傷，因為武崇訓的死，也恰恰給她鬆了綁。從此，她和武延秀廝混也變得更加明目張膽了。最後，竟然到了夫婦一般同起同臥的地步。中宗知道這件事後，也感到十分無奈，只好將安樂公主許配給武延秀。

安樂公主不僅在私生活上放蕩，在物質享受上也是毫不含糊的。她和姐姐長寧公主爭先恐後地大興土木，廣建豪宅，奢華程度令人瞠目。她們家府第的建築規模與皇宮不相上下，其精巧程度卻在皇宮之上。

中宗在金城坊賜了宅地給安樂公主，富麗堂皇，美輪美奐，國庫為之空虛。長安有個昆明池，是漢武帝時開鑿的。安樂公主嫁出宮去，心裡捨不得昆明池畔的風景，於是央求高宗把昆明池賞賜給她，劃到駙馬府園地中去。

中宗這次倒是很果決，他堅決地拒絕說：「昆明池自前代以來，從不曾賞人，朕不能違背祖宗成例。況且池魚每年賣得 10 萬貫，宮中胭脂水粉的花

費，全都依靠它了。如果把這個池塘賞賜給了你，會使妃嬪們失去顏色。」

安樂公主聽了心裡很不痛快，後來竟然自行強奪民田，開鑿了一個大池，取名為定昆池，池邊風景都按昆明池的樣子做。池中央仿照華山的樣子堆起一座石山，從山頂引瀑布到池水中。

此後，還另外開闢了一條清溪，用玉石砌岸，岸邊奇花異草爭奇鬥豔。溪底全用珊瑚寶石鋪成，波光粼粼、美不勝收。樓亭軒榭富麗堂皇。後來，公主還讓許多漁戶住到這裡來，自己則又扮成了漁夫在池上釣魚。

安樂公主還叫來天下的能工巧匠，在洛州昭成寺中造了一座百寶香爐。爐高3尺，開有4門，架4座小橋，雕刻著花草、飛禽、麒麟、鸞鳳、白鶴、諸天、伎樂等圖案，爐身嵌著珍珠、瑪瑙、琬琰等飾物，因而把府庫歷年來積攢下來的錢財全部耗盡了。

安樂公主還擁有兩件曠世珍品百鳥裙。百鳥裙由尚方製作，集百鳥羽毛織成。其色彩讓人眼花繚亂，難辨本色。從正面看是一種顏色，從側面看又是另外一種顏色；在陽光下呈現出一種顏色，在陰影處又呈現出了其他的色彩。此外，裙上的百鳥也是若隱若現，令人驚嘆不已。由此不難看出，這不是一件衣服，而是一件藝術品，這種奢華程度在歷史上也都是少有的。

安樂公主還十分熱衷於權力，她利用公主的身分開府置官，形成了自己的政治勢力。她把國家官爵分等級標價賣出，縣令、刺史等職務公開兜售，被賣出的官職就有五六千個。

此外，安樂公主還經常自己寫詔書拿進宮去。一手掩住詔書上的文字，一手捉住中宗的手在詔書上署名。等中宗反應過來，安樂公主早已走遠了，中宗也不細究。

一時間，土豪劣棍搖身一變，便成了朝中的大臣，並且聚集在公主門下。中宗上朝時也時常會看到新的面孔，可是，他卻不知道是怎麼回事兒。

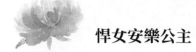

悍女安樂公主

安樂公主自幼在武則天身邊長大，很羨慕她指點江山的威嚴。於是，便異想天開想要做皇太女。中宗竟然撫摸著公主開玩笑說：「等你母后做了皇帝，再立你為皇太女也不遲啊。」

說者無心，聽者有意，安樂公主之後便天天慫恿著韋后效仿祖母武則天臨朝聽政。韋后因中宗體弱多病，便自行開始獨斷專行起來，氣焰也是越來越囂張，而中宗也任由韋后把持著朝政。

有一天，安樂公主突然想起了南海泥洹寺裡佛像的五綹鬚，它是用東晉謝靈運的真鬚裝上去的，於是，她便打發黃門官去將佛鬚一齊割下來。寺僧想要去阻攔，可是又怕開罪安樂公主，於是只好眼睜睜地看著佛像的鬍鬚被拿走。

據說，謝靈運的鬚髯很美，他本人也十分愛惜，每天臨睡前，都用紗囊裝起來。後來，謝靈運被殺。在臨刑之前，他把鬚髯割下來施給泥洹寺僧，為裝塑佛像之用。自此以後，寺中僧人每見有人來隨喜，便得意地向人展示佛鬚。

現在，僧人們看到安樂公主把佛鬚一齊割走了，心中自然是十分的苦悶。到了端午節時，公主和妃嬪們都聚集在昆明池盛宴鬥草。所謂鬥草，就是古代的一種民間遊戲。正當鬥得十分熱鬧之時，安樂公主突然拿出了謝靈運的真鬚來，大家看到後都被嚇了一跳，她們認為這個公主實在是太膽大妄為了。

有一天，韋后把安樂公主8歲的兒子抱在膝上，並且下詔封他為太常卿、鎬國公，食邑500戶。中宗見韋皇后沒有經過自己同意就擅自做主下旨，便攔住韋后說道：「且慢下詔！待朕回宮去，再做計較。」

韋后聽了十分不高興，便側目說道：「皇上您在房州時候，不是說過將來所有的一切都聽臣妾的嗎？可是現在，皇上您為什麼又來橫加干涉呢？」

中宗心中感到十分氣憤便拂袖而去。韋后早已不把中宗放在眼中，看到中宗生氣地走了也絲毫不害怕，還在安樂公主府中飲酒作樂直到深夜。

不久，許州參軍燕欽融上奏中宗說：「皇后淫亂，干預國政，安樂公主、武延秀及宗楚客等，朋比為奸，謀危社稷，應亟加嚴懲，以防不測。」

中宗面召燕欽融前來問話。燕欽融毫不畏懼地大聲發表天下人對韋后的不滿，中宗沉默著不說話。燕欽融剛走出朝門，韋后手下的宗楚客便擅自派騎士用鎖鏈把他捉回，扔在殿庭石上，摔斷了脖子，當場死亡。

中宗十分生氣，查出此事是宗楚客指使的，不禁恨恨地對那些騎士說道：「你等只知有宗楚客，不知有朕嗎？」宗楚客聽了也十分害怕，畢竟中宗還是皇上，要殺一個他這樣的人是能夠辦到的。他思來想去，還是進宮稟報皇后才保險。

韋氏正因為上次中宗負氣而走的事情而心存不快，而且又擔心自己私通馬秦客、楊均等人的事洩露招致禍患，所以萌生了殺人的念頭。安樂公主又一直慫恿韋后做皇后，希望借此做上皇太女。因此母親二人聯合起來，設計毒殺中宗。

韋氏親自制餅，把毒藥放入餡中，之後，拿著烤熟的餅來到神龍殿見正在批閱奏章的中宗，命令宮女把毒餅拿去給中宗吃。中宗哪能想到這些，他平時最愛吃餅，伸過手去拿來便吃，還覺得味道比以前好，不覺多吃了兩塊。誰知，剛吃完沒多久，腹部便疼痛起來，坐不住、站不起，倒在榻上亂滾。

內侍急忙稟告韋后，韋后不緊不慢地趕了過來，假模假樣地詢問。中宗此時已說不出話來，他用手指著口，痛苦地抽搐了許久，直到不能動彈，最後，中宗在痛苦中結束了他艱難的一生。

這時，韋后終於可以臨朝聽政了，她任命韋氏子弟統領南北衛軍隊，安

悍女安樂公主

樂公主、宗楚客、武延秀以及韋氏族人，一起鼓動韋氏效仿武則天，除去相王李旦。但是，李隆基卻搶先一步攻占玄武門，殺盡韋姓人。

韋后疑懼之下逃入飛騎營中，有一個飛騎兵將韋后斬首，並拿著她的首級獻給李隆基。安樂公主深居別院，還不知道外面所發生的事，一邊對鏡貼花黃，一邊與人調笑。聽到響動後，她還未及時回頭，便倒地身亡了。

武則天後期的這些女人們，大多都是敢想敢做的，這也許是武則天在女權領域發揮作用的結果。安樂公主也是因為有了武則天這束光的吸引，才向權力進發的，只是她並沒有遠見的頭腦，除了貪圖享樂之外，她什麼都沒有。

欣賞上官婉兒

在武則天時期的上官婉兒也是不容小覷的，她的才華與聰慧令武則天十分欣賞。上官婉兒是高宗時期的宰相上官儀的孫女。西元 664 年，上官儀因為替高宗起草廢武后的詔書，而被武后所殺，從此家族籍沒。

當時還是嬰兒的上官婉兒和母親鄭氏一起被配沒掖庭，在掖廷為奴期間，在其母的精心培養下，上官婉兒熟讀詩書，不僅能吟詩作文，而且明達吏事，聰敏異常。

當上官婉兒 14 歲的時候，就已經出落得妖冶豔麗，秀美輕盈，款款一笑，姿態萬千。其實，最重要的是，她天資聰慧，過目不忘，文采過人，下筆千言。後來，上官婉兒因聰慧善文為武則天所重用，並掌管著宮中制誥多年，此外，她還有著「巾幗宰相」之名。

記得當時，武則天出了一道題目，讓上官婉兒作出文章來。她才思敏捷，不一會兒的工夫就完成了，文藻華麗，聲調調和。此外，她的書法也是清婉秀麗，別具一格，不由得讓人感到讚歎。

武則天是個愛才之人，不管是男還是女，只要是有出眾的才華，她都會加以重用。後來，武則天下令免除了上官婉兒奴婢的身分，並讓她掌管宮中詔命。自此以後，武則天所下制誥，幾乎全部都出自於上官婉兒之手。

這時，被武則天重用的上官婉兒正是情竇初開的年齡，而此時的太子李賢也是個 20 多歲的熱血青年。在宮中，除了皇帝，上官婉兒見的最多的男人，恐怕就是太子李賢了。

可是後來，李賢被廢。而置他於死地的這份廢黜詔書，正是出自於和他傳過謠言的上官婉兒之手。其實，在給武則天起草廢黜詔書的時候，上官婉兒或許已經做出了自己的選擇，而這個選擇就是要追隨武則天一生。武則天

的剛毅和果決，讓上官婉兒看出她是個幹大事的人，而她對權力追求的慾望，也不允許任何人動搖她的地位，動搖者只有死路一條。上官婉兒也是一代女傑，對武則天既懼又敬，十分懂得權衡利弊。

武則天十分器重上官婉兒，並將她倚為心腹。就連在與她的男寵張昌宗在一起時，也絲毫不會避諱她。可是天長日久，上官婉兒便與張昌宗生出了些異樣的情愫來。

這天，上官婉兒與張昌宗正在打情罵俏，不巧卻被武則天撞見了，武則天頓時火冒三丈，便拔出金刀插向了上官婉兒的前髻，上官婉兒在躲閃時被金刀劃傷了左額。

武則天餘怒不消，又大聲進行斥責：「你真是罪該萬死！」張昌宗見勢不妙，便跪下來為上官婉兒求情。武則天深呼一口氣，平靜了一下心情。想到自己還有很多事情需要她來處理，於是，情緒便不再有先前那麼激烈了。其實說到底，武則天還是以事業為重的人，男寵在她眼裡多半隻是玩物或是解悶的工具。所以，即便張昌宗不為上官婉兒求情，武則天在冷靜之後，也會放過她。

上官婉兒因為前額上有金刀被刺的傷痕，便在傷疤處又刺了一朵紅色的梅花作為遮掩，沒想到這一刺更加增添了嫵媚的效果。宮女們也都覺得這個是很好的裝扮，於是，便有人偷偷地用胭脂在前額點紅效仿，漸漸地宮中便興起了紅梅妝。

當然，也有說上官婉兒的額傷不是由於武則天所致，而是因為厭惡武則天的男寵調戲自己，所以便關閉了甬道，因此而導致象徵皇權的明堂因報復而被毀。武則天氣憤至極，想要殺了上官婉兒。可是，在臨刑前改變了主意，賜給她一個生存的機會。死罪可免，活罪難饒，便決定在她額頭上刻「忤旨」二字作為懲罰。

此後，上官婉兒一方面為紀念太子李賢，一方面表明自己無慾無求，

終日裡素裝打扮，再不梳妝照鏡。不管怎麼說，上官婉兒自從臉上有了這個「記號」之後，行為上便收斂了很多。她精心伺候著武則天，也盡量討她歡心。

武則天不僅沒有記仇，反而更加喜歡上官婉兒了。從聖曆元年起，就讓她幫助自己處理百司奏表，參與政務的決策。從此，上官婉兒的權勢便日益擴大起來。

西元 705 年，也就是神龍元年，中宗復位。中宗重新登位後，韋后學起了武則天，掌握朝中政權。中宗本就性格柔弱，加上一生顛沛流離，過著朝不保夕的日子，因而養成了辦事沒有主見的個性。

韋后也是個不簡單、會使手腕的女人，在中宗顛沛流離之時，只有韋后陪在他身邊，她時常鼓勵自己的丈夫要忍耐、要堅持。貧賤中的夫妻關係逐漸得到了改善，中宗對韋后很是信任。

韋后一心都想要效仿武則天進行執政，於是，她便聯合自己的女兒安樂公主把持著朝綱。中宗復位之初，冊立上官婉兒為昭儀，並封她的母親鄭氏為沛國夫人。從此，上官婉兒權勢更加強盛了，並且還在政壇和文壇上有著顯要的地位。此外，她還以皇妃的身分掌管著內廷與外朝的政令文告。

其實，上官婉兒被封為昭儀還與武則天有著一定的關係。有一天，武則天問上官婉兒張柬之這個人究竟是個什麼樣的人。上官婉兒被她這麼冷不防的提問嚇了一跳，思索了一會兒才說道：「張柬之老奸巨滑，深藏不露。依奴婢看，此人初入朝時，便包藏禍心。但是，卻一直忍隱不發，他這是在尋找時機。奴婢實在不明白，以狄相國之忠正睿智，怎麼會看走了眼，力薦此賊呢？」

「不。」則天女皇搖搖頭，說道，「狄相國沒有看錯，張柬之的確是一位安邦治國的棟梁之材。他力薦張柬之，不僅是為了朕，也是為了顯兒。不

過，他是讓張柬之在朕身後恢復皇唐，力保新主。張柬之早動手了一步，自有他的道理。但卻是一種失策，天下人將認為他是貪圖祿位。怎麼，聽說他們都封王了？」

「是的，陛下。張柬之、崔玄暐等 5 人同日封王。」

「異姓封王，非國家之福，亦非此 5 人之福。這個張柬之，雖然老道，但是與狄相國相比，還是差了一大截。『器滿則傾』，這個王位，也是好做的嗎？朕當年就不敢封薛懷義和張氏兄弟為王。」

上官婉兒怕她傷心，不敢再繼續循著這個話題說下去。於是，她忙岔開話說道：「姚崇倒是忠正多情。聽說在皇上登基那天，他因思念陛下而放聲大哭。」

「嗯，這個姚崇朕沒有看錯，不僅抱經緯之才，而且有端方之品，他才是狄仁傑的真正傳人。他的哭，也不只是個多情的事兒，怕也多少有點兒韜晦遠禍的意思，真智者也。」上官婉兒驚訝地睜大了眼睛，她無論如何也沒有想到這一層。

「婉兒，你看顯兒能掌好這個江山嗎？」武則天又問道。

「陛下，這個奴婢可說不好。」上官婉兒面有難色地回答道。

「知子者莫如其母。顯兒遇事無主見，耳根太軟。但願他能信用張柬之等這些能吏，這樣的話才能使國家不至於出現什麼大的亂子。但是，就怕他們君臣不能慎終如始。如今朕老了，本來不想再管這些事了。但是，這卻是朕唯一的一塊心病了，怎麼也撂不下呀。」

「陛下，別說了，一切聽天由命吧！」上官婉兒疼惜地看著武則天說道。

「婉兒，你跟了我 20 多年了吧？也該找個歸宿了。」

上官婉兒大吃一驚，一下子便跪倒在武則天的面前：「皇上，陛下，您要趕奴婢走嗎？奴婢今生今世，絕不離開陛下。」

「傻孩子，朕怎麼捨得趕你走呢？但是，朕的來日不多了，如果不把你安排好，朕如何能夠瞑目呢？以你的冰雪聰明，又在朕身邊歷練了幾十年，也是見過大世面，諳熟朝中政事的人。朕想了，你該去輔佐當今皇上，保江山，守社稷，造福祉於天下庶民，也好青史留名。你收拾一下，明天便入宮，先做皇上的昭儀。朕二次入宮的時候，就是先當的先帝的昭儀。」

「奴婢怎敢與陛下相比，陛下是巍巍泰山，奴婢只是一粒沙石。不，奴婢絕不離開陛下。」

「好了，就這樣吧！你入宮之後，還可以隨時來陪朕嘛。」

數日之後，中宗皇上尊武則天旨意，將上官婉兒納入後宮，並封為了昭儀。上官婉兒走了之後，武則天更加感到孤獨和寂寞了，但是，在她心中卻是高興的。因為她又了卻了一樁心願，而且還是一舉兩得的事情：既安排了上官婉兒，同時，又為當今皇上增添了一條更加強有力的膀臂。

上官婉兒曾經還和相貌不俗的武三思有過私情。後來，為了保住武氏家族日漸衰微的地位，也為了武家和李家能夠像武則天所希望的那樣世世代代交好下去，她作出了一個決定：要武三思去伺候韋后。

經過上官婉兒這一穿針引線，很快便促成了「好事」。後來，得益於武三思的加入，韋后在朝中的勢力大增。此後，中宗的權力也幾乎被架空了。

武三思在得到韋后和安樂公主等人的支持後，相繼設計貶殺了張柬之、袁恕己、桓彥範、敬暉和崔玄暐五王，韋后也漸漸有了武則天在武后時期的氣焰。此後，上官婉兒為了保住武三思的地位，在所草擬的詔令中，經常推崇武氏而排抑皇家，她的這種行為引起了太子李重俊的強烈不滿。

那是在景龍元年七月，李重俊與左御林大將軍李多祚等聯合，假傳聖旨，調用左御林軍及精騎300多人，夜半時分，兵分兩路直撲武三思和武崇訓的府第。一鼓作氣誅殺了武三思及其親黨十幾人，接著，他們又帶著這些

欣賞上官婉兒

士兵，直奔肅章門，想要剷除韋皇后、安樂公主和上官婉兒。

上官婉兒得知了這個消息後，急忙前往中宗和韋后的住處商量對策。她對兩人說道：「看太子這架勢，是要先殺我上官婉兒，而後再殺皇后和皇上。」韋后和中宗聽後又驚又氣，在內殿來回踱步。但是，此時的當務之急是找個地方躲避。

於是，中宗和韋后帶著上官婉兒和安樂公主登上玄武門躲避兵鋒，命令右羽林大將軍劉景仁率兩千多名騎兵，守在太極殿前，把城門關得嚴嚴的。

太子的 300 多人並不是中宗軍隊的對手，結果兵敗被殺。中宗下詔將太子首級獻上太廟。韋后見武三思死了，心中又悲又恨。後來，她聽說太子首級到京後，馬上下懿旨：「將太子首級，在三思、崇訓父子柩前致祭。」韋皇后和安樂公主親自到靈前弔奠。此時的武三思也可以安息了，有堂堂一國之母為自己報了仇。

大概是受到了大唐開放思想的影響，上官婉兒也喜愛彰顯自己的才能。於是，她建議中宗設立修文館，招攬天下才子。同時，她還邀請朝中能書會寫的大臣進入修文館，一起舞文弄墨。且多次賜宴遊樂，醉不思歸。

上官婉兒博學多才，還多次代替中宗、韋后和安樂公主作詩詠賦，詩句優美，被當時的人競相傳唱。中宗賞識上官婉兒的才華，並將大臣們所作的詩，交給她一一評定，排名第一者的，常有加官晉爵的機會。

一時間，在朝廷內外，吟詩作賦之風極為盛行。韋后沒有好的文采，既然有上官婉兒的捉刀代筆，而各文臣又是心照不宣，於是，對韋后也是一味地進行稱讚。中宗和韋后頓時也感覺十分有面子，於是對她便更加寵愛了。

上官婉兒借此機會，成功將身為兵部侍郎的崔湜變成了自己的人。從此以後，才子佳人便惺惺相惜。崔湜年少多才，俊朗體貼。上官婉兒覺得他們兩個是天作之合，現在結成了露水情緣，也算是稱了自己的心意。但是，上

官婉兒唯一感到遺憾的是崔湜在宮外，而她卻在宮內，雖然對於他們來說，宮闈不是個大問題，但是，終究有個中宗在上面，行動也是極為不方便的。

上官婉兒苦思冥想，終於想出了一個掩人耳目的好辦法，即請求營建外第，以方便遊樂。中宗派人在上官婉兒居住地，營假山，建池塘，窮極雕飾，常常邀請大臣到這裡遊玩助樂。這裡亭臺軒榭，綠水環繞，是洛陽最為有名的風雅之所。

但是與此同時，這個地方也成了上官婉兒和崔湜的安樂窩。從此，兩人如膠似漆。當然，崔湜也借由上官婉兒的關係，得了不少的好處。後來，他又把自己的弟兄崔蒞、崔液、崔滌4人都介紹給了上官婉兒。

從此，上官婉兒行走坐臥，4兄弟形影不離。她常常在宮中設宴，與4兄弟飲酒作樂，行令賦詩。後來，崔湜在主持銓選時，犯了很多錯誤，御史李尚隱實在看不下去了，便上書進行彈劾。

朝廷沒辦法，便將崔湜貶為了外州司馬。上官婉兒哪裡肯讓他在外受苦，於是，聯合太平公主為其求情，崔湜便官復原職了。此後，為了更好地保護崔湜，上官婉兒把他讓給了太平公主。

景龍四年六月，中宗被韋后和安樂公主毒死後，上官婉兒和太平公主一起草擬遺詔，立溫王李重茂為皇太子，並於3天後即位，是為唐殤帝。此後，韋后主掌天下事務，而唐殤帝卻形同傀儡，實權均在韋后的手中。後來，臨淄王李隆基率領羽林將士殺進宮中，將韋后及其黨羽一起消滅了。

上官婉兒知道這次帶兵的是李隆基，便知道自己活不長了，因為在上官婉兒在院內與武三思發生私情時，被李隆基看見了。李隆基下決心說：「有朝一日，我定會殺了這個女人。」

於是，上官婉兒秉燭出迎。各位官兵在奔波勞頓了一天之後，見到如此恬靜的美景，不覺都愣了。有人想要代為求情，卻被她給拒絕了。她說李隆

基來了，自己也該走了，於是便自殺身亡了。

　　上官婉兒是歷史上既懂政治又有才氣的女子，她的一生充滿了坎坷。雖無丞相之名，卻有丞相之實。

　　後來，玄宗追念上官婉兒的才華，便派人收集她的詩文，編輯成二十卷。張說曾為她寫道：「敏識聆聽，探微鏡理，開卷海納，宛若前聞，搖筆雲飛，成同宿構。古者有女史記功書過，復有女尚書決事言閤，昭容兩朝兼美，一日萬機，顧問不遺，應接如意，雖漢稱班媛，晉譽左嬪，文章之道不殊，輔佐之功則異。」這些詩文多已丟失，收錄在《全唐詩》中的遺詩只有三十二首。

　　可憐一代紅顏，終將成為皇權鬥爭的犧牲品。從粗使囚犯到權傾一時的「女宰相」，其間的波瀾曲折，無人盡知。武則天成就的不僅是一個時代的開拓前行，同時，也成就了上官婉兒不甘落寞的鉛華女子。

晚年愈愛榮華

武則天曾經在泰山封過一次禪，透過那次封禪，也使她在朝野中立了權威。高宗臨死之前一直想封嵩山，結果卻是半途而廢。高宗去世，朝中的政治局面稍稍平穩後，武則天也想封嵩山。

當初封禪泰山，武則天以「亞獻」的身分一同前往。而此時的武則天，已經是一朝天子了，因此，她要以帝王的身分來進行封禪大典。武則天在封禪之前，就做了許多的準備工作。當洛水出現「聖母臨人，永昌帝業」的瑞石之後，武則天就將嵩山提升到了「神嶽」的地位。稱帝以後，她決定正式封中嶽。

西元 695 年，她宣布「將有事於嵩山，先遣使致祭以祈福助，下制，號嵩山為神嶽，尊嶽神為天中王，夫人為靈妃。嵩山舊有夏啟及啟母、少室阿姨神廟，咸令預祈祭」，這次，她的重點是封女性。

中嶽神的夫人被封為「靈妃」，啟母和少室阿姨原本是夏啟的母親和夏啟的妹妹，武則天派人專程祭祀她們，表示從上古時候起，就有值得人們讚揚的「聖夫人」，這也是對女性地位的提高，同時，也讓人們覺得女性也有資格封禪。

等到一切都準備就緒之後，武則天帶領著文武百官浩浩蕩蕩地趕赴嵩山，進行真正由女人主持的封禪大典，這也是中嶽歷史上前所未有的封禪大典。

西元 696 年，武則天登山封禪。封禪完畢之後，便大赦天下，改元「萬歲登封」。改嵩陽縣為登封縣，陽城縣為告成縣，接下來就是少室山祭地，接受朝臣朝覲，而後便回到了洛陽。在整個封禪的過程中，耗費了 20 天的時間。此後，嵩山又被確定為了五嶽之尊。

晚年愈愛榮華

　　嵩山對於武則天來說，地理位置是十分優越的。它距離洛陽近，山清水秀，又是周王朝的聖地。武則天不是以周朝的後人自居嗎？因此，她封禪嵩山便是再正常不過的事情了。其實，不管她是出於什麼原因來封嵩山，取得的結果是她對權力的慾望，得到了空前的滿足。

　　武則天一生鍾愛嵩山，她不僅在嵩山進行了封禪大典，而且前後 8 次登臨嵩山。分別為：西元 680 年，西元 683 年農曆正月和十月，西元 696 年，西元 699 年農曆二月和五月，西元 700 年農曆正月和四月。

　　可是，武則天在這 8 次登臨嵩山的過程中，在不同程度上耗費了大量的財物。多次的舟船勞頓之後，也引起了很多人的抱怨。而後來發生的事情，同樣也弄得人心浮動。

　　西元 699 年農曆二月，一向健康的武皇帝病了。這一病，連她自己都感到慌張起來，有生以來，她第一次意識到了生命絕望的瀕危。她還沒有享受夠這個世界的繁華，她不想就這樣告別這個多彩的世界。於是，長生不老的傳說就成了她救命稻草。她要死死地抓住這根稻草，拚命地掙扎著。這個時候，嵩山再次發揮了作用。

　　當武則天發病時，她正在嵩山。因而病急亂投醫，她找到了閻朝隱向嵩山之神求福，保佑自己能夠好起來。閻朝隱當然不敢怠慢，接到命令後立馬就行動了起來。

　　閻朝隱煞有介事地齋戒沐浴，接著，他又在武則天面前大秀了一次忠貞，說願意用自己的生命延續皇上的生命，武則天聽後大為感動。在經過了一番折騰之後，武則天的病情確實有所好轉，於是，她便對閻朝隱褒獎了一番。經此一病，武則天便迷上了道教。本來她是信奉佛教的，但是由於佛教講究生死輪迴，不講究長生不老，所以道教的長生不老學說便在這個時候散發出了光輝。

此後，武則天吃著張昌宗和胡超等人給她煉製的丹藥，又將「久視」作為年號，可見她對長生不老的嚮往。大家知道武則天有長生不老的願望後，便有一些想陞官發財的人開始活躍起來。有的人今天做個夢，明天遇個祥瑞，後天聽個傳聞，總之，那些都是在預示著武則天能夠長壽。

　　武則天聽到這些所說的祥瑞後，感到十分的高興，於是，他們便都被加官晉爵了，就算是沒有絲毫才能的人，也會給些銀子進行打賞。大家聽說只要說幾句奉承的話就有利可圖，於是便競相獻媚，因而也使得朝中風氣驟下，正直之臣對此也無不慨嘆。

　　武則天在老年時表現出的對榮耀和長生的追求，也導致這位女皇的人生在晚年黯淡了下來。

阻斷皇嗣之爭

　　自從武則天當上皇帝的那天起，嗣位問題就一直在困擾著她，武氏、李氏家族以及眾大臣也都離不開這個問題的糾結。嗣位不是個小事情，它決定著將來由誰來做皇帝。而這個皇帝是否具有治理好一個國家的才能，也關繫著國家和人民的命運。

　　武則天是中國歷史上唯一的正統的女皇帝，將來繼承女皇位置的是武氏家族成員還是李氏家族成員，這也將對社會的未來造成關鍵性的作用。當然，武氏家族的人自然希望武則天能夠傳位給他們。而對於周武王朝來說，武氏算是正統皇家，而李氏則是外戚，武家人自然覺得腰桿很硬。

　　在武承嗣看來，武則天已是年近古稀的老人，用不了多長時間就要告別人世了。按照皇家傳統，他有資格成為皇嗣。他是武氏的嫡長，又繼承了武士彟的爵位，接著又被封為了王拜相，可見姑姑是很看重他的。

　　但是看重歸看重，這位姑姑實在是難以捉摸，況且現在的皇嗣還沒有被廢，立自己為嗣，李家人是絕對不會答應的，朝臣也會有說法。由此看來，自己的前途命運還是很難預料的。

　　武承嗣靠著武則天得到了眼前的一切，如果她一死，自己就會失去這把保護傘。如果想要長久地享有富貴，那最好的辦法就是成為皇嗣，而要成為皇嗣，那就需要培植自己的勢力。

　　於是，武承嗣便開始著手籠絡朝中的大臣，並且時刻都在樹立自己在朝中的威信。同時，他還不斷地排擠著反對自己的大臣，將朝局進一步控制在自己的手中。

　　此外，武承嗣還利用酷吏將仇恨武家的人一個個進行清除，並且換上了自己的親信。他十分地清楚，如果自己一旦當上了皇嗣，那麼就會有很多

人來依附於自己，從而轉向他這一面。這樣，武家的天下才能夠繼續傳承下去。

武承嗣自然不敢直接向武則天要皇嗣繼承權，因為他完全沒有把握能夠從她那裡取得皇嗣的繼承權。所以，他一直都在為這件事情感到焦慮和不安。

武則天雖然也渴望長生，但是，在她的內心深處也時刻都在考慮著死亡。萬一自己死了，那麼該由誰來繼承皇位呢？自古皇位都是傳給自己兒子的，可是，現在的問題是自己的兒子姓李不姓武啊。如果傳位于兒子的話，那麼，天下不又回到李家的手裡了嗎？從此，周武王朝也就自然地消失了。

之前，武則天把兒孫們都改為了武姓，才使得現在的皇嗣存在。現在武姓分為了兩派，一派是自己的娘家人，而另一派是後改為武姓的李家子孫。兩派同時存在，必定會產生一些尖銳的矛盾，由此也使得雙方都形成了各自的陣營。有武則天在的一天至少表面上還能夠風平浪靜，如果她不在了，那一定會爆發一場血雨腥風的戰爭。這些是武則天不想看到的。

這時，武則天想到的辦法就是打擊自己的子孫，讓武姓王揚名立萬，這是武周王朝得以存續的基礎。文武大臣如果能夠接受武姓王，那麼，讓周武天下繼續下去就沒有太大的阻礙了。

所以，武則天又把李姓王降級，降楚王李隆基為臨淄王、恒王成義為衡陽王、趙王陵業為彭城王、衛王隆範為巴陵王……同時，她還借助解決宗室叛亂遺留問題之機，大大迫害了李家宗室一把，就連高宗的庶子也是一個不留。

不僅如此，從長壽二年開始，也就是西元 693 年，在宗祖祭祀時，武則天就以皇帝身分初獻，而讓武承嗣作為亞獻。這樣做的目的就是為了給朝臣一個明確的信號，她要立武氏為皇帝的繼承人，周武王朝也要永久地取代李唐王朝。

女皇的一系列舉動，遭到了朝中大臣的強烈反對。正直之臣對武承嗣更

加沒有好感了，看他到處慫恿酷吏濫殺無辜，如果要他當了皇帝，那豈不是要把天下的百姓送入虎口嗎？因此，大臣們就皇嗣問題與武則天展開了激烈的爭鬥。

這時也就出現了兩種觀點：一方觀點是，先前王慶之所提倡的立武氏血親；另一方觀點是，應立女皇的兒子為皇嗣。兩種說法都具有說服力，但是又不能同時成立。為此，即使是英明神武的女皇也變得猶豫不決了。

武承嗣對皇嗣的問題看得很重，因為這是關係他身家性命的事情，所以他不能不緊張。之前，主張立武氏為皇嗣的大臣王慶之被李昭德在光政門外杖殺的事，至今想起來都讓他感到毛骨悚然。如果讓這些人占了上風，自己也就完了。武承嗣等不及了，他要採取行動來保全自己。

此時，武承嗣能夠想到的辦法就是將李旦害死，從而迫使皇帝立他為皇嗣。而最簡單的方式就是利用告密者來將李旦消滅，這麼做還不至於牽扯到自己。於是，他便選中了韋團兒，也就是那個曾經喜歡上李旦的侍女。

武承嗣指使韋團兒陷害了李旦的兩個妃子後，又在武則天耳邊密告皇嗣。武則天的親信對她說是韋團兒設計害死兩位妃子的，接著又加害皇嗣。她這才恍然大悟，處死了韋團兒。

武則天殺死了韋團兒後，又把李旦的幾個兒子都降為了地方王。後來，李旦的兒子李成器的皇孫資格也被取消了，並且還降為了壽春王。這時，武承嗣覺得這是搶奪皇嗣的最好時機，於是，他便派人誣告皇嗣李旦謀反。

於是，武則天便命令來俊臣審問皇嗣手下的人，他是個什麼陰損的招術都能使得出來的人，李旦手下的人經不起嚴刑逼供，便屈打成招說皇嗣謀反，以免再受皮肉之苦。

當然，也有正直的官員不忍心加害李旦，便向來俊臣表示抗議，其中就有個叫安金藏的人。他對來俊臣說：「你既然不信我的話，就請剖開我的腹

部，以示皇嗣的清白。」說著便用刀子把自己的胸腹給剖開了，頓時血流滿地，五臟六腑都露了出來。

這時，有人飛快地跑到武則天面前向她報告了這件事，女皇聽後，立即派人把他抬進了宮中，命令太醫進行搶救。太醫折騰了一夜，才把安金藏給搶救了過來。

之後，武則天親自來到安金藏的床前進行探視，安金藏不能動彈，武則天叫他好好休息，不用施禮。她嘆息著說道：「我自己的兒子我都不能明察，還連累你到這種程度，讓你受苦了。」於是，命令來俊臣停止審訊，釋放被審訊的人。武承嗣的陰謀又沒有得逞，恨得是咬牙切齒。

儘管皇嗣的問題把大家弄得異常波動，但還是無法解決。武則天還是猶豫不決，事情也就只好暫時擱下了。她不願意看到哪一方當上皇嗣，而另一方就要遭殃的結果。因此，她只好祈求上蒼能夠多給她幾年的壽命。這樣，她就可以自己掌握政權，平衡兩家的力量，使自己的子孫不至於互相殘殺。

年紀越大的人越是怕死，武則天越老越想長生，她的這種想法始終都在伴隨著她。儘管人們的求仙活動不停地宣告失敗，就連帝王也不例外。可是，武則天還是抱著一線希望。接著，她便開始了屢試屢敗的求仙活動。

皇帝要求仙自然就會有人來迎合，因此，也使得各種神仙蠢蠢欲動。這時，有個住在洛陽麟趾寺的老尼姑，法號浮光如來，她和嵩山人韋什方聯合起來妖言惑眾。浮光如來自稱博古通今，能知過去與未來。而韋什方說自己是東吳赤烏年生人，到現在已經 450 多歲了。

武則天聽到他們說的話後，甚為驚奇，為了留住這位「神仙」，立刻賜了個武姓給韋什方。接著，她又任命韋什方做正諫大夫、同平章事，還送皇帝的語錄給他：「邁軒代之廣成，逾漢朝之河上。」

其實，這是有典故的。相傳，廣成子居住在崆峒山上，黃帝軒轅氏曾經向

他問道。說是漢文帝在黃河邊上蓋了個茅草房，聽到一個叫河上的神仙講《老子》，河上公對漢文帝說：「我講這部經已經上千年了。」武則天這是在褒獎韋什方是活神仙，她認為韋什方就是黃帝時代的廣成子、漢文帝時期的河上公。

這樣一來，武則天也被奉為神聖，還在她皇帝的名號前加了很多神聖的字眼。長壽二年，她被人尊稱為「金輪聖神皇帝」。

西元 694 年，在武承嗣的鼓動下又有 26000 多人為武則天呈上了個「越古金輪聖神皇帝」的尊號，武則天高高興興地接受了這個尊號，於是，改元延載元年。一年過後，再加尊號為「慈氏越古金輪聖神皇帝」，改元證聖，總之，就是祈求長生不老的意思。

其實，神仙之說本來就是子虛烏有的事情，邪門歪道終將敗露，武則天聚攏到身邊的神仙們最終會原形畢露。就在尊「慈氏越古金輪聖神皇帝」號不久，薛懷義把明堂付之一炬，一把大火燒得明堂片瓦無存。

武則天氣憤之餘又想起了這些「神仙」，她正要找這些活神仙問個究竟，那個「浮光如來」卻像沒事兒似的走進皇宮。武則天劈頭蓋臉就說：「你不是說能夠未卜先知嗎？為什麼沒有說明堂會起火呢？」

老尼姑被問得啞口無言，狼狽而逃。這時，有人知道皇帝對這些人產生了質疑，便跑到武則天面前告老尼姑的狀。而韋什方又以能夠造出長生不老藥，需要到嶺南採藥為藉口，逃走了。

武則天本來不想對他們有所行動，但是，她一聽眾人的控告，便更加有被欺騙和被羞辱的感覺。於是，故意派人去找老尼，說是要繼續任用她。

這時的老尼，並沒有想到武則天會設好了圈套在等她，於是，便大模大樣地帶著眾弟子住進了原來的寺院。隨後，武則天又命令將士圍住寺院，將她們全部逮捕。最後，河內老尼被殺了，其餘的人則被收為了官奴。

透過這件事情，也讓武則天明白了，她是不可能尋求到長生之路的，人總有一天要面臨著生死的問題，皇帝的位子始終是要別人來繼承的。之後，

她便開始認真地思考起皇嗣的繼承問題。

西元 698 年，75 歲的武則天已經沒有了之前的豪氣沖雲天的氣魄了。以前的她是威嚴的、凜冽的、機敏睿智的，但是，現在的她卻隨著身體的變化，似乎對很多事情已經失去了興趣。那個曾經活潑好動、登泰山、賞洛水、宣敕武則天門的風發女子，現在卻已是垂垂暮年，步履蹣跚了。

由此不難看出，人，無論打過什麼樣的勝仗，戰勝過多麼強大的敵人，最終都會輸給時間，因為他們終將要老去、死去。時間將帶走人們身邊的一切，但是，即使是在這個時候，老態龍鍾的武則天依然沒有決定出將由誰來繼承大位。

在武則天沒有任何行動的情況下，可是急壞了他的侄子武承嗣和武三思。他們看著武則天的身體一天不如一天，卻仍然沒有確定將由誰來繼承皇位，他們不免感到慌張起來。

這時，朝中的狄仁傑、婁師德、杜景儉、王方慶和王及善等一批重臣，都是李家皇室的支持者。雖然武承嗣和武三思也做了高官，但都不是執掌中樞的官職。因而使得武氏成員變得忐忑不安，終於，他們再也沉不住氣了。

西元 698 年農曆二月，有些人向武則天提起了皇嗣的問題。他們聲稱：「自古天子沒有立異性為皇嗣的。」言外之意是不能立武家人為皇嗣。這樣一來，剛放下沒多久的話題又被重新被搬上了檯面，朝中的大臣自然對武氏兄弟的心思瞭如指掌。

有一天，武則天又擺好了酒宴。酒宴進行到一半的時候，有人提起了皇嗣的問題，提議立武承嗣和武三思為皇嗣。狄仁傑一聽當時就予以反駁了：「文皇帝沐雨櫛風，親冒鋒鏑，以定天下，傳之子孫。大帝以二子托皇上。皇上今乃欲移之他族，無乃非天意乎！且姑侄之與母兒孰親？皇上立子，則千秋萬歲後，配食太廟，承繼無窮；立侄，則未聞侄為天子而祔姑於廟者也。」

阻斷皇嗣之爭

　　武則天對狄仁傑說：「此朕家事，卿勿預知。」接著，又將家國之事闡述了一番。王方慶、王及善等人也紛紛進言，並勸說她召回廬陵王，與分別多年的兒子相見。

　　武則天也是個母親，而且是年老的母親。這位母親怎麼會不思念被自己打擊的兒子呢？如果不是顧及皇位被奪，又怎麼會把他安放到那麼遠的地方受罪呢？現在，自己已經是就要離去的人了，難道還要讓自己的兒子在外面受罪嗎？想到這裡，她有些淚眼婆娑了。這時，旁邊的侍從替女皇擦了擦眼淚，武則天嘆了口氣說道：「我老了，不中用了啊。」

　　第二天，武則天突然召見了狄仁傑，並且還問了他一個關於夢境的問題：「我夢見一隻大鸚鵡的兩隻翅膀被折斷了，這要怎麼來解釋呢？」

　　狄仁傑一聽就明白了武則天的用意，他知道武則天這是在暗示他，讓他向武則天提起立皇嗣的問題。於是，狄仁傑便說道：「武是皇帝的姓氏，兩隻翅膀則是你的兩個兒子，皇上要立他們，兩隻翅膀就會展翅高飛了。」武則天一聽便明白了，朝中大臣還是李唐的大臣。他們認可自己做皇帝，但並不代表著他們也可以認可武氏一族來做皇帝。

　　其實，武則天在召見狄仁傑之前就已經做出了最後的決定，那就是將李顯接回，並立為皇嗣。

　　西元 698 年農曆三月，武則天借言廬陵王生了病，派人將廬陵王李顯以及家眷接回京城，為李顯治病。這年七月，廬陵王回到了洛陽，並被偷偷地安置在了宮中。

　　狄仁傑等大臣知道了廬陵王被接回皇宮的消息後，便來到宮中拜見武則天。武則天見狄仁傑來了，興致勃勃地說：「我知道愛卿你為什麼來，廬陵王已經返回宮中了。」

　　狄仁傑還假裝著不知道，驚奇地說：「還有這樣的喜事，我怎麼不知道呢？」

於是，武則天便命令侍從掀開簾幕，盧陵王從簾後走了出來，跪在地上給女皇請安。武則天拉起李顯，走到狄仁傑面前，對他說：「我把盧陵王還給愛卿你！」接著，又對李顯說，「能讓我們母子團聚的人是國老，你要拜謝國老才對！」狄仁傑激動得熱淚盈眶，跪地拜謝，侍從們又把他攙扶了起來。

狄仁傑站起身來，對武則天說道：「皇上母子團聚，真是家國之幸，天下人都認為盧陵王在房州，如今卻在宮中，連我都不知道。這時，宮外難免會有些議論，還不如正式將他迎回，也讓朝野內外的人都知道這件事情。」

武則天考慮了片刻後，答應了狄仁傑的請求，於是，便將盧陵王安置在石像驛，由武則天率領文武大臣熱熱鬧鬧地將盧陵王迎接回宮。透過武則天一系列的舉動，大家都已經明白了她是要立李顯為皇嗣。

其實，如果復立李顯為太子，不僅能夠阻止了武氏諸王圖謀太子位的活動，而且也能及時壓抑了諸武的氣焰，使他們在武則天在世時，沒能像在唐中宗時那樣倚仗權勢嚴重地危害政治，而且對緩和當時的民族關係也起了良好的作用。

武承嗣發現女皇立自己為太子的心意完全消失後，便自覺大勢已去，從此以後，他的情緒便一落千丈，最終還抑鬱得一病不起，憂憤而死。至此之後，太子之位便再無懸念了。

武三思是個頭腦比較靈活的人，他見到出現了這樣的形勢，便開始與盧陵王交好，他想借此來保證自己的榮華富貴。在立嗣期間，突厥與周武的關繫起伏不定。突厥首領默啜許諾把他的女兒嫁給武室，建立姻親。在這年六月，皇上命令武承嗣的兒子武延秀進入突厥，迎娶默啜女兒為妃子。

武延秀是當時的淮陰郡王，武則天命令身為豹韜衛大將軍的閻知微以及右武衛侍郎將楊齊莊，作為使者，攜帶金銀布匹等聘禮，護送武延秀前往。

阻斷皇嗣之爭

這時，張柬之勸諫說道：「自古未有中國王娶夷狄女者。」武則天本來就不太喜歡張柬之，聽他還是那副傳統論調，便把他調到了合州做刺史去了。

武延秀等人來到突厥黑沙南庭，見到默啜等人。默啜說：「我要把女兒嫁給李氏，怎麼能用武氏的兒子呢！這是天子的兒子嗎？我突厥族也是受過李氏的恩德的，聽說李家已經沒什麼人了，只有兩個兒子在，我打算帶兵輔佐他們。」

接著，默啜便把武延秀給扣留了，還讓閻知微做南面可汗，說是要留著做唐朝在突厥之地的百姓之王，此外，還把楊齊莊和裴懷古等人也一併被扣留了。之後，便把不重要的人給放了回去，並且還讓他們拿著自己寫的譴責信回到了洛陽。隨後，默啜又派突厥兵進攻靖難、平狄、清夷等地。

被突厥人放回的人回到洛陽後，呈上默啜的書信。武則天看後勃然大怒。默啜在信中列舉了周武的五大罪狀：給他們的種子是燻熟的，金子是假的，絲帛是粗劣的……最重要的是可汗的女兒是貴女，武氏是小姓，用武延秀來冒充婚姻，是在侮辱他們，所以要起兵奪取河北。這簡直是豈有此理！

於是，武則天便命令廬陵王為河北道元帥，率領 30 萬大軍氣勢洶洶地討伐突厥。人們聽說太子做元帥出征，紛紛前來應徵，幾天內就召到百萬士兵。

此後，武則天還命令狄仁傑為行軍副元帥，協助太子征討。從默啜所寫的信中，武則天也看到，連少數民族都不贊成立武氏為皇嗣，也不願意接受周武的統治。如果真的要立武氏為皇嗣，恐怕將來他們也很難去應付邊患。

就在大軍臨行前，狄仁傑等將領還向武則天叮囑，在立嗣的態度上還要堅決、明朗些，並且還要讓新太子在百官面前聽政和謁見皇上，這樣的話即使我們死了也能夠瞑目了。到了最後，武則天終於答應了眾將士的請求。

可見，儲位問題不僅成了契丹和突厥出兵的藉口，而且還成了促使武則天決定嗣立親子的原因之一。

那是在聖曆二年，也就是西元 699 年，武則天為了防止在自己死後武氏諸王與太子再度紛爭殘殺，召集太子李顯、相王李旦、太平公主與武攸暨、武三思等人，立誓於明堂，祭告天地，銘之鐵券，藏入史館，讓他們和平共處。

　　此後，武則天度過了人生中最後一段比較安定輕鬆的日子。復立李顯為太子的事件，是放棄酷吏政治之後，這位女政治家在晚年時期的又一重大而明智的舉措。

女皇駕鶴歸西

西元 699 年，吉頊和親王武懿宗率領周武軍隊在趙州打敗了突厥的軍隊。得勝還朝後，兩人都在女皇面前爭功。武懿宗是個口齒笨拙的人，因而也使得有些問題回答得不是很清楚。

可是，吉頊卻是個口齒伶俐、能言善辯的人，武則天所提出的問題，他都能對答如流。而且吉頊一直都不把武懿宗放在眼裡，即使在武則天面前也表現出了不屑的神情。

武則天看了之後，心裡十分不舒服，她覺得吉頊實在是太盛氣凌人了，於是，便很嚴厲地對他說道：「你在我面前都這樣鄙視武家人，更何況是在平時呢？你叫我再怎麼倚重你呢！」吉頊聽後無言以對。

幾天後，吉頊前來奏事，剛想慷慨陳詞一番，武則天卻憤怒地制止了他，說道：「你的那些話我已經聽夠了，請不要再多言了。當年太宗有匹名叫獅子驄的馬，膘肥體壯沒有人能馴服它。我那時候還是伺候太宗的宮女，主動請求說『妾能制之，然須三物，一鐵鞭，二鐵檛，三匕首。鐵鞭擊之不服，則以檛撾其首，又不服，則以匕首斷其喉。』連太宗都讚賞我的志向，你想要髒了我的匕首嗎？」

吉頊聽後嚇得滿頭大汗兩腿直哆嗦，跪在地上請求武則天饒過自己。不久後，吉頊的弟弟犯了冒充官員的罪，連累到了他。身為天官侍郎、同平章事的吉頊便被貶為了固安縣尉。

吉頊原本是武則天的心腹重臣，走之前流著淚向武則天辭行，他說：「臣從今以後將告別朝廷，永遠不能再與皇帝見面了，請允許我再說一句話吧！」武則天有些傷感，就讓他坐下來慢慢說。

吉頊說：「用水把土和成泥，會互相排斥嗎？」

武則天愣了一下說：「當然不會。」

吉頊接著又問：「那麼把它們一半做成佛，一半做成天尊，會有爭議嗎？」

武則天若有所思地說：「這個是難免的。」

吉頊這個時候便開始切入正題了，他說：「宗室、外戚各有各的分內之事，天下才能安寧。現在太子已經被立為皇嗣，而外戚還在做王。這是皇上在給他們日後的爭鬥埋隱患啊！」

武則天沉吟良久嘆了口氣說：「我也知道會有這種情況，但是事已至此，我又有什麼辦法呢？」吉頊雖然傲慢，卻是個深謀遠慮的人，武則大正是看中這一點才把他提為天官侍郎、同平章事的。吉頊被列入宰相後，武則天還經常向他詢問計策。

吉頊這一番肺腑之言給了武則天很大的觸動，皇嗣的問題一直以來都是她最頭疼的問題。這些日子她一直在思考這個重大問題。吉頊的話可以說點到了問題的點兒上。

武氏成員被封工是她作為武姓皇帝必然要做的一件事，也是周武政權存在的象徵，她想要周武王朝長久地存在，就不能取消武姓王，一旦取消武姓王就意味著自己稱帝的失敗。立盧陵王李顯為太子，是朝臣、李氏、武氏幾方鬥爭的結果。武則天因為沒有一個更好的解決方案，不得不屈服於這個結果。

在面對這種進退兩難的境地時，武則天的思想便開始向一方傾斜了。雖然前幾天她還命李氏成員與武氏成員在明堂前立誓，保證世世代代和睦相處。但三方都知道這誓言的力量有多麼渺小，約束力有多麼脆弱，其實，大家也只是讓武則天圖個心安而已。

武則天也曾嘗試著讓李家人姓武姓，這樣不管是他的子孫還是她的侄子繼承皇位，皇帝都還是姓武的，這樣她的周武王朝也就可以永久地傳下去了。

　　但是，現在武則天越來越發現，這個辦法實際上是很彆腳的。改姓武姓的李旦，始終是李氏家族的子孫，自己活著他姓武，自己死了，他可以立馬恢復李姓，而只要立李家子孫為皇嗣就會存在這樣的問題。

　　其實，武則天還考慮過讓自己的女兒當皇帝的事情。但是一方面這個女兒沒有自己這樣的才能，如果把國家交給她，她實在是不放心。另一方面，女兒是嫁給了武家的人，那後世繼承皇位的很可能是真正的武家子孫。這樣，她李家兒媳婦的身分就被排除在宗廟之外了，這也是她所不甘心的，也是她為什麼不肯直接把武承嗣立為皇嗣的根本原因。

　　最後，在狄仁傑等大臣激烈的爭執下，武則天終於選擇讓李顯繼承皇嗣之位。但是，在做出決定的最後時刻，她輕拍狄仁傑的背說：「愛卿你不是朕的大臣，你是李唐社稷的大臣啊！」一句話，足可以說明武則天的無奈和傷感。

　　重立李顯為太子之後，周武王朝的朝廷也在悄然地改變著。漸漸地，新設的官職被廢除了，週曆也改成了夏曆。曾經反對女人為皇帝的那些官員也不再被排擠了，擁護李家王朝的大臣也越來越多。而此時的武則天也正在被一種難以言表的情緒所包圍著。

　　隨著年紀的增長，武則天越來越感到力不從心，也越來越感到孤獨了。於是，便養起了男寵，吃喝玩樂，以此來緩解苦悶的心情。朝堂上的事她也是睜隻眼，閉隻眼，只要不出大亂子就行。

　　這時，有一個叫蘇安恆的知識分子，接連不斷地向武則天的銅匭中投放信件，還很不客氣地教訓了她，並且讓她退位。開始時，語氣還算柔和，站在武則天的立場為她分析當前的形勢和未來可能出現的局面。

　　在武則天看來，蘇安恆的文采好，又有內容，於是便召見了他。武則天以為他真是個博學之士，能替她想出解決李武兩家關係的好點子。結果一問

才知，他只是個死背書的書呆子，並沒有什麼真知灼見。在一番好吃好喝好招待之後，便打發他回家了。

　　蘇安恒不知道是因為沒被任用而懷恨在心，還是因為確實覺得武則天不應該這麼做。總之，他接連又寫了好幾封信，都是不客氣地勸武則天退位。武則天也知道嗣位是早晚的事，她已經立李顯為皇嗣了，大家不過就是要她退位罷了。但是，她在有生之年不能退位。這個王朝是她辛辛苦苦奮鬥幾十年建立起來的，她捨不得就這樣還給李家。如果她宣布退位，就等於向世人說周武滅亡了，她只不過篡奪了李家的江山而已。

　　武則天不能夠忍受這樣的評價，她要在這個位置上坐到死去。至於死後，那就不是她能知道和管得了的事情了，這大概就是她內心真正的思考吧！但是，在神龍政變以後，中宗復位，政權又回到了李氏手中。所有的一切都恢復到了原來的模樣。國家改國號為唐，宗廟、社稷、朝服、旗幟、文武官員……又都回到了高宗在位時的樣子，且以洛陽為東都，長安為并州，老君為玄元皇帝。

　　周武王朝作為男權社會的一個異類，如流星般劃過歷史的長空，張柬之等人也終於達成了心願，讓李氏江山得以繼續下去。接著，中宗又追尊韋后的父親韋玄貞為上洛王、母崔氏為王妃。

　　中宗的荒唐行為，又遭到了朝廷大臣的強烈反對。左拾遺賈虛己上書說：「按照以前的制度，異姓是不能封王的。我們剛剛恢復李唐的統治，人們對皇上的統治都拭目以待，這樣做是不能夠贏得天下人讚同的。如果想讓政令暢通，應該勸說皇后堅決推辭，這樣才能夠增加美德。」諸侯王位左拾遺就沒有想到，以中宗思想，怎麼能夠想到給岳父封王呢！這所有的一切，還不是韋后慫恿的嗎？

　　韋后是個有野心又貪圖富貴的人，她要把這些年所吃過的苦，所受過的

271

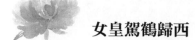

屈辱全都補回來。這些年他們就沒過過什麼好日子，自己的兒子李重潤曾被封為皇太孫，後被女皇派人用鞭子打死了；大女兒下嫁給王同皎；小女兒在流放的時候出生，兩個人在房州備嘗艱辛。

不僅如此，李顯每次聽到朝廷來人了，就要玩次自殺，自己還得安慰和鼓勵他，一個女人能夠做到這樣已經不錯了。韋后一直覺得自己是有恩於李顯的，中宗也曾向自己起誓，如果能夠重見天日，她可以為所欲為。

中宗倒是信守諾言的人，當上皇帝後，所有的事情都聽從於韋后。先封了她的父母，接著，又讓她參與朝政，學著當年武則天的樣子垂簾聽政。

大臣一看這怎麼行呢，於是便紛紛勸諫。皇上啊！我們剛取回李氏江山，不能再讓異姓給奪了去啊！可是，這時的李顯只會聽從韋后的話，令大臣們感到十分氣憤。

中宗也不想管這些，反正自己的父親都是這樣做的，也沒見會怎麼樣，到了最後還不是李家人坐擁江山嗎？這時的韋后就更不管了，武則天能做的，我為什麼就不能做呢？

武則天開了先河做了女皇帝，但是，不是任何一個女人都可以做皇帝的，以韋后的才能和德行根本就沒法效仿武則天。她聽政後做出的第一個決定就是封一個遊方的和尚慧範做銀青光祿大夫、上庸縣公。

慧範是個「以妖妄遊權貴之門」的花和尚，受到了中宗和韋后的器重，幾個人經常待在一起。大臣們見新皇帝是這麼地不務正業，感到十分寒心。隨後，群臣們又是一頓猛勸，中宗卻始終都是無動於衷。

最讓張柬之等人看不慣的是，剛恢復皇帝身分的李顯，竟然與自己的宿敵武三思打得火熱。看來以後不光大臣沒好日子過，恐怕連國家社稷都要遭殃了。

神龍政變解決了「二張」，卻沒有對武氏家族產生大的影響。洛州長史

薛季昶曾經勸張柬之等人說：「兩個小人雖然已經除掉了，但是斬草不除根，恐怕日後還是會出事端的。」

張柬之無奈地說：「大局已定，你我又有什麼辦法呢！」

薛季昶說：「真不知道會有怎樣的下場啊。」

朝臣縣尉劉幽求也勸說敬暉：「只要武三思還活著，各位就會死無葬身之地，如果不儘早謀劃，後果將會不堪設想啊！」然而，此時的他們也都沒有什麼好辦法。

武三思為人狡猾，看到廬陵王成了太子，便與廬陵王打得火熱。武則天因為讓兒子做接班人，覺得有愧於武氏，於是，就親自為安樂公主與武三思的兒子武崇訓做媒，使太子和武三思結成兒女親家，以便兩家人頻繁走動。

其實，站在武則天的角度這些做法也是可以理解的。她想要武氏家族保住性命甚至是榮華富貴，就只有親上加親了。但是，令她沒有想到的是，韋后會與武三思勾結到一起。

韋后與武三思私通後，又向中宗進言重用武三思。昏庸的中宗也沒有異議，之後，便任命武三思為宰相，權傾朝野，連張柬之都要受到他的管制。原右散騎常侍、安定王武攸暨也被任命為司徒、定王，武懿宗也沒有被冷落，掌握著東都軍權。最後發展到武三思能夠公然出入皇宮，與韋后廝混。

這時，張柬之才意識到問題的嚴重性，他急切地向中宗進行勸諫，說道：「皇上啊！在發生政變的時候，李家宗室剷除了一些亂賊，現在皇上你重掌政權，武家的人卻還是封官加爵，和以前沒有什麼區別。這哪裡是朝野所希望的事情啊！請皇上你削弱他們的勢力來告慰天下吧！」

但是，此時的中宗已經不再聽取大臣的勸諫了，張柬之見中宗無動於衷也只好無奈地退下了。之後，他在和別人一起討論這件事時說道：「過去我們的主子英明神武，大家都稱讚他勇猛剛烈。我之所以沒有對武氏家族的人

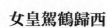

動手，就是想把這個機會留給皇上，讓皇上自己動手，從而來顯示皇上的威嚴，結果，現在卻是適得其反。如今大勢已去，也沒有任何辦法了。」聽了此話的人也是懊悔不已，悔恨當時沒有及時把武家人給除掉。

後來，更離譜的是，中宗還經常到武三思家裡微服玩樂。有的朝臣擔心武則天勢力再起，紛紛向中宗提醒。御史崔皎密奏：「李唐的江山剛剛恢復，武太后還在西宮，還有一些人歸附在她的身邊；周朝的老臣還在朝廷上擔當重要職位，皇上怎麼能輕易地外出遊玩，不去提防可能產生的禍患呢！」

可是沒有想到，這個昏庸的中宗，竟然把崔皎的奏摺拿給了武三思看，武三思看後十分的生氣。於是，他便在朝中處處針對崔皎等人發難。

張柬之看到眼前的情形，再不進行阻止將會後患無窮啊！於是，他便命令敬暉等人帶領一班文武大臣，共同跪請中宗罷免武氏成員的官位，以此來撫卹人心。可是，中宗卻聽不進去任何勸誡，令大臣感到無比的失望。

張柬之為了防備武三思向中宗進讒言，便安排考功員外郎崔湜作為耳目，來監視武三思的一舉一動。可是沒想到，崔湜卻是個小人，他看見皇上是這般的信任武三思，便投向了他，並且還把張柬之等人的計劃告訴了他。

於是，武三思便暗暗謀劃除掉張柬之等人。殿中侍御史鄭愔曾經因為與「二張」交好被貶為宣州司士參軍，於是，他一直都是十分的嫉恨張柬之等人。

這天，鄭愔偷偷地潛回洛陽，暗中拜見武三思，告訴他說：「大王雖得到天子寵愛，但張柬之等 5 人都掌握著將相的大權，而且膽謀過人，能顛覆女皇政權。張柬之等 5 人對你恨之入骨，若不及早剷除這 5 人，恐怕危在旦夕啊！」武三思感同身受，以為找到了知音。於是，便將鄭愔和崔湜當謀士來看待。

之後，武三思又找到韋后，並與她商量對策。於是，便設計將張柬之等5人調離了京城。當5個人被剝奪了朝中宰相大權時，知道事情已經到了難以控制的地步了，但是，他們還是心存希望。

可是，當楊元琰知道將要大禍臨頭時，便請求辭官。5人還以為他在開玩笑，楊元琰卻說：「功成名遂，不退將危。此乃由衷之請，非徒然也。」後來張柬之等人果然獲罪，楊元琰卻保住了性命。

就在他們鬧得不可開交的時候，上陽宮的武則天已經奄奄一息了。自從中宗即位之後，她便被軟禁在這個南鄰洛水、北連禁苑的幽閉之處。雖然這裡景色宜人，但終歸沒有自由，對她來說更像是人間地獄。

武則天想要出去走走，都要經人稟報中宗，中宗同意之後她才可以讓人攙著出去逛逛；如果她想見什麼人的話，也必須要有中宗的人在場才能夠見到，有的人甚至連見都見不到。由此可以看出，此時的武則天真可謂是晚景淒涼啊。

這時，武則天忽然想起了被她囚禁過的王、蕭等妃子們。她們過了這樣的日子後自己又過，這會不會是上天的報應呢？如果時光可以倒轉，她還會不會像之前那樣對待王、蕭二妃呢？她想到這裡，不禁打了一個冷顫。即使時光可以倒轉，她也不會放過那些妃子。恨在帝王之家，有些事情已經變得身不由己了。

武則天又閉上了眼睛，回想起自己荳蔻年華的年紀進宮伺候太宗時的情景，太宗的英明神武讓她敬佩不已，也有過短暫的心動；後來，她遇見了李治，兩人愛得如膠似漆；再後來，她又進了感業寺，吃夠了青燈古佛的苦；之後入宮，之後做皇后，再後來做太后，最後做到了皇帝……這所有的一切，彷彿都歷歷在目。

這一生的大起大落，猶如驚濤駭浪般，令武則天感到驚慌失措。曾幾何

時，她巾幗不讓鬚眉，曾幾何時，她鋒芒萬丈，可是現在，這些都已經成了過眼浮雲。儘管她現在只能對著窗外殘陽，寂寞嘆息，但是，她卻覺得這一生活得十分值得。

時間的車輪在不停地運轉著，它輾過了一個又一個漫長的白天和黑夜，終於奔駛到了神龍元年的十一月，同時，也駛近了武則天女皇生命歷程的終點。

其實，在武則天交出皇權的那一刻，對於她來說，就等於抽去了她生命的活力。但是，這團不屈的生命之火，就像一具搖曳晃動的風中殘燭，依然頑強地燃燒了 10 個月。

十一月壬寅，武則天靜靜地安臥在上陽宮仙居殿的龍床上。中宗李顯、相王李旦、太平公主、上官婉兒和幾位宰相肅立於臥榻之側，有人在嗚咽抽泣，有人在唏噓流淚。老太監武壯雙肩聳動，壓抑著要大放悲聲的哭泣。

這時，彌留之際的武則天猛然地睜開了眼睛，她面無表情地看看眾人，然後又徐徐說道：「朕要走了。朕死之後，去……去帝號，稱則天大聖皇……皇后。王、蕭二家及褚遂良、韓瑗、柳奭等子孫親屬，受株連者，皆……皆赦其無罪……一併復舊……舊業。」

這是最早的一批冤殺者，而以後的那些被冤殺者，在清算酷吏統治時多已被平反。武則天在臨走之時，不想再把今世的恩仇帶到另一個世界。

在喘息了一陣之後，武則天又接著說道：「將朕葬於乾陵，與先帝合墓。墓前所豎碑謁，勿須鐫文。朕一生功過，任由後人評說。」說完，她又一次閉上了眼睛。

這時，床前又響起了哭聲，聲音越來越大。可是，在武則天聽來，這聲音卻像是從遙遠的天邊傳來的，它如同裊裊仙樂一般，在她的耳廓中縈繞著。

武則天覺得自己的身體輕飄飄地飛起了，穿行在一片片五彩繽紛，縹緲

不定的雲層裡。忽然，她似乎又置身於上苑之中，皚皚白雪，凜冽朔風之中，一朵碩大的火紅的牡丹花正昂首怒放，其他紅的、黃的、綠的、紫的、白的各種顏色的花，也隨之展瓣舒蕊，次第綻放。姹紫嫣紅，絢麗灼目。

武則天又想起了幾十年前她當皇后時，冰天雪地遊上苑，曾見過這種景象。這也是她一生中所創造的，無數空前絕後的奇蹟中的一件，為此她感到無比自豪。

直到了生命的最後一刻，武則天還在為她叱咤風雲，號令天下的輝煌一生而感到驕傲。醉心的微笑在她蒼老的面頰上慢慢地凝固了，她歷經 82 個春秋的生命，終於畫上了一個圓滿的句號。

中宗滿足了母親的遺願，除去帝號，稱武則天為則天大聖皇后，歸葬於乾陵，將她與高宗合葬在了乾陵，並在陵前留下了無字碑。

神龍二年二月，則天大聖皇后的靈柩，在中宗皇帝和文武百官的護送下前往長安。五月，舉行了隆重的安葬儀式，並按照她的遺詔，與高宗李治合葬於乾陵，墓前豎起了一座高大的無字碑。

武則天是中國歷史上一位集超凡魅力與無限非議於一身的皇帝，但她絕對是一位絕頂聰明的女人，她具有超人的智慧和驚人的魄力。

武則天以其頑強的意志、作風果斷和不屈不撓的精神，在昔日男尊女卑傳統皇權這塊男人的領地裡，從容不迫地施展著治國安邦的政治抱負，駕馭著李唐王朝的天下。

同時，在被視為男人領地的政治漩渦中，武則天又以其強硬的政治手段和驚人的膽略，一步一步地頑強地進行著拚殺，最終到達了權力之巔登基稱帝，並建立起了自己的周王朝，取李唐江山而代之。

如今，一代女皇的生命戛然而止，可是，關於她的種種傳說卻從未終止過。

女皇駕鶴歸西

附錄：武則天大事年表

武德七年（西元 624 年），武則天生於并州。父親武士護任工部尚書，判六曹尚書事。母親為楊氏。異母兄元慶、元爽稍長，姐一人尚幼。

武德八年（西元 625 年）六月初四，李世民發動「玄武門之變」。八月初八，高祖李淵傳位于太子李世民。九日，太子李世民即位，為唐太宗，封武士護為豫州都督。

貞觀二年（西元 628 年）六月十五日，李治出生。

貞觀九年（西元 635 年）五月初六日，高祖死於長安大安宮垂拱殿。武士護在痛悼高祖時患病身亡，享年 59 歲。

貞觀十一年（西元 637 年），唐太宗召武士護之女二囡入宮，並立為才人，賜號「武媚娘」。

貞觀十七年（西元 643 年）四月初七，唐太宗立李治為太子。

貞觀二十年（西元 646 年）三月初九，唐太宗病重，下詔軍國機務並委太子李治處理。武則天與太子開始接觸。

貞觀二十三年（西元 649 年）五月二十六日，唐太宗下詔長孫無忌、褚遂良輔佐太子李治。唐太宗駕崩。二十八日，武則天在感業寺出家為尼。六月初一，太子李治即位，為唐高宗，時年 22 歲。

永徽元年（西元 650 年）正月初六，唐高宗立妃王氏為皇后。太宗忌日時，唐高宗到感業寺行香見到武媚娘。隨後，武媚娘入宮。

永徽三年（西元 652 年）七月初二，立李忠，也就是陳王忠為太子。本年冬，武媚娘生下長子李弘。

永徽五年（西元 654 年）三月，封武媚娘為昭儀。

十二月十七日，唐高宗離京師謁昭陵，武昭儀從行，在途中生下次子李賢。

永徽六年（西元 655 年）十一月初一，舉行隆重的冊立皇后儀式，文武百官及蕃夷酋長朝皇后於肅儀門。初七，追贈武后父武士護為司空。本月，武后處死王皇后、蕭淑妃。

顯慶元年（西元 656 年）正月初六，降太子李忠為梁王、梁州刺史，立武后子李弘為太子。

二月十七，追贈武后父武士護為司徒，賜爵周國公。十一月初五，武后在長安生下了第三子李顯。

顯慶二年（西元 657 年）二月十二日，封李顯為周王。

顯慶四年（西元 659 年）六月二十二日，唐高宗下詔改《氏族誌》為《姓氏錄》，以皇

族與後族為第一等,皇朝得五品官者皆刊入士流。

顯慶五年(西元 660 年)十月九日,改封武后母代國夫人楊氏為榮國夫人,品第一。唐高宗初患風眩病,委託武后處理部分政務。

龍朔二年(西元 662 年)六月初一,武后生第四子李旦於蓬萊宮含涼殿。

麟德元年(西元 664 年)十二月,殺上官儀等,賜廢太子忠死。此後,唐高宗視朝,武后垂簾於後,中外稱之為「二聖」。約於本年,武后生太平公主。次年,唐高宗、武后與太子去泰山封禪。

咸亨四年(西元 673 年)八月,唐高宗病重,令李弘於延福殿受諸司奏事。次年,唐高宗自稱天皇,武后稱天后,改元上元,大赦天下。

上元二年(西元 675 年)四月二十五日,太子李弘病死。五月初五,追諡太子李弘為孝敬皇帝。六月初五,立李賢為太子,大赦天下。

永隆元年(西元 680 年)八月二十二日,廢太子李賢為庶人。二十三日,立英王李顯為太子,改元永隆,大赦天下。

弘道元年(西元 683 年)十一月初三,唐高宗病情加重。十二月初四,改元弘道,大赦天下當夜,唐高宗崩於洛陽宮貞觀殿,終年 56 歲。十一日,太子李顯即位,為唐中宗。尊武后為皇太后。

光宅元年(西元 684 年)正月初一,改元嗣聖,大赦天下,中宗立韋氏為皇后。七日,立相王李旦為皇帝,為睿宗,改元文明,政事由武太后處理。三月初五,廢太子李賢在巴州自殺。

四月二十二日,遷廬陵王李顯於房州,二十六日遷均州。五月十五日,唐高宗靈柩運往長安,武太后作《高宗天皇大帝哀冊文》,留鎮洛陽。八月十一日,葬唐高宗於乾陵,廟號高宗,刻述聖記碑立於陵前。九月初六,武太后改元光宅,改東都為神都。

二十一日,武太后追王其祖:五代祖克己為魯靖公,高祖居常為太尉、北平恭肅王,曾祖儉為太尉、金城義康王,祖華為太原安成王,父士彠為魏忠孝王。立五代祠堂於文水。二十九日,徐敬業以匡復為名在揚州起兵。

十月初六,武太后令李孝逸等率兵 30 萬討伐徐敬業。十八日,斬裴炎於都亭。十一月初四,武太后令左鷹揚衛大將軍黑齒常之為江南道行軍大總管討伐徐敬業。十八日,徐敬業敗逃,部將王那相殺徐敬業後投降。李孝逸令追捕餘黨,平定揚州。

垂拱元年(西元 685 年)正月初一,因平息徐敬業反叛,改元垂拱,大赦天下。二月初七,武太后下詔:「朝堂所置肺石及登聞鼓不預防守。有上朝堂訴冤者,御史受狀以聞。」

三月二十一日,再遷廬陵王李顯於房州。四月,下《求賢制》,制令自舉。十一月,武太

后作《方廣大莊嚴經序》，撰《臣規》兩卷，普賜臣僚，以教為臣之道。

垂拱二年（西元 686 年）正月，武太后欲復政於睿宗李旦，李旦固讓，請武太后繼續理政。武太后開始起用酷吏。於次年，封皇孫成美為恒王，隆基為楚王，隆業為趙王。

天授元年（西元 690 年）正月初二，武太后布政於明堂。八日，下詔推行新造的字，其「曌」為己名。改「詔書」為「制書」。二月十四日，武太后策試貢生於洛城殿，數日方休。貢生殿試自此開始。

九月九日，武太后隆重登基稱帝，大赦天下，降睿宗皇帝為皇嗣，賜姓武氏，改唐為周，改元天授，十二日，群臣上尊號曰「聖神皇帝」。並於次年，開始懲治酷吏。

長壽元年（西元 692 年）八月，女皇令嚴善思按問舊獄，平反冤案 850 餘人。十月，狄仁傑請放棄安西四鎮，女皇不納。二十五日，武威軍總管王孝傑大破吐蕃，收復龜茲、于闐、疏勒、碎葉四鎮。置安西都護府於龜滋，發兵戍守。

延載元年（西元 694 年）一月初十，女皇令婁師德為河源、積石、懷遠等軍營田大使，令搞好邊境營田。二月，王孝傑擊敗吐蕃、突厥各 3 萬餘人。韓思忠擊敗泥熟俟斤等萬餘人。十六日，女皇命薛懷義為伐逆道行軍大總管，率 18 位將軍討伐默啜。

天冊萬歲元年（西元 695 年）正月初一，女皇加號「慈氏越古金輪聖神皇帝」，改元證聖，大赦天下。二月初四，殺薛懷義。十六日，女皇去「慈氏越古」之號。四月初一，天樞鑄成。

萬歲通天元年（西元 696 年）臘月初一，女皇前往嵩山封禪。九月二十一日，默啜率部討伐契丹，女皇封其為遷善可汗。

神功元年四月初三，也就是西元 697 年，九州鼎鑄成。五月，女皇令婁師德率兵 20 萬討伐孫萬榮。六月初三，女皇下《暴來俊臣罪狀制》，殺來俊臣。三十日，孫萬榮敗死，餘部降於突厥。

聖曆元年（西元 698 年）正月初一，女皇祭通天宮，改元聖曆。九月十五日，李旦讓位於李顯，女皇立李顯為太子。次年，女皇賜太子姓武氏，大赦天下。

聖曆三年（西元 700 年）正月，以西突厥竭忠事主可汗斛瑟羅為平西大總管，鎮守碎葉。三月初六，女皇令東至高麗國，南至真臘國、西至波斯、吐蕃及堅昆都督府，北至契丹、突厥，並為入蕃，以外為絕域。

神龍元年（西元 705 年）正月初一，改元神龍。女皇病重。二十二日，張柬之、崔玄日韋等迎太子李顯，殺張宗昌、張易之，進至女皇寢宮，逼女皇讓位。二十五日，太子李顯即帝位，為唐中宗。

二月初四，唐中宗復國號為唐，郊廟、社稷、陵寢、百官、旗幟、服色、文字均恢復到

永淳以前，也就是唐高宗時代的原狀。復改神都為東都，北都為并州。

神龍元年（西元 705 年）十一月二十六日，武則天在上陽宮病死去世，享年 82 歲，遺詔省去帝號，與唐高宗合陵，稱「則天大聖皇后」。

天后聖帝武則天：

出家還俗、宮鬥立后，垂簾聽政、建周稱帝，蓋棺無字碑

編　　著：山陽，郭豔紅

發 行 人：黃振庭

出 版 者：崧燁文化事業有限公司

發 行 者：崧燁文化事業有限公司

E-mail：sonbookservice@gmail.com

粉 絲 頁：https://www.facebook.com/
　　　　　sonbookss/

網　　址：https://sonbook.net/

地　　址：台北市中正區重慶南路一段六十一號八
　　　　　樓 815 室

Rm. 815, 8F., No.61, Sec. 1, Chongqing S. Rd.,
Zhongzheng Dist., Taipei City 100, Taiwan

電　　話：(02)2370-3310

傳　　真：(02)2388-1990

印　　刷：京峯彩色印刷有限公司（京峰數位）

律師顧問：廣華律師事務所 張珮琦律師

國家圖書館出版品預行編目資料

天后聖帝武則天：出家還俗、宮鬥
立后，垂簾聽政、建周稱帝，蓋棺
無字碑 / 山陽，郭豔紅編著 . -- 第
一版 . -- 臺北市：崧燁文化事業有
限公司 , 2022.08
　　面；　公分
POD 版
ISBN 978-626-332-553-1(平裝)
1.CST:（唐）武則天 2.CST: 傳記
624.13　111010623

定　　價：375 元

發行日期：2022 年 08 月第一版

◎本書以 POD 印製

電子書購買

臉書

獨家贈品

親愛的讀者歡迎您選購到您喜愛的書，為了感謝您，我們提供了一份禮品，爽讀 app 的電子書無償使用三個月，近萬本書免費提供您享受閱讀的樂趣。

ios 系統　　　　安卓系統　　　　讀者贈品

請先依照自己的手機型號掃描安裝 APP 註冊，再掃描「讀者贈品」，複製優惠碼至 APP 內兌換

優惠碼（兌換期限2025/12/30）
READERKUTRA86NWK

爽讀 APP

▪ 多元書種、萬卷書籍，電子書飽讀服務引領閱讀新浪潮！

🎧 AI 語音助您閱讀，萬本好書任您挑選

🔍 領取限時優惠碼，三個月沉浸在書海中

🔔 固定月費無限暢讀，輕鬆打造專屬閱讀時光

不用留下個人資料，只需行動電話認證，不會有任何騷擾或詐騙電話。